广州出版社
广州新华出版发行集团

柳宜裕 著

花city故事

上架

图书在版编目（CIP）数据

论语心䜳：上卷、下卷 / 柳诒徵著. —广州：
广州出版社，2020.3
ISBN 978-7-5462-2989-8

Ⅰ.①论… Ⅱ.①柳… Ⅲ.①儒家②《论语》—研究
Ⅳ.①B222.25

中国版本图书馆 CIP 数据核字（2020）第 006331 号

书　名	论语心䜳
	Lunyu Xin Du
著　者	柳诒徵
出版发行	广州出版社

（地址：广州市天河区天润路 87 号 9 样、10 楼　邮政编码：510635
网址：www.gzcbs.com.cn）

责任编辑	区力文
责任校对	张　睿　李少芳
文字编辑	赵艳凌
装帧设计	于　昕
技术编辑	凌水清
排　版	文　捷
印刷单位	广州市雅美文化科技有限公司

（地址：广州市番禺区花东镇天河南海工业园区东 A 幢　邮政编码：510385）

规　格	787 毫米 × 1092 毫米　1/16
字　数	515 千
总印张	48.25
版　次	2020 年 3 月第 1 版
印　次	2020 年 3 月第 1 次
书　号	ISBN 978-7-5462-2989-8
定　价	99.00 元（上、下卷）

如发现印装质量问题，影响阅读，请与印刷厂联系调换。

我有一个梦

　　100多年前,犹如普罗米修斯盗火到人间,蔡元培先生将德国哲学家雅斯贝尔斯"思想自由"的火种播种在北京大学,奠定了北京大学作为现代大学的坚实基础,奠定了国立西南联合大学(以下简称"西南联大")作为中国高等教育高峰的基础,也开创了中国现代教育新风。20多年前,我领略雅斯贝尔斯"教育的本质是精神活动"的思想,开始反思中国教育。而今,越来越多的企业放弃自己的坚守竞相逐利于暴利行业,越来越多的人放弃自己的理想而迷恋金钱,越来越多的人放弃自己的信仰而崇拜权力,越来越多的人梦想不付出艰辛就能有丰硕的回报,这样的社会病态源于十数年或数十年前教育的失败。面对今天方才显现的滞后性教育成果,每个有良知的中国人惋惜不已,每个有理性的中国学人痛心疾首,每个有情怀的教育工作者痛定思痛!

　　中国教育病了吗?10多年前钱学森提出的教育问题仍值得思考:"现在中国没有完全发展起来,一个重要的原因是没有一所大学能按照培养科学技术发明创造人才的模式去办学,没有自己独特的创新的东西，老是'冒'不出杰出人才。这是很大的问题。"①我无意否认中国基础教育在规模发展、教育普及、知识积累、技能培训、思维训练、智力发展等方面的卓越成就，但是，10年、20年来教育产品的人文精神、科学精神、工匠精神缺失，也是不争的事实。教育缺失信仰、理想、伦理、情怀、态度、价值等人文精神以及科学精神、工匠精神，又怎么能够培养大师和巨匠？又怎么能让人期待教育能够担当中华民族伟大复兴的历史使命？

教育的本质追求是精神活动。显然中国当代教育大多偏离了本质追求，沦为知识传授、技能培训、智力堆积的工具，基础教育盲目追求分数而忽视学生身心成长，高等教育盲目扩大规模和追求就业率而忽视精神（核心是人文精神、科学精神、工匠精神）建构，本身就是偏离教育本质最直接的铁证。

教育的正确方向是求异。显然中国教育的主攻方向是求同，尤其是12年甚至长达15年的基础教育，家长、学生、教师甚至全社会把目光都聚集在高考这个出口上，这种一把尺子量遍天下才子的教育评价机制，决定了其牺牲阳光、青春、健康、兴趣、个性、潜能，甚至牺牲每个学生无数种可能性，换来的是人文精神、科学精神、工匠精神缺失的"标准件"。

教育的公共取向是公平。显然中国教育发展的路径背离了中央三令五申的公平追求。中央强调教育公平，但是很多地方却在需求的误导下，陷入马太效应的怪圈而不能自拔，口头上虽然也讲教育公平，

---

① 据中国共产党新闻网，http://theory.people.com.cn/n/2013/0225/c40531-20590042.html，2013年2月25日发表文章《正确解读"钱学森之问"》。

关于作者

　　柳恩铭，1966年生，博士，华南师范大学客座教授，中山大学、华南理工大学、广州大学等高校兼职教授、特聘教授、研究生导师，国家教育行政学院讲座教授。曾在核心期刊公开发表论文50多篇，代表著作《学习型学校的管理理论与策略》《思想政治教育的文化传承与创新研究》《论语心读》《诗经心读》。

　　作者曾经是深受学生喜爱的语文教师，曾经是武汉市最年轻的中学校长，曾经是我国南部最早的民办教育拓荒者，曾经在两种体制中担任过中小学校长，曾经任广州市教育局处长及办公室主任、天河区教育局局长等。作者曾经系统研读20世纪以来一系列教育学家、心理学家、课程论专家的著作，学习是作者的生活方式、工作方法和生命状态。数十年如一日手不释卷，数十年如一日治学不辍，数十年如一日恪守"知行合一"的学术操守，坚持讲授和传播自己独立建构的学术思想；不随波逐流，不同俗自媚，批评现实，期待未来。在这个繁华的世界中，作者是一个安静的读书人，一个冷静的思想者，一个执着的实践者，一个有担当的改革者。

　　缘起于对中国教育问题的思考和对教育本质的追求，作者以"十年一剑"的决心，目不窥园的执着，阅读数百个版本的《论语》，深入研究数十个版本的《论语》，撰写了很多读者感慨"拿起就不愿意放下"的《论语心读》，对《论语》作出了颠覆性解读，既还原了原始儒家思想作为伦理哲学的本来面目，又向读者展示了全新的孔子、全新的《论语》、全新的儒家。

　　作者坚持认为，原始儒家思想是中华文明的底色，是中华民族价值体系的钢结构，是中华民族的标志性文化基因，是养护师生（国人）心灵的根本资源。作者的梦想是让《论语心读》走进课堂，让《论语心读》走进家庭，让《论语心读》相伴人生，让《论语心读》养护心灵，让《论语心读》唤醒文化自信，让《论语心读》助推中华民族的伟大复兴！

政策上却在不断强化优质教育资源，以满足优势人群的需求。20世纪80年代的前5年，政府在基础教育供给上基本上是公平的，随后人为地不断制造各级各类的重点中学、重点小学、重点幼儿园，时至今日变本加厉，班级之间、学校之间、城乡之间、区域之间、沿海和内地、经济发达地区和欠发达地区基础教育差距在拉大而不是缩小，这种不公平甚至固化了人的命运，如今，寒门难出贵子，勤奋未必有出息，已成为部分人的困惑。教育公平性的缺失源于教育供给侧的失控，一些地方政府争相把局部优质教育资源作为地域性的竞争力不断强化，最终导致教育成为"贫富悬殊"的催化剂。中国教育改革的侧重点也在供给侧而不在需求侧。

如此种种，不一而足。积重难返的教育最终导致其产品缺失人文精神、科学精神、工匠精神，必然制约制造强国梦，必然制约创新大国梦，必然制约中华民族伟大复兴的中国梦！教育不强，国何以强？人才不强，国何以强？少年不强，国何以强？

中国教育的诸多问题当中，当务之急是让教育回归本质追求，让教育把精神培养作为天职和本质，然后，才能依次解决其他问题。教育回归本质的核心问题，就是解决用什么养护师生（国人）灵魂的问题。这需要重建信仰，需要重建价值，需要重建伦理，需要重建人文精神，简而言之，需要让浮躁的国人找回宁静致远的心。

用什么养护师生（国人）的灵魂？"他山之石，可以攻玉。"我从20世纪90年代开始，有计划地深度访问过28个国家和地区的128所中小学和18所大学，探索中国大陆以外的国家和地区的教育依靠什么来养护师生的灵魂，他们普遍的做法是以通识教育来增进价值认同、文化认同。通识教育的核心是历史，通过历史教育实现历史认同、价值认同、民族认同、国家认同、文化认同，其爱国主义精神的培养和国家凝聚力的形成均有深厚的历史文化积淀。中国基础教育长期将历史教育边缘化，高等教育公共课中再次将历史教育边缘化。这种课程设计匪夷所思。

用什么养护国人和师生的灵魂？"众里寻他千百度，那人却在灯火阑珊处"，终于，我把目光转向先秦，我把注意力集中在先秦儒家文化上；2003年1月1日开始，我几乎把做好本职工作以外的所有业余时间都用来研究中国儒家文化元典《论语》，历时十年对《论语》做了几近颠覆的解读，《论语心读》第一版与读者见面后，被读者赞誉为"一本拿起就不愿放下的《论语》"，一年数印，即便是在没有进入实体书店的情况下，每年也畅销数万本。读者的深度认同，没有让我陶醉，却更加增强了我对本书深度加工的责任感和使命感，增添了"如临深渊，如履薄冰"的敬畏，继续加工、打磨、提升。今天，《论语心读》（典藏版）终于与读者见面了。

这一版《论语心读》与众不同在何处？

第一，《论语心读》倡导责任和担当。不是心灵鸡汤，不是劝人放下、放弃，不是劝人逃避、隐逸，不是劝人活得更空灵、更潇洒，而是提醒人活得更真实、更务实，倡导重建人之为人的责任和担当。倡导先秦原始儒家思想尤其是孔子儒家思想，倡导悲天悯人，倡导家国情怀，倡导关心人、关心族群、关心国家、关心社会，甚至能够给宇宙以道德的终极关怀！原始儒家思想中的慈悲情怀远胜于西方所颂扬的博爱！

第二，《论语心读》倡导人本理念，倡导民本政治，倡导人文精神。宇宙众生，人是万物之灵长，人是最宝贵和最高贵的动物；

得人心者成事业，得民心者得天下。中国是世界人本思想的发源地，早在3000多年前的周初，中国先民已经发现了一个惊天的秘密：决定帝王存在的不是天帝，而是人民。中国最早的政治文集《尚书》中就有这样惊世骇俗的观点："四海困穷，天禄永终。"意思是如果老百姓都穷困，上天赋予你的福禄就此终止。这是帝尧借"上天"的名义告诉帝舜，百姓的幸福才是你权力的根基。原始儒家人本思想于1593年经过利玛窦翻译，传到欧洲，对西方哲学家产生了广泛影响，并间接推动欧洲文艺复兴向深度发展——很多西方学者如汤因比等对此深信不疑。

第三，《论语心读》倡导"以教为政"。教育就是政治，而且是最高尚的政治，因为教育能够改变人心，改变社会，推动中华民族的伟大复兴。中国现代教育结构优劣、质量好坏，不是教育工作者自说自话的自我评价和自我陶醉，今天所表现出的金钱、权力崇拜等社会风气，是若干年前教育成果的直射而不是折射。我们还有理由对教育事业讳疾忌医吗？我们还有理由对中国教育盲目自大吗？知耻近乎勇！我们必须面对教育存在的问题。

一言以蔽之，《论语心读》还原孔子儒家的本来面目。

与时俱进是孔子儒家的哲学自觉，也是今天中国共产党人的人生态度和理论品质。孔子儒家思想是伦理哲学，是每个中国人日用而不知的哲学，而绝不是统治者的专利！"无事袖手谈心性，临危一死报君王"的腐儒作风绝不是孔子儒家的思想，孔子儒家提倡的是"可以托六尺之孤，可以寄百里之命，临大节而不可夺"的担当和执着！孔子儒家绝不是绝对忠君思想的始作俑者，因为孔子周游列国14年从来都是孔子"炒"国君的"鱿鱼"！孔子儒家是男女平等的首倡者，是自由恋爱的倡导者！而绝不是"夫为妻纲""男尊女卑"的始作俑者！

原始儒家所倡导的自强不息的精神、厚德载物的担当、天下为公的理想、尚中贵和的思想、博爱泛众的情感、勤劳俭朴的传统、家庭中心的伦理、家国一体的取向、天人合一的智慧不正是中华民族伟大复兴不可或缺的丰富精神资源吗？原始儒家所倡导的以生为本的理念、有教无类的情怀、终身学习的思想、全面发展的课程、因材施教的方法、慎独正己的修身、积善成德的路径、君子人格的激励、知行合一的哲学等，不正是中国当代教育改革发展最需要传承和最不可或缺的教育智慧吗？

学者似乎忌讳自我张扬，我反其道而行：一如刘文典对《庄子补正》的自信，拙著《论语心读》公开宣传自己的学术态度、学术思想，坚守独立的学术主张！

学者似乎忌讳在学术中糅进感情，我反其道而行：一如梁启超在学术论文中燃烧生命的激情，拙著《论语心读》以生命的激情，让2000多年前的《论语》，鲜活，奔涌，燃烧——燃烧出情怀、梦想、理想、信仰！

学者似乎忌讳把自己卷进学术，我反其道而行：一如陈寅恪融生命入史学，拙著《论语心读》是心灵深处的火山，是生命激扬的清歌，是长歌当哭的呐喊，是抱石沉海的奉献！

学者似乎忌讳以文学手法表达思想，我反其道而行：一如司马迁以文学开纪传体先河，拙著《论语心读》集我数十年学养，文思深厚、文笔典雅、文气磅礴、文辞优美，读到了绝不后悔，读不到的或许真要后悔！

学者似乎忌讳学术文章的晓畅浅近，我反其道而行：一如毛泽东的语言风格，让深奥的哲理形象起来，让深刻的思想生动起来，让深涩的古文流畅起来，雅俗共赏！

不用讳言，拙著《论语心读》旨在呼唤传承优秀传统文化，贵在传承精神，而不是形式和程式！

从不讳言，拙著《论语心读》旨在呼唤回归和坚守原儒的人本理念、人道主义和人文精神！

从不讳言，拙著《论语心读》旨在呼唤重构伦理情怀，重建伦理价值，重树伦理信仰，呼唤每个生命追求永恒价值，向前，向上，向光明！

从不讳言，拙著《论语心读》旨在呼唤教育回归精神活动的本真，呼唤教育回归有教无类的情怀，呼唤教育回归因材施教的取向，呼唤启动一场势在必行、迫在眉睫的助推中华民族伟大复兴的教育改革！

从不讳言，拙著《论语心读》旨在呼唤知识分子曾经丢失的悲天悯人的情怀和以天下为己任的使命感，因为中华民族的伟大复兴需要读书人的良知，需要读书人的责任，需要读书人的担当！

我坚持认为，《论语》是中国伦理哲学的源头，是中华文明的底色，是中华民族价值体系的钢结构，是中华文明生生不息的核心基因，值得中华民族永远珍惜！

印度哲学家克里希那穆提说："教育的目的在于改变自己。"我深以为然。教育不能一步到位直接改变世界的结构，教育不能一步到位直接改变世界的贪婪、腐败、暴力，但是，教育却能改变自己，能改变人心。当人心都向善向上向光明的时候，这个世界还会缺少善良和阳光吗？

我有一个梦想：让《论语心读》走进课堂，让《论语心读》走进家庭，让《论语心读》养护心灵，让《论语心读》呼唤教育回归本真，让《论语心读》推动教育改革，让《论语心读》助推中华民族的伟大复兴！

2019年7月于羊城

重新认识儒家文化

没有文化自觉,就没有文化认同;没有文化认同,就没有文化自信;没有文化自信,就没有文化复兴;没有文化复兴,就没有民族复兴!毋庸置疑,儒家文化属于中国之为中国、中国人之为中国人的标志性的文化基因,13亿中国人面临着自觉、认同、自信、复兴怎样的传统文化——尤其是面临着选择怎样的儒家文化的问题。

作为伦理哲学和作为学术的儒家思想,最早存在于先秦,载体就是《论语》《孟子》《荀子》,其中源头却在《论语》;汉代开始,儒学成为意识形态,其作为统治工具的价值被抬高到至高无上的地位,"罢黜百家,独尊儒术",导致儒学作为哲学和学术的价值被严重扭曲。汉代以后,历代体制内的儒学研究者所注解的《论语》《孟子》《荀子》无不打上当朝帝王的思想烙印,无不偏离了儒家思想的圭臬,很多甚至走向儒家思想的反面。先秦之后的所谓"儒家思想"基本上沦为维护王权、维护父权、维护夫权的工具,与先秦儒家尤其是孔子儒家的思想精髓已经渐行渐远。

准确理解和传承儒家思想,必须回到先秦,回到元典,回到本源。历时15年，我阅读数百个版本的《论语》和解读、研究《论语》的著作，深度研究其中30多个版本，撰写了充满激情而又富有理性的《论语心读》，对《论语》做了全新的解读，还原了真实的孔子、真实的《论语》、真实的儒家、真实的心学。

一、重新认识孔子

在中国，做人做事，尤其是做教育，绕不开孔子。思想理念的人本精神、政治主张的民本追求，注定了孔子儒学"为民请命"的政治取向，注定了孔子儒学不为短视的诸侯所接纳，也注定了孔子没有像管仲一样幸运地成为成功的政治家、军事家——因为他为民谋利的思想与君主的穷奢极欲背道而驰，因此，他生前很难长久有用武之地；但是，孔子是一个成功的思想家、杰出的哲学家、伟大的教育家。

一是孔子开平民教育的先河。在等级森严的奴隶社会，把教育从宫廷转移到民间，给平民教育权利，给平民上升通道，给平民发展空间。现在全民都重视教育，全社会都关注教育，全世界都追求教育公平，但是在孔子之前，平民不要说受教育的权利，甚至连识字、写字的权利和机会都没有。没有文字就无法获取可信的资讯：烟尘古道，面对疾驰的骏马或战车，人们并不知道路上的人来自何方，将去何处；古老的村落，人们并不知道国与国之间的距离都有多远，天下有多大，常面临着"不知有汉，无论魏晋"的迷茫与困惑；四季更替，人们有很多生命感悟，却难以用文字表达；生死有命抑或生命无常，人们或许充满了恐惧或困惑，但是不知如何诉说。面对这样的文明转型，推动平民教育，以教育改变人生，以教育改变命运，以教育改变社会，何等伟大！

二是孔子开民办教育的先河。孔子的教育体系、结构、课程、方法是自己独立建构的；因为没有"正确的领导"，没有"英明的指示"，没有"科学的管理"，才有幸在自然自由的沃土上奏响人本情怀、人道主义、人文精神的强音，开创了民办教育的先河和奇迹，没有证据证明中国历史上哪间书院的教育或哪个朝代的太学、国子监之类的教育，比孔子在颠簸牛车上、大树下的教育更成功、更卓越——无论是教育理论还是教育实践。孔子民办教育的成就归功于孔子以教为政的责任与担当，归功于孔子卓越的文化典籍整理功力，也归功于自然自由的教育生态。《道德经》有一句话："天下皆知美之为美，斯恶也。"以此诠释孔子教育成功的秘诀，颇为贴切。比如全天下人都知道对称是美的，但是一个城市从宏观到中观再到微观，处处都对称，就不是美，那是单调，可怕的单调。为什么近几十年来，中国少有真正意义上的教育家？因为教育体系出现了十分可怕的科层结构：教师管学生，级长管教师，主任管级长，校长管主任，教办主任管校长，局长管教办主任，大局长管小局长，厅长管局长，省长、部长管厅长，除此之外媒体在"管"教育，网络在"管"教育，舆论在"管"教育。重压之下，校长连喘气都很困难，哪里还会有办学的自主权和积极性？处在底层的教师如何能绽放人性的光辉，如何能绽放生命的激情，如何能绽放人生的精彩？而处于被管的最底层的学生，经受了长达12年的"严格管理"，很多已经迷失了信仰，迷失了理想，迷失了梦想，成为不折不扣的"标准件"。

三是孔子开素质教育的先河。在孔子的课程结构中，无论是从六经——《诗》《书》《礼》《乐》《易》《春秋》的角度看，还是从六艺——礼、乐、射、御、书、数的角度看，都涵盖了当今素质教育德、智、体、美、劳的全部内涵，还包括军事教育，其课程体系给每个学生提供了多元发展的空间和个性发展的可能性。孔子有全面发展的课程建构，但是却没有全面发展的实践追求。高考状元是"全面发展"的产物——总分排名式的教育评价和教育选拔就是"全面发展"伪命题演绎的荒唐逻辑，但是，非常遗憾，科研机构跟踪调查结果显示，恢复高考数十年以来，1000多名高考状元，少有行业领袖，少有一流的科学家，少有重大发明创造者。

四是孔子开因材施教的先河。孔子首倡和实践因材施教，其教育"产品"自然绽放生命的精彩：军事天才樊迟，武士典范子路，外交奇才子贡（他还是著名的商业奇才，大约相当于今天的巴菲特），道德楷模颜回，可南面称王的冉雍，著名学者卜商子夏，学术传人曾参……孔门三千弟子七十二贤人，各有个性，各有优势，各有风采，各有精彩。《论语》中《公西华侍坐》等生动地记录了孔子的课堂：谈孝道、谈理想，不设标准答案，不作优劣评价，全然没有制式教育的痕迹；只有对生命的敬畏，只有对本性的尊重，只有对个性的张扬。教育必须求异，必须尊重不同，不一样才精彩，将姚明培养成姚明，将钱学森培养成钱学森，将贝多芬培养成贝多芬；而当代中国教育从小学一年级开始到高中三年级，把学生长达12年的青春岁月禁锢在求同的魔咒里，最终在严格的管理、标准化的评价、"标准件"的"生产"模式中，将原本充满生机的生命个体培养成缺失人文精神、科学精神、工匠精神，像红砖一样整齐划一的"产品"。实在悲哀！

五是孔子开有教无类的先河。孔子爱富甲一方的子贡，爱经常顶撞他的子路，爱"在陋巷，人不堪其忧"的颜回，甚至也爱"朽木不可雕也"的宰我！孔子的教育充满了无限的爱和期待！在中学工作的时候，无论是做教师，还是做中层、做校长，我必须兼任语文老师。课间休息的时候，我会慈爱地坐在讲台上，不是等待学生来求教，而是让学生在嬉戏打闹中偶然回眸：他看我的那一瞬间，我也在看他。我想告诉我的任何一个学生：你在老师眼里，老师在关注你；你在老师心里，老师在关心你；你在老师生命里，老师对你充满期待。作为教师的我，唯一能做到的是在情感上、在伦理上、在态度上有教无类。如今，且不说地区之间、区域之间、学校之间的有教有类，就算是同在一间课室，权贵子弟和平民子弟一样吗？富家子弟和贫寒子弟一样吗？容貌姣好的子弟和长相平平的子弟一样吗？听话的孩子与调皮的孩子一样吗？高分的孩子和低分的孩子一样吗？有教无类的情怀重建，乃中国教育当务之急。

六是孔子开全科教师的先河。在孔子的学校里面，没有助教，也没有其他辅助教师。他是校长、教导主任、总务主任，还是语文教师、政治教师、历史教师、数学教师、军事教师、劳动技术教师和艺术教师——同时也是这些学科教材的编写者。中国之大，如此全科，由古而今，一人而已！——这对当今教材统编、教辅统一、课件抄袭的教育生态以及教师依靠教材教参重复简单的教学，是何等深刻的讽刺啊！在小学、初中教育领域，全科教师几乎是一种世界性的共识和趋势，但中国却依然是分科教学，而且十分荒唐的是：学美术改教语文、学语文改教数学、学数学改教语文、学物理改教化学等现象，在中国很多地方不仅不被允许，甚至评职称都会受到"专业不对口"的制约和干扰——我若不是见证过，又怎么敢相信呢？这又是怎样的一种悲哀呢？

七是孔子开教学相长的先河。教科书对教学相长的解释：教学双方,相互促进。但孔子的教学相长却是另外一种境界:师生成为共同的学习体、共同的生命体、共同的成长体。孔子教书的年月越久,知识积累越丰厚,学术水平越高,道德修为越完美!民国时期朱自清、鲁迅、夏丏尊、叶圣陶等一批优秀教师,胜任中学教育,也胜任大学教育,还胜任研究生教育,且成为大师,除了自身学养的基础外,很大程度上就是他们真正实践了孔子"教学相长"的理念!对一些正常退休或是提前退休的教师,我惋惜、痛惜、伤感、悲凉:有些老师教了一辈子的小学,退休时知识和能力储备只有初中水平;教了一辈子的初中,退休时知识和能力储备只有高一的水平;教了一辈子的高中,退休时知识和能力储备只有大一的水平——解题能力达不到高三优秀学生的水平;没有真正实践"教学相长",这不仅是个人的不幸,也是教师的不幸,还是中华民族的不幸!有人说,给学生一碗水,自己要有一桶水——远远不够;又说,在信息时代,要给学生一碗水,自己要有一河水——依然不够。教师的知识储备、能力储备、人格储备必须是大海,海一样的深、海一样的宽、海一样的远,学生才能畅游,才能远航,才能直挂云帆济沧海!如果教师的知识、能力、智慧、人格储备建构了一个充满能量的宇宙,那么学生可以挣脱地球引力,飞向太空,翱翔宇宙!

　　八是孔子开学术独立的先河。孔子首创的思想体系、价值体系、伦理体系,独立于政治之外,独立于体制之外,独立于经济之外,在中国学术史上拥有恒星般不可磨灭的地位!学术应该是独立的。孔子的学术是伦理哲学,没有阶级性和政治色彩。天子九五之尊,读《论语》可以养心修身;普通贫寒子弟,读《论语》可以提升自我,可以自强不息,可以从平凡到优秀,可以从优秀到卓越。目前中国的教授数量位居世界前列，从事科学研究的人员规模也位居世界前列，但是国家创新能力不足，除了教育自身的问题之外，恐怕十分荒唐的学术管理机制难辞其咎。有所谓国家级课题、部省级课题、地市级课题、区县级课题、科级课题、股级课题，再往下就是校级课题。我不禁要问：清华国学四大导师之首的王国维，在20世纪初撰写的《人间词话》属于何种级别的课题成果？陈寅恪在西南联大撰写的《魏晋南北朝史》是什么级别的课题成果？华罗庚在20世纪40年代，在西南联大"一灯如豆"的10多平方米的小阁楼里面写出的《堆垒素数论》属于什么级别的课题成果？德国哲学家雅斯贝尔斯的五万多字的经典著作《大学的精神》又属于什么级别呢？课题的级别管理，其实就是资源分配和控制，充满了利益博弈，充满了功利色彩，充满了铜臭味道，怎么可能有独立的学术呢？又怎么可能有货真价实的科研成果呢？课题成为职称晋升的招牌，成为分配资源和争取资源的战场，成为谋取福利的载体，如此怎么可能出现有影响力、冲击力的科研成果呢？如此，教授和学者怎么可能安心静心全心做学问呢？

九是孔子开终身学习的先河。3岁丧父，17岁丧母，仍然自强不息，经历了"十有五而志于学，三十而立，四十不惑，五十知天命，六十耳顺，七十而从心所欲，不逾矩"的终身学习轨迹。孔子不仅是终身学习的首倡者——比西方国家提出终身学习的教育理念早了近2500年，也是终身学习的实践者；在信息时代、大数据时代感受终身学习、终身教育的理念并不难，但是在近2500年前提出并实践终身学习、终身教育的理念，何其具有前瞻性！孔子通过自我修为——修于心、修于身，证明了儒家"人皆可以为尧舜"的理想可以实现，证明平凡经过努力可以走向伟大，证明凡人数十年如一日自强不息也可以成为"圣人",证明教师可以从"宇宙尘埃"锤炼成为熠熠发光的"恒星"!

十是孔子开知行合一的先河。"知行合一"首先是教育哲学命题,是方法论。《论语》开篇之句:"学而时习之,不亦说乎?"如何理解?在我读书的时代,解释为"学习并不断复习,不是很快乐吗?"不对,回到《说文解字》了解"习"的含义是"鸟振翅",引申为练习、实践。由此可知,这句话的正确理解是:学习并努力付诸实践,不是很快乐吗?这就是中国"知行合一"哲学思想的源头。曾子曾经说:"吾日三省吾身。为人谋而不忠乎?与朋友交而不信乎?传不习乎?"其中"传不习乎?"很多学者解释为:"老师传授的学术我及时复习了吗?"其实这句话的含义是:"我自己讲授的学术亲自实践过了吗?"孔子儒家的学术主要集中在道德伦理范畴,也就是说,自己讲授的道德观念、道德理想必须是自己实践过的,或者自己做得到的。这就是中国"知行合一"哲学。

孔子开创了中华文明时代。中国最重要的儒家经典《诗》《乐》《书》《春秋》《易》等典籍,孔子或编撰、或做注、或解说,他的整理和提炼,构建了中华文明的思想体系、哲学体系、价值体系、伦理体系。中国之所以为中国,是因为有原生态的儒家,因为孔子对春秋以前社会实践的总结、文化典籍的整理、伦理价值的提炼,孔子奠定了中华文明的坚实基础,完成了诗歌启蒙、艺术启蒙、政治启蒙、伦理启蒙、价值启蒙、哲学启蒙,从此,中国真正进入了文明时代。这个时代,学界定为人类文化的轴心时代。这个时代,中国有老子、孔子、庄子、孟子、墨子、孙子为代表的学者,西方有释迦牟尼、耶稣、苏格拉底、柏拉图、亚里士多德等圣者和先哲,他们对人类的生死问题、快乐问题、价值问题都做过探讨，都做出了价值判断，各自引导各自文化圈的人民向前走去。当人类每次经历苦难或者似乎难以克服的困境时，都会不约而同地回望这个时期先哲的智慧；都不约而同地发现，需要恢复这个时期的核心价值，需要坚守和坚持这个时期的核心价值。一个国家、一个民族，发展理念、思路可以变，可以与时俱进，但是核心价值却贵在坚持和坚守，冒进意味着癫狂，否定意味着疯狂，抛弃意味着灭亡！历史曾经证明：秦国"奋六世之余烈"，到秦王嬴政统一天下，以为从此家天下绵延万世，并自称始皇帝，却因为抛弃了儒家人本精神，结果15年而亡——倘若秦朝统治者对大泽乡那900余名农民"遇雨失期"给予半点悲天悯人的人道关怀，他们也不会揭竿而起，秦朝的历史将重新改写。

二、重新认识《论语》

我时常在演讲的时候半开玩笑地宣称："在中国，如果寻找3个研究《论语》且活着的人，我必须是其中的一个！"我的解读充满了生命的激情——让2000多年前的《论语》鲜活起来，奔涌起来，燃烧起来——同时，我也能够让读者的内心燃烧起来，燃烧出梦想，燃烧出理想，燃烧出信仰！

《论语》告诉读者：人生应该也必须快乐。《论语》开篇之章——子曰："学而时习之，不亦说乎？有朋自远方来，不亦乐乎？人不知而不愠，不亦君子乎？"《论语》是伦理哲学，主要是处理人与人的关系，处理好了人生就快乐；处理不好，人就孤独，就焦虑，就忧郁……

快乐人生做减法，重要的就是三件事情：一是学习实践。也就是

"学而时习之",这是中国"知行合一"哲学思想的源头:学习且努力实践不是很快乐吗?无论是道德修养(儒家哲学,道德境界属于"道"的范畴)还是技术(儒家哲学,技术属于"器"的范畴)进步,都需要努力去实践。努力实践道德修养则增进德行,提升境界,积土为山,积水为海,积善成德。技术进步也是一样,空有一身技艺,却英雄无用武之地,当然悲怆;有技术,能应用,为人服务,为团队服务,为社会服务,也算是从另外一个维度实现了人的价值——说儒家排斥"器"是没有根据的,因为孔子主张"君子藏器于身,待时而动"。二是思想交流。人是群居动物,必须交流,孔子认为与志同道合、道义相期者保持交流是常态。生命中每一分钟都不可逆,什么人都交往,势必迷失自己,甚至迷失心智,生命状态是迷茫、困惑抑或无聊,人生的轨迹不是向前、向善、向成功,而是停滞、犹豫、平庸。三是自我修养。遇事不顺,"反求诸己",提升境界,则"人皆可以为尧舜"。渴望被认识、渴望被赏识、渴望被尊重是人的本性;就算这个世界没有人理解自己,甚至被人误解、被诽谤中伤而不怨天尤人,朝着既定目标前进,往往能成功!——人生能坚守这三件事情,能不快乐吗?

《论语》告诉读者:生命因学习而精彩。孔子回顾自己的一生,不无自豪地说:"吾十有五而志于学,三十而立,四十而不惑,五十而知天命,六十而耳顺,七十而从心所欲,不逾矩。"翻译成现代汉语:"我十五岁立志求道,三十岁人格独立,四十岁不再迷惑,五十岁懂得天命,六十岁包容各种批评,七十岁做事不违礼。"孔子曾经落寞,曾经落拓,尽管如此,其可贵之处,在于终身学习,问道老子,学乐襄子,"入太庙,每事问",如此勤奋,因为学习改变了命运，赢得了社会认可和赞誉，赢得了权贵的尊重，赢得了学生们真心的爱戴。人生的起点基本相同：碳水化合物，一般不超过5千克，绝对不会有人身体里先天就有黄金；人生的终点基本相同：碳酸钙，除非是金首饰或金质假牙忘了摘下，否则绝对不会在骨灰里出现黄金。生命的精彩在于过程，过程的精彩就在于思想，思想的精彩在于学习和创造。"腹有诗书气自华"，读书是女人最好的美容方法，读书也使男人拥有最迷人的魅力；读书改变人生，读书改变命运；视野在读书中拓宽，境界在读书中升华，命运在读书中改变，价值在读书中提升！个人如此，家庭如此，组织如此，国家如此。

《论语》告诉读者：终身求道人生无悔。"子曰：'朝闻道，夕死可矣。'"翻译成为现代汉语："早上得道，晚上死去也无遗憾了。"儒家有尚道传统。"道"是什么？在传统文化的语境中，"道"是人生最高的道德境界，是一种能够融于心、融入生命的高尚情感、积极态度、健康价值观、学术修养、知识涵养、道德素养的总和。仁道、恕道、中庸之道等，都是很难达到的最高人生境界，如果认同、实践、坚守，一生必然光彩照人。有尚道传统、尚道精神，就会有责任心，就会有使命感，就会以天下为己任，就不会走向萎靡和颓废。日本学者读《论语》的传统是读一句，做一句，奉行一生，坚守一辈子，然后成功了。比如日本马克思主义者河上肇笃信"朝闻道，夕死可矣"，并将之作为座右铭，坚守了一辈子，成为东方著名的马克思主义者和修辞学大家。

《论语》告诉读者：人生不必太过焦虑。孔子说："不患无位，患所以立；不患莫己知，求为可知也。"翻译成为现代汉语："不担心没有位置，担心没有安身立命的本领；不担心别人不了解自己，追求的是足够让人震撼的本领和成就。""患"就是现代社会的焦虑。孔子曾经也"焦虑"过,他焦虑的是礼崩乐坏,人民丧失了自己的精神家园,心无所依,心无所归。现代社会何尝不是如此?充满了无限的焦虑,有政治的焦虑、经济的焦虑、文化的焦虑、心理的焦虑……为何生产力如此发达,财富如此丰足,但是精神越来越空虚,人越来越迷茫呢?因为我们远离了、背离了曾经拥有的精神家园,不知道生我之前我是谁,我死之后谁是我,不知道人生的目标何在,不知道人生的价值何在。如果一个民族的眼里、心里、生命里只有钱,这个民族就是一个焦虑不安的民族!

《论语》告诉读者:人生可以如此陶醉。孔子说:"知之者不如好之者,好之者不如乐之者。"从教育的角度解读这句话:懂得教育不如热爱教育,热爱教育不如以教育为乐。懂得教育的价值、教育规律且热爱教育,这是情感;忠于职守、热爱教育、热爱学生,这是情结;以天下为己任,以教育为乐,无怨无悔,为一代又一代人的成长不知疲倦地付出,为一个民族的复兴无怨无悔地付出,这是情怀。如果教师有情怀,教学就不再是单调的,教育就不会是劳累的,身体就不会是疲惫的,生活将是充满阳光和快乐的。除了以享受的方式工作之外,人生也可以有自己的个人爱好,甚至可以陶醉于自己的个人爱好,最好能陶醉出成绩和成就。我在澳大利亚访问数十所中小学的时候,有感于他们重视音乐、美术、体育,丝毫不亚于我们重视语文、数学、外语、物理、化学。问其校长为何如此重视美育和体育,回答说这是校长们的共识:音乐可以陶冶性情,美术可以美化人生,体育可以迸发青春。人生很短,也很漫长,如果没有爱好,难免单调;我酷爱围棋,就算是一个人待在家里,也可以安静地享受围棋天才吴清源的棋谱，像阅读精彩的武侠小说一样享受围棋的快乐；我嗜书如命，很多时候，坐在书房上午读书，下午读书，晚上读书。这种陶醉，让我安于孤独，享受孤独。

《论语》告诉读者：反思成就辉煌人生。孔子说："见贤思齐焉，见不贤而内自省也。"翻译成为现代汉语就是："看到比自己好的，向他看齐；看到不如自己的，应当反省是否也有类似的缺点。"孔门杰出弟子曾参传承此思想，也讲了一句："吾日三省吾身。为人谋而不忠乎？与朋友交而不信乎？传不习乎？"曾子这句话的正确理解是："我每天多次反省自己：为人民而从事的本职工作是否恪尽职守？与朋友交往是否真诚信实？讲授的学说自己是否实践过了？"拙著《论语心读》成为非文学类的畅销书，那是因为书中的思想、观点、主张不是从书本到书本，不是从网络到书本，而是发自内心，发乎真诚，字字句句皆为心声，我的主张都是我的生命感悟或实践体验，能够触及读者心灵的柔软处，唤醒生命的激情。孔子和曾子这两段话告诉后来人，当反思成为学习方法，反思成为工作方法，反思成为生活方式，反思成为行为习惯，反思成为生命常态，反思成为人格特征，事业必然成功，人生必然精彩。曾国藩数十年如一日，坚持日记反思，甚至不惜骂自己"真禽兽也"，并不断克服人性的弱点，最终从官场浪荡公子"修炼"成为中兴名臣、洋务重臣、理学完人。西方宗教路径：每周向神忏悔，以此洗涤心灵的污垢，给心灵以阳光；孔子儒家提倡向内心反省，而且每天多次，以保持本心本性不至于被迷失、被污染、被扭曲——这个传统对于中国人是十分宝贵的哲学财富。

《论语》告诉读者：后生可畏，未来可期。孔子说："后生可畏，焉知来者之不如今也？四十、五十而无闻焉，斯亦不足畏也已。"翻译成现代汉语："年轻人值得敬畏，怎么就知道后生不如前辈呢？如果到四五十岁时还没有让人们称道的成就，那就不值得敬畏了。"敬畏生命，敬畏后生，敬畏学生，因为学生中或许有爱迪生、贝多芬、华盛顿、钱学森，因为他们代表着民族的未来，因为他们承担着民族复兴的重任。因为敬畏后生，所以愿意为之无怨无悔付出一生。"江山代有人才出，各领风骚数百年"是消极的表述；"后浪推前浪""新人胜旧人"是积极的表述。敬畏后生，也只争朝夕。孔子所处的年代，人的平均寿命不足50岁，所以孔子说四五十岁没有接近道就不值得敬畏，但是今天人的平均寿命在70岁以上，四五十岁的人，正值盛年，大有可为，比如我近40岁才开始研究《论语》。读孔子这句话，最值得人们思考的是，孔子敬畏后生，期待后生，期待未来，坚信未来必然比现在强。传承优秀传统文化，是要传承其精神，尤其是人本情怀和核心价值，而绝不是形式主义的复古，穿古服、戴古帽、行古礼等抱残守缺的荒唐做法，这只会再次误导苍生，再次陷中华民族于万劫不复。

　　《论语》告诉读者：生命的每一分钟均不可逆。孔子在一条河流边，面对不舍昼夜奔涌的河流，发出了生命的叹息："逝者如斯夫，不舍昼夜。"一千个读者一千个哈姆雷特，一千个人读这句富有哲理的话，可能有一千种不同的感受。消极理解：青春易逝，一如河水，一去不回！中性理解：时光易逝，一如河水，永不停息！积极理解：人生精彩，一如河水，永远向前！都对——心情使然，境况使然，境界使然。我读到这句话，多数时候却是伤感和忧郁，也不乏恐惧。少年时期，家境贫寒，读书勤奋，夜以继日，即便是上茅厕，也会带上书，看上一页或几行都行；当时真的有一种恐惧：不如此勤奋，我走不出小村！青年时代，边工作边学习，手不释卷，疲倦至极，不到晚上12点都不肯睡，因为我知道，当我再次醒来，今天已不复存在。几乎每天晚上，从华灯初上，到万家灯火，再到万籁俱寂，我依然在窗下读书，笔记，思考，写作；就算是停电了，我窗下也会燃烧着蜡烛，继续读书，笔记，思考，写作。这不是学生写给老师的赞歌，而是我年轻时生命状态的真实写照。青年时期的我也有一种深沉的恐惧：若不如此勤奋，我无法超越自己！中年之后，尤其是45岁之后，明显觉得在车上、船上、路上等这些原本可以看书的时间段，已经不能再看书了，看久了会头晕；中年后的我，恐惧感与日俱增，不是害怕死亡，而是恐惧生命如此脆弱，人生如此短暂，要做的事情如此之多，要承担的使命如此重要！很是理解曾子"仁以为己任""任重而道远"的勇毅！品读此句，无限感慨：盛年难再，只争朝夕！

《论语》告诉读者：人格魅力远胜于权力。孔子说："其身正，不令而行；其身不正，虽令不从。"无论古今，无论东西，无论政教，此语永恒。道高为师，德高为范。20世纪90年代初期，我到一所区属中学做校长，别人问我用多长时间可以改变学校的面貌，我说：物质面貌可能需要两到三年，精神面貌只需要一个学期。我公开许诺和倡导："我的任何一堂课，对任何人开放。"然后想办法调动每一位老师的主动性和积极性，让每一位老师的每一堂课，也可以对任何人开放。结果一年之内就使教育质量在区内名列前茅。教师之于学生也是如此，师生近距离接触，近距离交流，学生接受的不仅是"言传"的知识，而且还有"身教"，更有教师的情感、态度、价值观等多维的辐射，有教师人格磁场、生命磁场对学生的磁化和滋养，生命与生命的激情灵动，思想与精神的共同升华。所以，如果中学教师像大学教授那样"裸教"，是基础教育的误区；盲目扩招，稀释师资力量，剥夺师生互动的机会，是中国高等教育的悲剧。

《论语》告诉读者：原谅别人方能解放自己。子贡问老师："有一言而可以终身行之者乎？"孔子回答："其恕乎！己所不欲，勿施于人。""恕"是包容，对别人缺点的包容，对世间万物的包容，对宇宙百态的包容。"恕"是教育方法，包容生命，包容差异，包容个性。据说，100多年前德国的一堂小学手工课上，施罗德小朋友做泥板凳，一次成形，非常漂亮，老师表扬："你真聪明！"而施罗德的同伴却没有那么幸运，泥板凳做了3次，虽然一次比一次好，但3次都不像板凳，老师评价："你真愚蠢！"这个做了3次泥板凳都不像泥板凳的小朋友，居然是现代物理学之父、量子物理学奠基人、相对论创立者爱因斯坦。施罗德后来成为当地颇有名气的建筑工程师，他是操作型人才；爱因斯坦则是理论物理学家，他是抽象思维型人才。中国古语说，士别三日，当刮目相看。成年人变化尚且如此之大，何况是孩子呢？无论是家长，还是教师，有什么理由不能包容孩子的缺点，不能包容人才的差异性和多样性呢？当然，"恕"更应该是生活方式，是生命状态，原谅别人，解放自己，生活在嫉妒中，受害最深的不是被嫉妒者，而恰恰是自己。因为放下，所以洒脱；因为放下，所以自由。联合国总部大厦悬挂的一幅壁画中有这样一句话："Do unto others as you would have them unto you."[1]，用中文来表述即"己

---

[1] 据东方资讯网，http://mini.eastday.com/mobile/160920184903786.html#，2013年2月25日发表文章《联大开会季：原来联合国总部是这样的地方！》。

所不欲，勿施于人"，可见这已经成为全人类认同的伦理情怀和价值追求。如果人与人之间，上下级之间，群与群之间，国与国之间，能够"己所不欲，勿施于人"，世界多么美好啊！

某位学者在北京大学演讲，公开宣称，《论语》对于中国文化大餐来说，只不过是一条干鱼，没有佳肴的时候，拿出来做配菜尚可，但不能成为国人精神食粮的主食。我深感悲哀，不以为然。有一位名满天下的学者说，儒家文化是农耕文明的产物，是到了抛弃的时候了。我深觉悲哀，不以为然。我认为，《论语》是中国伦理哲学的源头，是中华文明的底色，是中国价值体系的钢结构。它所承载的价值体系，我们如果选择践踏，我们的民族就疯狂；我们如果选择放弃，我们的民族将面临死亡。

历时15年，我以实证的态度、学养的厚度、思想的深度、情感的热度、哲学的力度，证明《论语》承载以人为本的哲学、以民为本的理念、自强不息的精神、积极入世的传统、厚德载物的担当、天下为公的理想、尚中贵和的思维、博爱泛众的胸怀、勤劳简朴的性格、家庭中心的伦理、家国一体的追求、天人合一的境界，是养护国人心灵的最宝贵精神资源；证明《论语》承载的以生为本的思想、有教无类的情怀、因材施教的方法、全面发展的课程、尊重个性的取向、慎独正己的修身、反求诸己的态度、积善成德的路径、君子人格的激励等，是中国当代教育应该、必须传承发扬的教育智慧！

三、重新认识儒家

儒家是中国最重要的思想流派，其流变过程曲折，故事颇多，悬案颇多。比如说，五四运动以来，许多学者都认同这样的观点：儒家起源于巫。其实不然。儒家起源的逻辑是这样的：有儒家思想的确立，才有儒家代表人物。如此推论，孔子就是儒家学派的开山鼻祖。儒家学派思想的两个源头：一是实践基础。主要是西周的社会实践，尤其是以周公姬旦为代表的开明政治实践，奠定了儒家的人本基础；这个基础再上溯，就是孔子祖述尧舜的上古原始共产主义社会实践。二是理论基础。这显然是孔子在整理古典文献，尤其是西周文献时候进行的提炼、建构、创造——我也真不知道该定义为什么行政级别的科研课题，其核心思想、核心价值等，均见于语录体散文《论语》。这是基本的逻辑，基本的事实，基本的历史，何以那么多学者连这个问题都看不清，看不准，看不透？至于说儒家思想的核心，争议就更大，说法更多。自孔子开创儒家学派，经历了弟子们的发挥，阴阳家的附会，帝王们的歪曲，伪儒学家的背叛，儒学早已面目全非！——今天，传承优秀传统文化，人们显得茫然和无所适从。我试图略举几例，洗涤被歪曲的儒家学说的污垢，还原真实的儒家学说。

一是儒家开创人本哲学。儒家悲天悯人，以人为本，在"五张羊皮换一个奴隶，五个奴隶换一匹马和一束丝"的价值体系中，孔子面对马厩失火，只关心"奴隶"不关心马。孔子听说有人用陶俑做陪葬品，一向温良恭俭让的孔子，居然以最毒的口吻骂道："始作俑者，其无后乎？"翻译成现代汉语："首用陶俑做陪葬，他断子绝孙啊！"孔子如此敬畏生命，怎么可能有愚忠愚孝的思想出现呢？比如他极力赞扬管仲不像村妇村氓那样，陪葬公子纠，而是光明磊落地扶助公子小白（后来的齐桓公），任齐国宰相40年，富国强兵，成就了一个强大的齐国，这才是大忠。"君君，臣臣，父父，子子"的解释本应当为："君像君，臣像臣，父像父，子像子。"伪儒学家偏偏误导出"君叫臣死臣不得不死,父叫子亡子不得不亡"的荒唐。孔子坚持认为君臣之间"君使臣以礼,臣事君以忠",二者有条件;孟子说得更明白:"君之视臣如手足,则臣视君如腹心;君之视臣如犬马,则臣视君如国人;君之视臣如土芥,则臣视君如寇仇。""民为贵,社稷次之,君为轻。"荀子则强调:"水则载舟,水则覆舟。"我时常想,宋代岳飞朱仙镇大败金兀术,豪情满怀,准备"直捣黄龙",却被高宗赵构12道金牌召回,屈死风波亭;"屈"就屈在他读错书了,如果读的是先秦儒家经典,尤其是读懂了孟子"如欲平治天下,当今之世,舍我其谁也?"一句,就可以仿效赵构的祖上赵匡胤陈桥驿兵变的做法,来一个朱仙镇兵变,岳飞在中国历史上的地位会更高——因为民族利益高于一切,人民利益高于一切。

二是儒家开创民本政治。《论语》中"民可使由之不可使知之"一句的断句,因为学者的立场不同,断句不同,解读自然大相径庭,甚至完全相反。攻击孔子推行愚民政策的学者断句为:"民可使由之,不可使知之?"稍微中庸一点的学者断句为:"民可使,由之;不可使,知之?"只要懂得儒家以人为本的哲学思想和以民为本的政治理念,就明白断句只有一种:"民可,使由之;不可,使知之。"正确的理解,也只有一种:"老百姓过得很好,就顺其自然,让他们在自然生态中快乐地生活;如果过得不好或者做得不好,就应该以教育让他们增长知识和智慧。"这句话的断句和解读,我可以就近在《论语》中取材,进行互证。孔子到了卫国,冉有陪同。孔子感叹:"(卫国)人口真多啊。"冉有问:"人口多了该做什么呢?"孔子说:"让他们富裕起来。"冉有接着问:"富裕了,又该做什么呢?"孔子回答:"让他们接受教育。"富民教民,其实就是物质文明、精神文明并重，两手抓、两手硬；当代社会治理依然还是这个范畴。优秀传统文化是中国化马克思主义的重要思想源泉，这是科学论断。

三是儒家开创生本教育。近年来，我多次拒绝祭孔活动，我觉得这些繁文缛节不是现代人应该传承的。我多次批评学生对老师行跪拜之大礼，我相信，如果孔子活到今天，他也会坚决反对。读《论语》就知道，孔子与学生亦师亦友，孔子之于学生有时候像慈父，有时候像兄长，有时候像朋友，师生之间是那么平等，教学是那么民主，思想是那么自由，全然没有汉代设帷讲学开始的那种冷冰冰的师生关系。孔子因为急于有作为，屈尊见了卫国夫人南子，因为南子生性淫荡，孔子与南子"同车招摇过市"，学生子路愤然质问老师："夫子是否与南子有苟且之事？"孔子对学生发誓："如果我做了不正当的事，让上天厌弃我吧！让上天厌弃我吧！"若非如师如父如兄如友一样亲密的师生关系，学生何敢质疑老师的绯闻，老师又何须对学生发出"誓言"呢？孔子对颜回慈父般的呵护，对宰我严父般的严格要求，对子路兄弟般的深情，何等令人动容且羡慕！

四是儒家主张自由恋爱。后世人攻击孔子是男尊女卑的始作俑者，证据是孔子曾经讲过这样的话："唯女子与小人为难养也，近之则不孙（同"逊"），远之则怨。"这句话中的"小人"是与道德完美的"君子"相较而言，小孩子和人格尚未达到完美或完全独立的人都可以称之为"小人"，也就是指常态下的普通人。如此，这句话只是讲人性的弱点，女性和大多数尚未达到君子人格的普通男人都有这样的毛病："亲近则恃宠而骄，疏远即生怨恨。"女人如此，男人何尝不是如此？除非你的定力非常强，人格非常独立，本领非常高强，不需要依附于任何个体和团体，否则有可能表现出"近之则不孙，远之则怨"的人性弱点。我倒是有更多的证据证明，在情感世界和伦理体系中，他提倡男女平等。证据就在儒家六大经典之一的《诗经》中。一部《诗经》国风是主体，而国风则十之八九都是爱情诗篇。在《诗经》中君子和淑女完全平等，平等地追求爱情，平等地思恋爱人，平等地等待爱人，平等地对待爱情。《诗经》中男女相爱，充满了田园牧歌的色彩：相爱在城墙边——"俟我于城隅"，相爱在桑间濮上——"参差荇菜，左右采之"，相爱在小巷——"俟我乎巷兮"。《诗经》中的男女相思在床第——"寤寐思服""辗转反侧"，相思在风雨中——"风雨如晦，鸡鸣不已；既见君子，云胡不喜"，相思在远方——"所谓伊人，在水一方"。我在品读《诗经》的时候，依然被初民那淳朴、纯情、纯粹、热烈、奔放、唯美的爱情所倾倒、折服、陶醉。不知伪儒学者如何能活生生地将如此率性而美丽的爱情解读为"咏后妃之德"，其虚伪与丑恶竟至于此，如果推行优秀传统文化，还要去传承这些腐朽、歪曲的解读，年青一代能接受吗？能喜欢吗？当然，我要强调的是《诗经》鲜明折射出孔子女权主义的伦理趋向，孔子三岁丧父，母子相依为命，他能不爱自己的母亲吗？他能不敬自己的母亲吗？孔子"私生子"的出生背景——"野合而生"，也注定了他在选编《诗经》时会选择那么多自由、自然、自在、自主的爱情诗篇，这有没有证明其父母爱情之光明磊落的旨趣？有待证明！

五是儒家真的也很爱钱财。后世伪儒者呼喊："钱财如粪土，仁义值千金。"他们十分迂腐地强调儒家重义轻利，殊不知，儒家学派创始人孔子，既重视道德学问，也重视营生民生。孔子曾经说："回也其庶乎，屡空。赐不受命，而货殖焉，亿则屡中。"孔子批评德行第一的颜回"学问道德虽然接近完美，可惜家徒四壁，口袋空空"，高调赞扬在后世伪儒看来似乎不务正业的端木赐子贡"端木赐不屈服于命运，从事贸易，预测市场行情常常准确。"后世伪儒学者面对孔子率性地宣称："富而可求也，虽执鞭之士，吾亦为之。如不可求，从吾所好。"不知道作何感想？这句话说白了居然是："如果财富可以通过正当途径获得，就算让我当保安，我也愿意干。如果不能通过正当途径获得，那我还是去做自己喜欢的事情。"由此可见，孔子和儒家绝不是后世伪儒学者所描绘的不食人间烟火的圣人，而是一个有血有肉、脚踏实地、吃五谷杂粮的哲人。儒家学者也绝不是不懂经济、不懂营生、不懂技术的书呆子；樊迟问稼一章，只能说明农业技术科技含量低，不需要学校教育传承，像驾车这样的高技术活——相当于现在开飞机或者飞船，孔门教育则高度重视。

六是儒家主张学术自由。中国人耳熟能详的"道不同，不相为谋"，居然是几乎被所有人误读、误解的名句，孔子的原意是："主张不同，不谋求同一。"根据何在？其一，整部《论语》多次列举道家、墨家、农家、杂家批判儒门祖师孔子，但是却不见孔子和追随者有任何人站出来反驳他们的观点。这是什么呢？这是学术包容，这是学术和谐，这是儒家"和"文化。其二，《论语》中另外一句话可以互证："攻乎异端，斯害也已。"这是孔子告诫自己弟子的一句话，攻击不同的学说，害处很大了。其三，孔子"君子和而不同"的鲜明主张，"和"是儒家最终和最好的核心价值之一，尤其是孔子儒家。其四，孔子曾经问道于道家学派创始人李耳，也曾经向各个领域的先贤、大师虚心求教。后世伪儒学者与统治者合流，独尊"儒术"，排斥其他学派，制约科学技术发展，却把罪恶推给儒学，把恶名归给孔子。匪夷所思！

七是儒家并非统治阶级代言人。五四运动以来，比较流行的说法，认为孔子是统治阶级的代言人，顽固维护统治者和既得利益者，认为其证据是孔子说过"唯上知与下愚不移"。很多学者将这句话解读为：统治者与被统治者的地位是不能颠倒的。这个证据用错了，"唯上知与下愚不移"是教育学结论，是说先天禀赋很好的人和先天不足的人，二者之间的差距很难缩小。这是真理，先天不足者很难达到正常人的水平，更不要说与先天禀赋很高的人比肩。孔子终其一生的教育实践，就是将"小人"培养成"君子"，将"君子"培养成"士"，将"士"培养成"大夫"，如《礼记·大学》所说的：格物，致知，诚意，正心，修身，齐家，治国，平天下。怎么能说孔子儒学维护既得利益者，主要为统治阶级说话呢？事实正好相反，孔子儒学是"为己之学"，是天子以及庶人都能够用以修身养性的学问，是引导和鼓励人民走向优秀、追求卓越的学问。

八是儒家积极入世且能担当。孔子为了谋得用武之地，不惜与名声颇差的卫国夫人南子"招摇过市"，为的就是以自己的才智服务社会；他甚至犹豫，要不要跟臭名昭著的季氏家臣公山弗扰合作，这并非为一己之私利，而是为苍生计；即便是周游列国，最终没有被重用，孔子依然选择以教育改变社会，儒家"以教为政"的传统，就是用教育培养有情怀、有价值、有理想的人才，通过改变人最终改变社会。由于宋儒"无事袖手谈心性，临危一死报君王"的悲哀，加上吴敬梓《儒林外史》的影响，儒家知识分子被嘲笑为"百无一用是书生"的书呆子。曾子对儒家知识分子的期待是这样的："可以托六尺之孤，可以寄百里之命，临大节而不可夺也。君子人与？君子人也。"可以托付幼小的君主，可以托付整个国家，在大节上宁死不屈。比如：周公姬旦托孤之重，辅佐成王，制礼作乐，成就数百年周朝盛世——世界历史上至今最长的王朝；司马迁因李陵之祸，为了传承天命，愿受极刑，成就史家绝唱——我个人认为《史记》实际上是充满人本情怀的儒家经典作品，至少可以当儒家历史文学作品来读；韩愈为苍生而获罪，被贬潮州，积极教化，形成潮州文化，韩文公虽然离开人世千年，但是其影响至今依然存在；范仲淹为一介书生，镇守西边，西夏闻之而色变，20年无战事；王阳明手无缚鸡之力，但是胸中自有百万兵甲，举兵勤王，以数万地方部队，剿灭宁王朱宸濠数十万叛军。儒家不仅愿意担当，也善于担当。

九是儒家主张政事从简。孔子说："道千乘之国，敬事而信，节用而爱人，使民以时。"意思是治理拥有千辆兵车的国家，认真处理政事且取信于民，勤俭节约且善待百姓，差遣百姓而不误农时。儒家认为治国必须做减法，抓关键和重点，有所为有所不为。这是历久弥新的治国理念。一要全心政务，取信于民。政务必须有心，必须用心，必须真心，一心为百姓。关键是建立政府的公信力，政府与人民不能够相互信任，政权就面临着信任危机，政权就不稳定。政府与民众的相互信任，来自人与人的相互信任，这种诚信社会的建立依赖于教育，依赖于修养。二要以人为本，政事从简。现代社会的穷奢极欲，铺张浪费，疯狂消费（全球经济发展动力都是人类的消费），使资源日益枯竭，地球不堪重负。长此以往，国将不堪重负，地球将不堪承受。所以，经济增长步入新常态，是一种理性的回归。三要因时制宜，有序管理。社会治理现代化基本功是有序管理，有序发展。公务员上级折腾下级，下级折腾百姓，百姓戴着镣铐跳舞，怨声载道。以儒家的政治智慧解决当今的问题：政府不与民争利，不铺张浪费，不劳民伤财。如是，则盲目追求GDP（国内或地区生产总值）的现象可以改变，生态问题可以初步解决，贫富悬殊矛盾亦可缓解，诸多社会矛盾可以缓解。

世界三大哲学体系各有分工：欧洲哲学侧重人与自然的关系，印度哲学侧重人与神的关系，中国儒家哲学侧重人与人的关系。人与人的关系：忠实与诚信；与血缘长辈、长者关系：孝顺与尊敬；对于后生、后辈：慈爱与包容；对年幼平辈：关心与帮助。延伸到人与自然的关系：天人合一、民胞物与……儒家哲学的社会基础是农耕文明，聚族而居，充满人本情怀、人道主义和人文精神，在战争中儒家文明表现出"兴灭国、继绝世"的担当和包容，这与游牧文明、海洋文明截然不同，后两者在族群战争中，往往一方对另一方采取赶尽杀绝的血腥政策。意大利传教士利玛窦来到中国，读到《论语》，惊叹中国人文精神发轫之早、成熟之早，把《论语》介绍到欧洲，使欧洲哲学家们完成了哲学启蒙，从而为欧洲文艺复兴奠定了思想准备。

先秦儒家伦理哲学有坚实的社会基础，是一种独立于体制之外的学术体系、价值体系，是修身之学，是修心之学，是自强之学。人本情怀是其最本质的特征。但是汉代阴阳家们用阴阳五行之说臆测和解读儒家学说，为了满足统治者的需要，演绎出"君为臣纲、父为子纲、夫为妻纲"的荒唐，为了取悦于帝王，原儒的人本情怀被"君权神授"所替代，皇帝为天子，百姓必须绝对忠诚和服从君王。从人本到神本，是对儒学的彻底背叛。所以，汉代官方解释的儒学严格意义上讲是阴阳儒，属于伪儒学的范畴。

宋代以程颐和朱熹为代表的理学核心主张是"存天理，灭人欲"，认为世间万物存在的根本在于"理"，也就是说"理"是宇宙的主宰，"理"是万物存在的根据，"理"是人间的法则，"理"是高于一切的真理。这显然是对先秦儒家人本情怀的又一次全面背叛。虽然说程朱理学是在研究原始儒家的基础上发展起来的，朱熹是理学集大成者，但他不是儒学集大成者，理学也不是新儒学——儒学以人为本，理学以理为本。比如：先秦孔子整理的《诗经》就充满了原始野性，充满了淳朴率性，充满了自由浪漫，这些显然与朱熹理学格格不入，所以，朱熹硬是将一部活生生的生命之歌、爱情之歌《诗经》解读得索然无味，全部为帝王、王妃歌功颂德。在朱熹的伦理世界里，普通百姓甚至连爱的资格、爱的权利、表达爱的自由都没有。

儒家核心范畴是三个：其一是仁。仁是内心的修为，是人格的完善，仁在《论语》的语境中是一个包容性很强的概念，一切关于心性修养的内容，都可以纳入"仁"的范畴；先秦儒家三圣当中，孔子最关注、最强调"仁"。其二是义。义是社会的责任、历史的责任、族群的责任，当然包括对家庭的责任，对个人的责任。像孟子"平治天下……舍我其谁"，那当然是以天下为己任的担当和责任。先秦儒家三圣，孟子更重视义。其三是礼。礼是人与人的关系，是秩序、法则、方法、形式。先秦儒家三圣，荀子的思想侧重在"礼"。

四、重新认识心学

程颢、陆象山、王阳明的心本伦理哲学，带有强烈的主观色彩，强调心的力量，强调本心本性的价值，但由于"心"仍然是人心，没有背离原始儒家人本主义的核心价值；因此，某种意义上讲，陆王心学才是真正意义上的"新儒家"。心学传承了原儒的人本情怀、人道主义和人文精神,且恢复了为民之学、为己之学、修身之学、修心之学的传统。

心学集大成者是明朝哲学家王阳明。王阳明的"龙场悟道"是中国哲学史上具有划时代意义的标志性事件。正德三年,也就是1508年,王阳明被贬贵州龙场驿,面对穷山恶水,很多文人没有逃脱或病或死的悲剧,但是王阳明却奇迹般活下来了,而且完成了"龙场悟道"。王阳明在龙场悟出了怎样的人生之道呢?我个人认为,龙场悟道主要是悟透了苦乐之道、生死之道、知行之道。

一是苦乐之道。王阳明曾两次饮过同一个地方的山泉:第一次是悠闲状态,畅饮几瓢,清甜可口;第二次迷路了,又累又饥又渴,误打误撞喝了同一处的山泉水。主仆都觉得似乎第二次味道比第一次更好,喝完山泉,精神一振,疲劳顿消,饥饿不觉,一口气走回驻地。主仆都有这样的情感体验,但是只有王阳明深入思考:快乐只是一种心的感觉。王阳明得出一个结论:痛苦原本不存在,你觉得痛苦,才有痛苦!快乐原本不存在,你觉得快乐,才有快乐!此非文字游戏,系伦理哲学。读书很苦,但乐在其中!创业艰难,却有成功的快乐!人没有办法选择环境,但是可以在苦与乐之间做出自己的选择:如果心里充满阳光,看任何事情、任何人,你都觉得是温暖的,是明亮的,是充满希望和期待的;如果心里满是凄风苦雨,那么看什么都是阴暗的,吃什么都是苦的,对未来也觉得前途渺茫。如果内心强大,人生尽管充满挫折,但是依然阻挡不了成功的趋势。

二是生死之道。死亡是生命的过程而不是生命的终结。王阳明在龙场,想继续以实证的方法论证朱熹理学的偏颇和错误,结果在"格物"的过程中，多次经受死亡考验。这种独一无二的"死去活来"的死亡体验，让王阳明坚信"生死如同昼夜"，王阳明坚信死亡只是生命的过程而不是生命的结束——这种生命哲学解释，很多哲学家如是说。

"死亡只是生命的过程而不是生命的结束"的哲学价值到底在何处呢？在于告诉人们，此生活着，必须对生命的永恒价值负责，必须追求生命价值的永恒与不朽！诚如孔子，谢世近2500年，但是其思想依然引导中国人走向光明，他如恒星一般高悬在天空。张学良为什么发动西安事变，为什么选择送蒋先生回南京，都是他体悟到生命永恒价值重于当时当世活着的价值！30万大军不作任何抵抗就放弃东北，学良被国人骂为秦桧第二，学良将军深知，此生若不能有石破天惊之举，他就是秦桧，之后将永无翻身之日，这种对生命永恒价值的判断和追求，促使学良选择兵谏。因为学良面对三个选项：一是打内仗亲者痛仇者快，不仅东北军可能不保，中国也不保；二是打回东北，国民党中央军有数道防线在后面，几乎没有可能性；三是兵谏蒋介石，促进民族统一战线形成，救国家也救赎自己。三个选项当中，张学良只能选择兵谏，才能实现生命价值的永恒。西安事变促成国共合作，促进广泛的统一战线形成，促成中华民族空前大团结，任何人写历史，都不能不浓墨重彩赞扬学良将军的个人忠义、民族大义、家国情怀。无独有偶，曾经被骂作汉奸的张自忠将军，重掌兵权一心赴死，以求生命的价值得以永恒：率领59军两次驰援临沂，取得了临沂大捷，奠定了台儿庄战役胜利的最重要的基石。此后，再援于学忠，再战潢川，再战宜枣，最后东渡襄河，喋血南瓜店，终于求仁得仁，以死亡成就了生命的永恒价值，以死亡聚合民族抗战的凝聚力。这就是心学的力量。

王阳明死亡之道，价值巨大，对中国人影响深远。因为看到生命的永恒，所以，此生不可以无理想，不可以无信仰，不可以无底线，不可以无敬畏。此生不仅要善待自己，也要善待他人，还要善待自然。如果每个公民懂得王阳明的生死之道，懂得"死亡只是生命的过程，而不是生命的结束"，懂得生命的价值在于永恒，有那么多人吸毒吗？有那么多人制假贩假吗？有那么多人坑蒙拐骗吗？有那么多人贪污受贿吗？有那么多人嫖娼卖淫吗？有那么多人工作不负责任吗？如果大部分人相信王阳明的心学，社会将会风清气正！社会将持续进步！民族将走向复兴！——这正是习近平总书记倡导阳明心学的宏旨所在吧。

三是知行之道。孔子是"知行合一"的首创者，王阳明是"知行合一"哲学思想的完善者。笔者之愚见，可以对"知行合一"的"知"，也就是"智慧"做一个横向的"解构"，把人类的智慧分四类：其一是天性之知。比如慈爱、慈悲、包容、善良等，也就是王阳明先哲讲"知行合一"时强调的"良知"，通常有良知在自然有与之相匹配的自觉行动，"孺子将入于井"，无论你是官僚、商人、贫民都会选择救这个孩子，无论你是老年、青年、少年都会选择救这个孩子，无论你认不认识孩子的父母都会选择救这个孩子。这是无须提醒的自觉，是良知与行为的知行合一。其二是理性之知。也就是人类社会在族群、民族、国家的交流中，沉淀的共同价值标准，比如自由、平等、公正、法治等，因为深深认同才有无须约束的自觉行为。其三是智性之知。即科学、技术、技能、技巧等，知行合一是最高效的学习方法，中国学生实践能力相对差，也就是在追求"智性之知"的过程中，背离了中国先哲"知行合一"的教育哲学，这一教育哲学智慧，被20世纪北美心理学家埃德加·戴尔的心理学实验所证实——参见学习金字塔理论，实验、练习、学会了讲给别人听是最高效率的学习。其四是感性之知。感性智慧又叫审美智慧，艺术智慧。感性智慧只有"知行合一"，才能融入灵魂，才能融入生命，才能改变灵魂，才能提升生命。

在社会生态中，"知行合一"的教育哲学也可以做一个纵向的解构，演绎出个人道德品质或人格特征经过"知行合一"的形成过程。第一步：植根于心——对某种先进思想，某种先进理念，内心深处的认同，是前提也是力量；所谓心力源于认同，源于信念，源于信仰，源于理想。第二步：见之于行——一种思想、价值、理念，不能付诸实践，就不能改变人生，也不能改变社会。第三步：行为自觉——当一种思想成为你的气质，成为你的素质，成为你的气场，成为你的人格特征，成为你的生命常态的时候，这才达到了"知行合一"的境界。

当仁爱成为自觉，包容成为自觉，自强不息成为自觉，勤劳简朴成为自觉，成为生命的常态，成为人格特征，人生会精彩，家族会兴旺，事业会辉煌，民族会强大！这就是心学，这就是阳明哲学的精华。对"知行合一"的解构，让我们懂得，中国当代道德品质教育、思想政治教育最大的误区，就是背离了"知行合一"的哲学，道德理想、道德认知、道德情感等没有付诸实践，更没有成为行为自觉和人格特征，所以，道德教育始终失于空泛，始终不能落实，始终不能完成重建道德体系、伦理体系、价值体系的教育使命和历史使命。而思想政治教育、核心价值观的教育等始终停留在"理论联系实际"的阶段并处于游移状态，理想信念、核心价值没有实践的支撑，没有实践的强化，没有实践的体验，不能转化为族群的人格特征，不能形成无须提醒的自觉，不能达到引领社会风尚的文明高度。

研究《论语》十余年，方知真孔子、真《论语》、真儒家、真心学；研究儒学十余载，方知孔子被抹黑、《论语》被错解、儒家被误解、心学被神秘化。为孔子正名，为《论语》正义，为儒家正道，为心学正说，谈何容易！有感于孔子"知其不可而为之"的孤独、执着、担当，丙申年春节闭关七天，于孤独失眠之中撰写此文，阐发管见，求证方家。亦借此倡导传承优秀中国传统文化回溯本源，回到元典，回归本真，否则贻误苍生，贻误民族复兴！

仁以为己任，任重而道远！虽九死而不悔！

2016年2月15日凌晨撰于东湖之滨
2019年7月修订

目录

001 学而第一
031 为政第二
065 八佾第三
103 里仁第四
135 公冶长第五
173 雍也第六
217 述而第七
265 泰伯第八
301 子罕第九
343 乡党第十
377 先进第十一

413 颜渊第十二
443 子路第十三
487 宪问第十四
541 卫灵公第十五
593 季氏第十六
611 阳货第十七
645 微子第十八
661 子张第十九
693 尧曰第二十
703 参考书目
705 后记

学而第一

1.1 快乐人生

> 子①曰:"学②而时习③之,不亦说④乎?有朋⑤自远方来,不亦乐乎?人不知而不愠⑥,不亦君子⑦乎?"

孔子说:"学习并努力实践,不也很快乐吗?有朋友从远方来切磋道德学问,不也很快乐吗?别人不了解自己也不恼怒,不也是君子吗?"

孔子儒家具有鲜明的实践理性特征,优先关注人生、人心,本章置于《论语》之首,绝非偶然,它告诉读者:人生没有彩排,但是可以很精彩!

怎样的人生才精彩呢?孔子给出的答案极其简约:

一是终身学习且努力付诸实践。"学而时习之,不亦说乎"是儒家"知行合一"哲学思想的源头。很多学者把"学而时习之"解读为"学习并不断复习",这是错解也是误导。30多年的教育经历告诉我,学习并不断复习绝不是快乐,而是无聊、无味、无奈。学习并努力付诸实践,才很充实,很快乐。比如慈爱,属于天赋之知,很多人在助人中体会到了幸福与快乐!比如自强,属于理性之知,认同,实践,坚持,成为生命常态,才能改变人生,才能感受到成功的快乐、价值实现的快乐!比如阿基米德定

---

①子:对德高望重、学养深厚的男子的尊称。《论语》是由孔门弟子编撰的孔子及其弟子言论的语录体文集,其中"子曰"的"子"均指孔子。②学:不仅是知识学习,还包含了道德的学习。③习:实践。④说(yuè):同"悦",愉快、高兴。⑤朋:同门。同在一位老师门下学习的叫朋,引申为志同道合的人。⑥愠(yùn):恼怒,怨恨。⑦君子:有德者或有位者。此处指前者,即孔子理想中的人格高尚者。

律、牛顿运动定律，属于智性之知，应用于生活和实践，才能改变自己，也改变社会，且人能感受到创造的快乐！

二是道义相期与朋友共同成长。"有朋自远方来，不亦乐乎？"朋友自远方来，不是来吃肉、喝酒，而是交流道德、学问、技术、艺术，增进友谊，提升境界。我师从郑永廷先生攻读博士学位，恩师曾经告诫我："朋友要选择，学问要坚守；否则，你将迷失自己。"话虽朴素，寄意深远，我从不敢有丝毫怠慢。多少年来，我极少应酬，绝非自恃清高，而是深深知道生命的每一分钟都不可逆，一顿饭连同往返耗费三四个小时，人生有多少个三四小时呢？人之相知，贵在知心；十年不见，情义不减；一朝托付，依然如故。又何必把生命过多耗费在觥筹交错之中呢？

三是反求诸己就能创造奇迹。"人不知而不愠，不亦君子乎？"世人不了解，也不恼怒，而是坚守底线、坚定信仰、坚持理想，那怎么不是君子呢？面对人生的失败和蹉跌，怨天？天道自强不息，上天对谁都善待。怨地？地道厚德载物，大地对谁都包容。怨人？别人不是你生活的主角。认准目标，甘于寂寞，十年一剑，很多人都能创造事业或学术的奇迹！

今天，我们回味元典《论语》的智慧，对于它承载的思想、理念、态度、方法，能够植根于心，能够见之于行，能够融入生命，能够成为人格特征，则人皆可以为尧舜！以知行合一的态度和方法，阅读《论语》，践行孔子儒家的思想，人生必然精彩，家族必然兴旺，事业必然成功，民族必然复兴！

1.2 孝悌为本

> 有子^①曰:"其为人也孝弟^②,而好犯上^③者,鲜^④矣;不好犯上,而好作乱者,未之有也^⑤。君子务本^⑥,本立而道^⑦生。孝弟也者,其为仁之本^⑧与!"

有子说:"孝敬父母,尊重兄长,却喜好犯上的人少见;不喜好犯上,却喜好造反的人从来没有。君子专心致力于根本,根本建立了,'道'就有了。孝敬父母,尊重兄长,这就是仁的根本啊!"

孝悌是仁的根本也是人的根本。人而不仁,不知其可,如果内心缺少仁爱,他就不是人了。孔子儒家何以如此重视孝悌呢?试想:学生如果在家尚且不能善待父母,能期待他善待别人的父母吗?能期待他将来善待天下人吗?如果连老师都不尊重,能够期待他将来尊重长者吗?如果兄弟姐妹都不能够善待,能期待他将来带出有亲和力、凝聚力的企业团队吗?

孝悌伦理重建是社会治理的良药。社会乱象,皆由心生。面对病态社

---

①有子:孔子的学生,姓有,名若。《论语》中,记载孔子的学生一般都称其字或号,只有曾参、有若、冉求、闵子骞四人有时称"子"。②弟(tì):同"悌"。孝、悌是孔子儒家特别提倡的基本道德品质,"善事父母曰孝,善事兄长曰弟"。③犯:冒犯。上:指在上位的人。④鲜(xiǎn):少。⑤未之有也:"未有之也"的倒装。⑥务:专心、致力于。本:根本。⑦道:指仁道,即以仁为核心的整个道德思想体系及其在实际生活中的体现,简而言之,就是治国做人的基本原则。⑧为仁之本:即以孝悌作为仁的根本。仁学即为人学,故孝悌是做人的根本。仁是孔子儒家的哲学范畴和道德准则。

会，孔子开出的药方：从心开始，从孝悌开始，由孝敬父母到尊重长辈，由友善兄长到善待朋友，逐步实现"在家做孝子，在外主忠信，在朝做忠臣"的伦理发展和价值延伸。儒家伦理发展逻辑是：爱家人，爱他人，爱国人，爱自然——也就是张载说的"民胞物与"。而今，面对文化革命、自由主义、拜金主义等留下的文化断裂、价值扭曲、伦理变异、信仰迷失等现实问题，正在从国家层面实施优秀传统文化传承与创新，开启文化自觉、文化认同、文化自信、文化复兴的伟大工程，重建文化信仰、伦理精神、价值体系的文化复兴值得期待。

伦理重建依然是教育的当务之急。教育若不回归精神活动本真，若不回归伦理和价值重建，未来我们依然会付出沉重代价。回顾历史，那场民族生死决战——抗日战争，同时期德国人39天打败了号称拥有世界第一强陆军的法国，而拥有绝对武器优势的日本14年无法迫使中国屈服，中国军人整连、整营、整团、整师、整军、整集团军战死不降，这些军人血液中的忠孝伦理基因给了中华民族浴火重生的韧劲和机会！回首往事，如果中国人能传承儒家"民胞物与""天人合一"的伦理情怀，环境污染速度不至于如此之快，程度不至于如此之烈，后果不至于如此之惨！面向未来，中国正在进行一场史上最大规模的环境治理工程，需要体制优势，需要法律保障，但也非常需要文化自觉，需要人性复苏，需要伦理重建，需要一代又一代人敬天爱人，需要一代又一代人给大自然、给宇宙以道德的终极关怀。如是，长江可以变清，河涌可以变美，雾霾可以消散。

1.3 质朴仁厚

> 子曰:"巧言令色①,鲜矣仁。"

孔子说:"花言巧语取悦于人,这种人缺少仁爱之心。"

花言巧语者,往往口是心非,缺少仁爱和慈悲。人与人的交往,能感知彼此的生命磁场;与宅心仁厚者相处,分明能够感受到那种如沐春风的生命磁场,不用言语,就会走近,就会亲近,就会信任,就会油然而生安全感。仁爱和慈悲,对内是一种生命滋养力,能够养心,保持心理的健康,也能养容养颜养身体,保持身体的健康。仁爱与慈悲,对外是一种生命的磁力和凝聚力,心相决定面相,仁厚慈爱者相貌和善,生命磁场充满了阳光,自然产生了凝聚人心的力量。儒家崇尚质朴是一种经验哲学,是实践理性,正在逐步为现代科学技术所证实。

人与人的相遇相知,心与心的相惜相映,不需要太多的语言。"慎于言,敏于行"是比"巧言令色"更好的生存方式、生活态度。近年来,读书越多,越觉自己浅薄,越愿意倾听,越能包容不同的人,甚至能包容曾经对自己有过伤害的人!30岁以后心中无恨,40岁之后心中仅有慈悲,我的内心深处积淀了如山的仁厚和如海的慈爱!这种仁厚和慈爱,使"为而不

---

① 巧言令色:"巧"和"令"都是美好的意思。合起来的意思是,花言巧语、以伪善的面貌讨人喜欢。

争"成了生命状态,常常给世事和世人以沉默和微笑,常常给后生和同仁以慈爱和期待!

感悟

01

02

03

1.4 三省吾身

> 曾子①曰:"吾日三省②吾身。为人谋而不忠③乎?与朋友交而不信④乎?传⑤不习乎?"

曾子说:"我每天多次反省:为人服务是否竭尽所能?与朋友交往是否真诚信实?自己讲授的学术是否亲自实践过?"

反求诸己,既是孔子儒家提倡的人生态度,也是孔子儒家重要的方法论。如果说儒家有必胜的人生智慧,那就是"三省吾身"。每天多次反省,反省内容肯定不会局限于是否忠人所托,是否真诚交友,是否把传授的学术思想付诸实践,还应该包括人生和事业的方方面面。只有反身而诚,反求诸己,才能发现自己的不足,才能弥补自己的缺陷,才能使人格趋于完美。

当反思成为学习方法、反思成为工作方法、反思成为生活方式、反思成为行为习惯、反思成为生命常态,事业必然成功,人生必然精彩。曾国藩数十年如一日,坚持写日记反思,甚至不惜骂自己"真禽兽也",并不断克服人性的弱点,最终从官场浪荡公子修炼成为中兴名臣、洋务忠臣、理学完人。凡夫俗子如我,在中学工作期间我的语文课是学生最喜欢的

---

①曾子:姓曾名参(shēn),字子舆,生于公元前505年,鲁国人,孔子得意门生,以孝闻名,据传他撰写了《孝经》。②省(xǐng):检查、察看。三:言其多,这是古汉语数词的基本用法。③忠:尽心竭力。④信:真诚守信。⑤传(chuán):传授的学术。

课，成功的秘诀在于每堂课后必定反思。成功了，记录精彩的理由，坚持坚守；失败了，至少找出3个失败的教训，坚决改进。如是，练就了"任何一堂课，对任何人开放"的自信与精彩。

孔子儒家提倡向内心反省，而且每天多次，以保持本心本性不至于被迷失、被污染、被扭曲——这个传统十分宝贵。

"传不习乎"很多版本解读错误了。正确解读是："自己讲授的学术亲自实践过了吗？"这不仅是"知行合一"理念的传承，也是知识分子应该信守的原则。拙著《论语心读》曾有幸被广州购书中心评为非文学类畅销书，那是因为书中的思想、观点、主张不是从书本到书本，不是从网络到书本，而是发自内心，源自人生，能够触及读者心灵，唤醒生命的激情。

1.5 历久弥新

> 子曰:"道千乘之国①,敬事②而信,节用而爱人③,使民以时④。"

孔子说:"治理拥有千辆兵车的国家,认真处理政事且取信于民,勤俭节约且善待民众,差遣百姓而不误农时。"

孔子儒家政治智慧:做减法,抓关键。这是历久弥新的治国理念。一是忠于职守,取信于民,依法行政,谨慎作为。重视政府诚信,建立政府与人民的互信。二是政事从简,善待民众。简化层级,简化措施,给人民以足够的生活和发展空间,深度发掘个体智慧,充分释放群体能量。三是根据节令来安排工作。有序管理,有序发展。如果公职人员上级折腾下级,下级折腾百姓,势必劳民伤财,怨声载道。

以儒家智慧解决当今的问题:政府谨慎作为,强化公信力,不与民争利,降低行政成本,给百姓发展空间和自由选择的权利,少折腾或不折腾基层工作人员和群众。诚如是,社会矛盾会缓解,幸福指数会攀升。

以儒家智慧解决教育问题:简政放权,破解权力上移、责任下行的尴

---

①道(dǎo):引导,引申为治理。千乘(shèng)之国:指拥有一千辆战车的国家,即诸侯国。乘,辆,四匹马拉的兵车为一乘。春秋时期,战乱频仍,国家的强弱以车辆的多少来衡量。②敬事:谨慎作为。③人:人民。④使民以时:依照时令管理百姓。时,农时。

尬；深化改革，破解学校行政化、教师无法流动的困局；把权力复归主体，让校长有办学自主权，让教师有教材教辅的选择权，深度而充分地释放教师群体智慧。诚如是，则教育充满活力。

感悟

01

02

03

1.6 高度契合

> 子曰:"弟子入①则孝,出则弟②,谨③而信,泛④爱众,而亲仁⑤。行有余力⑥,则以学文⑦。"

孔子说:"年轻人在家孝敬长者,在外善待朋友,慎言诚信,博爱而亲近仁德之人。做好本职工作后仍有闲暇,就应该去学习。"

每当我们的教育出现令人焦灼的困局时,我们往往不由自主回望孔子的教育思想进行"对标"。2000多年前,孔子对后生和年轻人的要求:在家孝敬长辈,这是基本的人伦。出门在外,善待朋友,这是家庭伦理的延伸。慎言诚信,是做人做事的基本原则。关爱帮助他人,坚守自己的本心本性。如果做好本职工作之外,有多余的时间、精力,就要努力学习。——现在看来,这些要求过时了吗?没有。能够抛弃吗?不能。做到了吗?没有。

这个要求与我们现代教育理想十分切近,甚至高度契合:一是德行修养——尊敬长者、善待朋友、慎言诚信、博爱众人、亲近仁德;二是社会实践——知行合一,道德认知变成行动,道德情感变成行为,道德理想变成实践,给他人以关爱和帮助;三是终身学习——工作之余,继续学习,以新知识、新文化滋养人生。

---

①弟子:学生,泛指后生、年轻人。入:回家、在家。②出则弟:外出就尊重比自己年长的人。出,与"入"相对而言,出门在外。③谨:慎言少语。④泛:广泛。⑤仁:仁人,仁德之人。⑥行有余力:做好本职工作后还有闲暇。⑦文:古代文献。主要有《诗》《书》《礼》《乐》《易》《春秋》等。

1.7　何为学习

> 子夏①曰:"贤贤易色②;事父母,能竭其力;事君,能致③其身;与朋友交,言而有信。虽曰未学,吾必谓之学矣。"

子夏说:"尊重贤德,不重外貌;侍奉父母,尽心尽力;侍奉君主,忠于职守;与朋友交往,讲求信誉。达到这样的境界,虽然没有系统学习过,但我还是认为他已经学过了。"

孔子及其弟子的教育实践把灵魂养护放在首位,落到实处:《诗经》涵盖爱情教育、伦理教育、爱国教育、诚信教育、生命教育等;《尚书》涵盖政治教育、法律教育、管理教育;《礼》是道德教育,也是社交教育、礼仪教育、规则教育;《乐》是美育,是熏陶,是陶冶;《易》是哲学教育,也是方法论教育;《春秋》是历史教育,也是价值教育,正所谓"孔子成《春秋》,而乱臣贼子惧"。孔子思想和儒家六经,全部指向人的思想教育、政治教育、价值教育、伦理教育、情感教育、德行教育,全部指向灵魂的养护,指向全人格成长,指向教育本真。儒家六艺——礼、乐、射、御、书、数之中,射、御、书、数虽然有军事教育、劳动教育、

---

①子夏:姓卜,名商,字子夏。孔子的学生,比孔子小44岁,生于公元前507年。孔子去世后,他在魏国宣传孔子的思想主张。②贤贤易色:尊重贤者而改变以貌取人的做法。贤贤,第一个"贤"作动词用,意为尊重。贤贤即尊重贤者。易,改变。③致:尽力,就是"全心全意"。

数学教育，但是每一种教育行为中，依然关注人的内心和精神。

儒家认为，德行是学习，是最重要的学习。现实的中国教育反其道而行之，过分重视"器"的追求，忽视了"道"的修行，缺失了"心"的养护，沦为一种培训，缺乏深度、厚度。这是中国教育的本质性问题，是教育百病之源，也是社会乱象之源。

感悟

01

02

03

1.8 君子人格

> 子曰:"君子不重①则不威,学则不固②。主忠信③,无友不如己者④,过则勿惮改⑤。"

孔子说:"君子,不持重就没有威严,学习就不牢固。忠诚信实,不与志趣不同者交朋友,有了过失不害怕改正。"

《论语》语境中的"小人",并没有现代人已经约定俗成的骂人意味。"君子"与"小人"的区别,主要是指性格是否成熟,人格是否独立。孔子教育理想是将"小人"培养成"君子",把"君子"培养成"士",把"士"培养成"大夫"。通过"君子、士、大夫"传道弘道,改变社会。士大夫阶层只有少数,大多数"小人"还是会被培养成为品行端正、富有内涵、人格独立的君子。

理解本章,有两个关键。一是"无友不如己者",通常被误解读为"没有不如自己的朋友"或"不和不如自己的人交朋友",果真如此,那么下位者将没有朋友,后生将无人提携,显然这种理解是错误的。正确的理解是:没有朋友不是与自己志趣相投的。二是"过则勿惮改",过而改之,善莫大焉,这是君子人格。很多人习惯用十个错误掩盖一个错误,连承认错误的勇气都没有。私事如此,受害的是自己;公事如此,遭殃的是民众。

---

①君子:该词一直贯穿本章首尾,后面每一句都省略了主语"君子"。重:庄严持重。②本句可见孔子已经开始探讨学习风格和学习品质的问题。③主忠信:以忠信为主要人格特征。④无(wù):同"毋",不要。不如己:不与自己同类。⑤过:过错、过失。惮(dàn):害怕、畏惧。

1.9 化民成俗

> 曾子曰:"慎终①追远②,民德归厚矣。"

曾子说:"慎重地对待生命的终结,真诚追念远祖,老百姓就会日趋仁厚。"

很多学者认为孔子对鬼神持怀疑态度,理由是他说过"敬鬼神而远之"。但是,孔子也说过"祭神如神在"。孔子去世前发出"泰山其颓乎!梁木其坏乎!哲人其萎乎!"的生命叹息。所以,孔子是有神论者,他在感悟生命的神秘,在追求生命的永恒。

文化是多元的,信仰是多元的。好的信仰是一场只赢不输的博弈。比如,信仰共产主义。共产主义在原始儒家的思想体系中被称为"大同社会","大同"之前,为"小康",中国特色社会主义,依然沿用"小康"和"大同"的表述。因为相信共产主义,无数先烈抛头颅,洒热血,寻求救国救民的真理,使中华民族摆脱了让其褪尽阳刚的"理学陷阱",恢复了中华民族的阳刚之气和勃勃生机;因为相信共产主义,我们不忘初心,继续奔小康,继续追大同,努力实现民族复兴的中国梦!比如,信仰心学。因为相信,所以有底线、有理想、有追求,自然的生命也许只有一次,但是精神的生命却永恒了,就如王阳明,去世数百年,他的思想依

---

①终:生命的终结。②追远:追怀祖先。远,祖先。

然活着，活在每个人的心中。

祖宗信仰（崇拜）也不例外。敬畏生命，慎重对待人的死亡，追念远祖，缅怀民族英雄和杰出人物，就是道德修养过程。如果把这种信仰作为一场博弈，当然也是只赢不输的博弈。因为相信，所以缅怀；因为缅怀，所以发奋；因为发奋，所以无愧祖宗，也无愧今生。

我笃信儒学，每年清明都回黄冈祭拜先祖。因为跟随外公长大，在外公墓前，往往会长时间静坐，回顾外公生前对我的照顾和教诲。在家父墓前，怀念他生前的往事，反思自己人生的是是非非。这种祭奠过程，是怀念、是反思、是修养，心更静也更净！所以，我坚信，谨慎持重对待父母过世——其实对一切人生命的终止，都应该是慎重的——追怀远去的先祖，可以使民风淳厚。英国、美国、俄罗斯等西方国家都重视博物馆建设，纪念为国家民族发展做出巨大贡献的人物，目的在于"追远"，使"民德归厚"！

历史教育是"慎终追远""民德归厚"的最重要载体，中国的基础教育阶段——这是世界观、价值观形成的关键期和敏感期，长期将历史学科边缘化；高等教育阶段——这是世界观、价值观形成的修正期和定型期，再次将历史学科边缘化，这无疑是错误的。伟大的传统必有深远的智慧，没有历史教育，就没有文化认同、民族认同、国家认同，就没有使命感和责任感，就没有爱国与担当。

1.10 心忧天下

> 子禽①问于子贡②曰:"夫子③至于是邦④也,必闻其政,求之与,抑⑤与之与?"子贡曰:"夫子温、良、恭、俭、让⑥以得之。夫子之求之也,其诸⑦异乎人之求之与?"

子禽问子贡说:"老师到达一个诸侯国,总是与闻政事。是夫子自己主动要求的,还是国君邀请他过问的?"子贡说:"老师温厚、善良、恭敬、俭朴、谦让,赢得了别人的尊重,夫子参与政事的方式,大概与别人不同吧?"

子禽与子贡两人的对话勾画出了孔子的处世策略。以天下为己任、积极入世是孔子儒家开创的传统。因为以苍生为念,所以有心于时政,用心观察、倾听、思考、研究,必然对政治和天下大势比别人知道得多一些。孔子50岁以前一直执着追求入世的机会,渴望实现自己的政治理想。使命感使然!可钦可佩!孔子之所以受到各国统治者的礼遇,就在于孔子温厚、

---

①子禽:姓陈,名亢,字子禽。孔子的学生。②子贡:姓端木,名赐,字子贡,卫国人,生于公元前520年,比孔子小31岁,是孔子的学生。子贡善辩,孔子认为他可以做大国的宰相。《史记》记载,子贡经商很成功,孔子很多活动都依靠他资助。③夫子:古代敬称,凡做过大夫的人均可称夫子。孔子曾任鲁国大司寇,所以学生称他为"夫子"。④邦:指当时割据的诸侯国家。⑤抑:选择连词,有"还是"的意思。⑥温、良、恭、俭、让:温厚、善良、恭敬、俭朴、谦让。⑦其诸:语气词,有"大概""或者"的意思。

善良、恭敬、俭朴、谦让。孔子以其高尚的人格、渊博的学识、高卓的智慧，赢得所到之国国君的尊重。回到现实，无论是从政还是从教，温、良、恭、俭、让都是最宝贵的人格资源，一旦做好了，为政就会赢得群众，为教就会赢得学生。

感悟

01

02

03

1.11　孝道本真

> 子曰："父在，观其①志；父没，观其行②；三年③无改于父之道④，可谓孝矣。"

孔子说："父亲在世，观察他的志向；父亲去世，考察他的行为；若是他多年继承父亲正确的处世原则，可以算是孝了。"

几乎其他所有的版本都把这句话解读错了，五四运动以来绝大部分学者也把这句话作为儒家"愚孝"思想的证据，并口诛笔伐之。正确理解"道"，才能正确理解本章。能够上升为"道"，必须符合天道、人道、仁道，是正确的、积极的、向善的、向上的处世原则。孔子强调"后生可畏，焉知来者之不如今也"，绝对不会认为"墨守成规"就是"孝"，绝不是对父亲的一切处世原则都要坚守或者仿效。所以"父亲死后，3年内都不能改变父亲所制定的规矩，才是尽孝了"，类似这样的注解十分荒谬，实属误导。历史在发展，社会在前进，人事有代谢，新人胜旧人，后浪推前浪，是人类发展的趋势。为人父亲，大都希望子女能超越自己！

---

①其：这里指代儿子。②行：行为举止等。③三年：概数，指长时间，可译作"多年"。④道：善的、好的东西。

1.12 以和为贵

> 有子曰:"礼①之用,和②为贵。先王之道③,斯④为美,小大由之。有所不行,知和而和,不以礼节⑤之,亦不可行也。"

有子说:"礼的应用,以和谐为贵。古代圣明君主的治国方法,最值得称道的就在这里,事无论大小都遵行和谐的原则去做。有时候行不通,那是为求和谐而和谐,不用礼来节制,也是不可行的。"

"和"是中国古代所崇尚的最高价值,也是儒家贡献给全人类最宝贵的哲学思想。有若所赞美的"和"是"礼"的价值存在形态,有若认为"礼"的价值就在于实现平辈与平辈、晚辈与长辈、百姓与官僚、陌生人与陌生人之间的和睦相处。而孔子进一步强调:"君子和而不同,小人同而不和。"君子尊重他人,但是保持人格独立、思想独立,不在原则性问题上妥协;小人则同气相求,丧失原则,追求共同的利益,但是缺乏自己独立的人格、思想、立场。

"和"的社会价值在《国语》中表述得更明白:"夫和实生物,同则

---

①礼:春秋时"礼"泛指典章制度和道德规范。孔子所说的"礼",既指周礼的礼节、仪式,也指道德规范。②和:和谐,不同的事物能够共存共生,不同的思想自由发展,不存在用谁来指导谁,也不存在谁消灭谁的问题;与之相对立的是"同"。③先王之道:指尧、舜、禹、汤、文、武等古代帝王的治世之道。④斯:这、此,这里指"和"。⑤节:节制、限制。

不继。"在儒家哲学的语境中,"和"的相对方是"同",甚至可以说"和"的反义词是"同"。"和"意味着不同人、不同思想、不同主张相互包容,共生共荣,意味着组织文化充满无限活力。"同"的含义正好相反,组织内没有不同的人,没有不同的思想,没有不同的主张,没有不同的意见,这样的组织文化形态缺少活力,是一种正在走向堕落、衰败的文化。《三国演义》中,曹魏集团最终战胜蜀汉集团,绝不是天意,而是组织文化较量的结果:曹魏集团的组织文化特征是"和",曹操能够以"周公吐哺,天下归心"的胸怀容纳天下各种各样的英才,在决策过程中,也能够听取大家的不同意见,选取最佳方案和策略并付诸实施,于是,曹魏集团人才越来越多,力量越来越强,其战胜蜀汉集团只是时间问题。相反,蜀汉集团,虽然有刘备的贤德,有诸葛亮的智慧,有五虎上将的勇猛,但是其组织文化特征是"同",一切以诸葛亮的思想为思想,以诸葛亮的感情为感情,以诸葛亮的策略为策略,众将均无须动脑筋、也不敢动脑筋——两个有独立思维能力的人都不得善终,一个是魏延被当作叛将斩了,一个是马谡被挥泪斩了,所以谁也不动脑筋,都只是按着诸葛丞相的锦囊妙计,拆开照做就是了,如是,蜀汉集团的人才逐步变成"庸才",五虎上将之后,连个先锋官都很难找,导致"蜀中无大将,廖化作先锋"的衰败。曹魏战胜蜀汉,是"和"文化战胜了"同"文化。

"和"是"礼"的基石,是中国传统文化的哲学基础;理解了"和"的含义,才能正确理解儒家倡导的"礼";没有不同人、不同思想、不同类的"和","礼"就成为纯粹的制约,成为僵化的规范,甚至成为人类发展的桎梏。

1.13 信近于义

> 有子曰:"信近①于义②,言可复③也;恭近于礼,远④耻辱也;因⑤不失其亲,亦可宗⑥也。"

有子说:"讲信用必须符合道义,才能履行承诺;恭敬必须符合礼,才能远离耻辱;据此行事能使亲人和睦,也就值得效法。"

君子一言,驷马难追。君子履行诺言,实践诺言,讲求信用没有错,但是必须符合道义。这种观点在《孟子·离娄下》中得到了进一步明确:"大人者,言不必信,行不必果,惟义所在。"由此可见,讲信用必须有底线,必须符合道义,符合大义。

什么样的情况才"信近于义,言可复也"呢?比如:执政党对人民的承诺,应该践行;国家对人民的承诺,应该践行;最高司法机关对人民的承诺,应该践行;政府各部门对人民的理性承诺,应该践行;学校对社会的理性承诺,应该践行;教师对学生的理性承诺,应该践行。但是,没有道义、非理性的承诺等,无须践行。践行承诺的标准,就是承诺本身符合道义。

谦恭是美德,"德不孤,必有邻",谦恭可以赢得朋友,但是必须适

---

①近:接近、符合。②义:属于儒家伦理范畴,指思想和行为符合普世价值标准。③复:实践、履行诺言。④远:动词,使动用法,使之远离的意思,亦可以译为避免。⑤因:依靠、凭借。⑥宗:效法。

度，过分的谦恭就是谄媚，换来的只会是颐指气使，是对方的不尊重和不珍惜，是自己的屈辱与沮丧。儒家的诚信观和江湖侠士的诚信观有本质差别，先秦儒家提倡的谦恭也是有底线的。

> 感悟

01

02

03

1.14 生活方式

> 子曰:"君子食无求饱,居无求安,敏于事而慎于言,就^①有道^②而正^③焉,可谓好学也已。"

孔子说:"君子饮食不追求奢靡,居住不求安逸,工作高效,说话慎重,与有道之人交流并匡正自己,这就是好学了。"

孔子曾说:"食不厌精,脍不厌细。"此处又说:"食无求饱,居无求安。"似乎矛盾,其实不然。二者的统一点在于,君子的志趣不在食、不在脍、不在居,而在于灵魂的高尚和精神的充实。

儒家重视精神生活,不追求饮食奢华,不追求房舍安逸,勤勉于事业,审慎于言语,淡泊名利,向道德高尚者看齐,矫正自己的偏差,提升自己的境界。这是儒家倡导的生活方式和生命状态。10多年前,我品味这一章犹如当头棒喝、凉水浇背,为曾经的在乎而深深自责,为曾经的虚度而深感遗憾。于是,工作时专注于事业,工作日晚间、双休节日,专心于学术,追求内涵的充实与完美,内心也逐步变得强大和自信。不求饮食奢华,不求房舍安逸,勤勉于事业而淡泊名利,接近道德高尚者并提升自己。——为政者如是,则政风清廉;为教者如是,则教风清正;为人者如是,则民风清明。

---

①就:靠近、看齐。②有道:指有道德的人。③正:匡正。

孔子儒学虽发源于东方,却是人类的智慧。诚如孔子所言,则人类不会以无节制的消费拉动经济增长,不会过分消耗地球资源,不会因为物欲横流而自相残害。孔子儒家为解决现实世界的诸多难题提供了哲学智慧和伦理依据。重注《论语》,意在兹乎!

感悟

01

02

03

1.15 安贫乐道

> 子贡曰:"贫而无谄①,富而无骄,何如②?"子曰:"可也。未若贫而乐③,富而好礼者也。"子贡曰:"《诗》云:'如切如磋,如琢如磨④',其斯之谓与?"子曰:"赐⑤也。始可与言《诗》已矣,告诸往而知来⑥者。"

子贡说:"贫穷而不谄媚,富有而不自大,怎么样?"孔子说:"这算可以了。但是还不如贫穷却乐于道,富裕而好礼之人。"子贡说:"《诗经》上说'切割、锉刻、雕琢、打磨',就是讲的这个意思吧?"孔子说:"赐呀,你能从我已经讲过的话中领会到我还没有说到的意思,我可以同你谈论《诗经》了。"

对于大多数人来说,贫而乐道很难,处在物欲横流的时代,有多少人甘于贫穷,又有多少人处于贫困而乐于求道?富而好礼更难。何至于此?因为我们丢掉了传统。不少知识分子在贫困时期恪守信仰,富贵了却忘乎所以,迷失信仰,迷失方向,迷失自我。

人生何其荣幸!贫困之时,坚信"后生可畏",坚守本心本性,把所

---

①谄:巴结、奉承。②何如:怎么样。③乐:乐道。④如切如磋,如琢如磨:见《诗经·卫风·淇澳》。加工象牙和骨,切了还要磋;加工玉石,琢了还要磨;有精益求精之意。⑤赐:子贡名,孔子对学生均称其名。⑥诸:同"之"。往:过去的事情。来:未来的事情。

有的精力都用于学习和教育研究；偶有迷茫和虚度，也能在"吾日三省吾身"中点滴克服，在逆境中奋进，在磨砺中前行。人生何其荣幸！即便是在物质生活相对充裕的时期，也能不忘初心，恪守简朴、简洁、简单的生活方式，读书不辍，治学不辍，追求学术进步和境界提升。人生或许有很多的变数，但是，本心本性不能变，对事业的执着与热忱不能变，对国家、民族、人民的忠诚不能变。唯有不断地切割，不断地修正，不断地雕琢，不断地打磨，才能逐步达到"贫而乐道，富而好礼"的境界。

感悟

01

02

03

1.16 患不知人

> 子曰："不患①人之不己知，患不知人也。"

孔子说："不怕别人不了解自己，只怕自己不了解别人。"

教师不必担心别的教师不了解你，担心的是你不了解别的教师的人格、学养、能力、做事态度等是否有值得学习的地方；不必担心学生不了解或不认可你，担心的是你不了解学生，对学生的个性、优势、潜能缺乏了解而不能因材施教。当领导的不必担心群众不了解自己，担心的是自己不了解群众的需求，担心的是不了解身边的人而用人失察，以致给国家和民族造成损失。学者不必担心自己的研究成果不为人知，担心的是自己的研究成果无益于社会……这就是儒家"反求诸己"的人生智慧。相信它，坚持它，坚守它，使它成为行为自觉，成为生活方式和生命状态。如是，焦虑症不治而愈，失眠症不治而愈，孤独症不治而愈，抑郁症不治而愈！

---

①患：忧虑、怕。

感悟

01

02

03

04

05

06

07

为政第二

2.1 为政以德

> 子曰:"为政以德①,譬如北辰②,居其所③而众星共④之。"

孔子说:"以道德教化来治理政事,就如同北极星那样,居于自己的位置,而群星都会环绕着它。"

儒家人本主义哲学,决定了其政治主张必然以道德教化作为治国的重要手段,以教化提高人的素质,以教化培养人的道德品质,以教化促进人的行为符合道义和礼仪,从而达到天下太平。

政者,正也。政治是示范,以上率下。这种德政传统,源自中国上古"以帝为师",在伏羲、神农、黄帝、尧、舜、禹等部落时代,部落联盟首领也是团队的老师,必须在道德、能力等方面堪为楷模,才有可能被推举为部落联盟首领。这个传统在"家天下"的封建帝制时代,发展到"以吏为师",要求为政一方的官吏,道德学问能力堪为楷模,堪为示范,以榜样的力量凝聚人心,聚合力量,推动发展。唐朝韩愈被流放潮州,以其高尚的人格和学识,影响了整个潮州地区,远离中原的潮州地区能够形成以儒家思想为核心价值观的地方文化,归功于韩愈的伟大人格,归功于韩愈的道德教化。1000多年过去了,韩愈在潮州的影响依然存在,儒家文化的影响依然存在。韩愈如是,柳宗元如是,王阳明如是,左宗棠如是,张之洞如是。

---

①为政以德:应以道德进行统治,即"德治"。以,用。②北辰:北极星。③所:处所,位置。④共(gǒng):同"拱",环绕。

政者，教也。政治就是教育，政治就是教化。教育是最大的政治，没有什么比培养下一代和教化民众更重要。这也是儒家德教的传统。如何改变社会？关键在于改变人心。方法就是遵从《大学》所阐述的政治路径："物格而后知至，知至而后意诚，意诚而后心正，心正而后身修，身修而后家齐，家齐而后国治，国治而后天下平。"翻译成现代汉语是：正确对待外物的价值则人的天赋良知显现，天赋良知显现则人的意念真诚，意念真诚则人的心志纯正，心志纯正则人的道德修养成功，道德修养成功则家庭和睦，家庭和睦则国家稳定繁荣，国家稳定繁荣自然天下太平。

儒家示范与教化的政治智慧，在今天依然有广泛的管理学价值，教育管理也不例外。校长要求教师做到的，自己必须先做到，并且做得更好；同时，通过教育激发教师的职业理想，提升教师的职业境界，改变教师的职业状态。如是，这个队伍就有凝聚力和创新力。教师要求学生做到的，自己必须先做到，并且做得更好；同时，通过教育，让学生有梦想、有理想、有信仰。如是，学生才能青出于蓝而胜于蓝，才能直挂云帆济沧海。企业团队建设又何尝不是如此呢？华为集团兴盛的原因，首先是任正非的人格魅力，其次就是任正非及其核心团队不断加强队伍教育，让每个企业成员有梦想、有理想。任正非被称为儒商，一则是他深厚如海的家国情怀，二则是他教化员工的智慧。

通过示范和教化治理社会的德政传统，依然是中国当代的政治策略。儒家从来都不排斥法治，其政治实践从来都是德治与法治的结合。历史已经证明：抛弃德治传统，是不明智的选择，单一的法治，并不能给社会以繁荣稳定，历史上秦朝二世而亡，亡在单一法治；历代严刑峻法时期，都是道德沦丧、天良丧尽、政权即将更迭的时期。所以，今天选择以德治国和依法治国的有机结合，是历史的必然。

2.2　有效载体

> 子曰："《诗》三百①，一言以蔽②之，曰'思无邪'③。"

孔子说："《诗经》三百篇，用一句话概括，就是'纯正无邪'。"

孔子整理的《诗经》，作为文学教育、政治教育、道德教育、伦理教育、情感教育、审美教育的教材，应该说，是中国历史上第一本完整意义上的教科书。孔子认为："诗，可以兴，可以观，可以群，可以怨。"这里的"兴"，就是陶冶性情，让学生振奋；"观"，就是通过《诗经》学习，学会观察，了解社会风俗，了解政治生态；"群"就是让学生学会交流，学会交往，甚至学会外交；"怨"，是表达感情，表达思想，表达态度。在当时历史条件下，《诗经》的确是最好的文学教材、最好的伦理教材、最好的审美教材，承担着养护学生心灵的重要使命。由《诗经》开启的诗教传统，是中国传统教育的宝贵智慧，诗教可以陶冶性情，可以激发想象，可以点燃激情，可以涵养诗心，可以让人优雅高雅。

社会生产力发展到今天，如果没有高雅文化市场，没有高雅文化需求，仅仅依靠世俗文化，必然走向颓废、走向萎靡、走向消极。民族文化传承需要载体，诗歌是很好的载体，诗教是有效的方法。

---

①《诗》三百：《诗》，指《诗经》，共 305 篇，三百是举其整数。②蔽：概括。③思无邪：此为《诗经·鲁颂·駉》中的一句。"思"是语气助词，没有实际意义。

2.3 并非选择

> 子曰:"道①之以政,齐②之以刑,民免③而无耻;道之以德,齐之以礼,有耻且格④。"

孔子说:"用法律管理百姓,用刑法来约束百姓,老百姓只求免于犯罪受惩,却丧失了廉耻之心;用道德教化引导百姓,用礼制去规范百姓的言行,百姓不仅有羞耻之心,而且人格趋于高尚。"

本章只是把德治(礼治)和法治两种治国方式的优缺点拿出来比较,并未做出非此即彼的选择,我们不能因此得出儒家反对法治的结论。五四运动以来,对儒家政治形态的攻击,往往片面斥之为人治,显然是意气用事;儒家政治形态,从来都是德治(礼治)与法治的结合。数千年来,这种政治形态,造就了汉唐盛世,造就了华夏文明,造就了从大秦帝国到鸦片战争前夕2000多年世界第一的GDP;妄自菲薄,全盘否定,显然有失客观和公允。

司马迁在《史记·太史公自序》中说:"夫礼禁未然之前,法施已然之后;法之所为用者易见,而礼之所为禁者难知。"这句话讲出了法治和德治(礼治)各自的功能和侧重。"礼"的约束力量发生在不道德行为发生之前,唤醒良知,回归理性,做出正确的判断和选择;"法"的惩戒作

---

①道:引导、治理、管理。②齐:使之整齐,约束。③免:避免、躲避。④格:木栅栏,引申为规格、风度、风范。

用发生在不道德的事情甚至违法的事情发生之后，起作用是以付出人身自由或经济补偿、劳动力补偿的代价。"法"的效果，能使被惩戒者付出明显的代价，感觉到鲜明的创痛，它是显性的；"礼"的约束不容易为被禁者察觉到，因为礼的约束在于内心、在于自觉，它是隐性的。

儒家礼治或德治最实用的领域，莫过于教育，莫过于教育管理。礼治或德治的思想运用于教育，那就是重视道德教化，重视良知唤醒，重视理性回归，重视人性养护，重视人文精神重建，让师生达到"植根于内心的修养，无须提醒的自觉，以约束为前提的自由，为别人着想的善良"的道德境界，而不是用一项项制度吓唬人，用数不清的数据算计人。从幼儿教育到高等教育，很多学校都在演绎着这种"制度吓唬人、数据算计人"的悲剧，既吓唬和算计教师，也吓唬和算计学生，这样的教育能培养高尚的人吗？这样的教育能培养健全的人格吗？如果教师有情怀、有信仰、有担当、有使命感，还需要那么多的制度和数据吗？如果教师以天下为己任，他还需要制度的约束和数据的"算计"吗？他会鞠躬尽瘁，死而后已。如果学生有梦想、有理想、有追求，如果他们有良知、有信仰，还有坚守，还需要那么多的制度和数据"算计"吗？

呜呼，期盼深化改革，给教育松绑，给校长松绑，给教师松绑！

2.4 终身学习

> 子曰:"吾十有①五而志于学,三十而立②,四十而不惑③,五十而知天命④,六十而耳顺⑤,七十而从⑥心所欲,不逾矩⑦。"

孔子说:"我十五岁立志求道,三十岁人格独立,四十岁不被迷惑,五十岁认清天命,六十岁包容一切,七十岁随心所欲而不越规矩。"

生命因学习而精彩。孔子回顾自己的一生,不无自豪地说:"十五立志求道,三十人格独立,四十不再迷惑,五十懂得天命,六十包容各种批评,七十做事不违礼。"孔子曾经落寞,曾经落拓,可贵之处,在于终身学习,问道老子,学乐襄子,"入太庙,每事问",如此勤奋,因为学习改变了命运,赢得了社会的认可和赞誉,赢得了权贵者的尊重,赢得了学生们真心的爱戴。

人生的起点基本相同:碳水化合物,一般不超过5千克,绝对不会有人身体里先天就有黄金;人生的终点基本相同:碳酸钙,除非是金首饰或金质假牙忘了摘下,否则绝对不会在骨灰里出现黄金。生命的精彩就在于过程,过程的精彩就在于思想,思想的精彩在于学习和创造。"腹有诗书气自华",读书是女人最好的美容护肤方式,读书也是男人的帅气率性所

---

①有:同"又"。②立:站得住,引申为自立。③不惑:成熟不被迷惑。④天命:指不能为人力所支配的事情。⑤耳顺:接纳和包容不同意见。⑥从:遵从。⑦逾:越过。矩:规矩。

在；读书改变人生，读书改变命运；视野在读书中拓宽，境界在读书中升华，命运在读书中改变，价值在读书中提升！当读书成为个人的生命状态，这个生命的价值正在走向永恒！当读书成为家庭的生活方式，这个家庭正在走向兴旺！当读书（非教科书）成为学校的风景，这个学校必定是当之无愧的名校！当读书成为企业或组织的常态，这个企业或组织正在走向强大！当读书成为一个国家的时尚，这个国家正在走向复兴！

感悟

01

02

03

2.5 自我教育

> 孟懿子①问孝，子曰："无违。"樊迟御②，子告之曰："孟孙问孝于我，我对曰：'无违。'"樊迟曰："何谓也？"子曰："生，事之以礼；死，葬之以礼，祭之以礼。"

孟懿子问什么是孝，孔子说："孝是不违背礼。"后来樊迟给孔子驾车，孔子告诉他说："孟孙问我什么是孝，我回答说'孝是不违背礼'。"樊迟说："不违背礼是什么意思呢？"孔子说："父母活着，按礼侍奉他们；父母去世，遵照礼安葬他们，遵照礼祭祀他们。"

孔子对孝道的解释，被后世人奉为因材施教的经典。孟懿子兄弟俩缺少礼仪、礼法修养，父亲临终前嘱咐他们要到孔子那里学习礼，所以才有这样一段关于礼的对话。孝是孔子儒家坚守和坚决捍卫的伦理价值，并非迂腐，而是远见卓识。孝，是一切伦理的基础，是家庭伦理的根本，是社会伦理的源头。有孝心，才会有慈悲之心，才会有同情之心，才有善待他人之心，才能"老吾老以及人之老，幼吾幼以及人之幼"。对孝道的坚守，在任何时代都不过时。孝的伦理缺失，正在造成一种社会病态。父母健在，不能"事之以礼"，意味着做人的资格丧失。

---

①孟懿子：鲁国大夫，"三家"（孟孙氏、叔孙氏、季孙氏）之一，姓仲孙，名何忌，"懿"是谥号。其父临终前要他向孔子学礼。②樊迟：姓樊，名须，字子迟。孔子的弟子，他曾和冉求一起帮助季康子革新。御：驾驭马车。

孔子-儒家的态度：礼不在形式，而在内心，贵在真诚！依礼而行的过程，既是行孝的过程、感恩的过程，也是自我教育的过程。儒家以人为本，提倡待人真诚，做人真实，追求真理，儒家思想是中国人本主义、人文精神的源头。传承优秀传统文化，选择是关键。

2.6 寸草悠心

> 孟武伯①问孝，子曰："父母唯其疾②之忧。"

孟武伯向孔子请教孝道。孔子说："父母只需担心子女的疾病（做到这样可以算是尽孝了）。"

本章是孔子对孟懿子之子问孝的答案。对于"父母唯其疾之忧"，有三种解释：一、父母爱自己的子女，无所不至，唯恐其有疾病，子女能够体会到父母的这种心情，在日常生活中格外谨慎小心，这就是孝。二、子女只需为父母的疾病而担忧，其他方面不必过多地担忧。三、让父母除了子女疾病外无须担忧别的，就是尽孝了。我认为正确的理解是第三种。天下父母最希望的是子女的进步，望子成龙，望女成凤，简直到了无以复加的地步。道德提升、学业进步、能力提高、事业有成等都是父母最期待和梦寐以求的事情，如果子女做到除了生病时令父母担忧，其他一切都让母放心、高兴，那是父母最高兴的事情，那是对父母最好的孝敬。

唐代诗人孟郊的《游子吟》："慈母手中线，游子身上衣。临行密密缝，意恐迟迟归。谁言寸草心，报得三春晖。"讲的是慈母无怨无悔无私的爱。可怜天下父母，人同此心！但愿天下子女，心同此孝！

---

①孟武伯：孟懿子的儿子，名彘。"武"是他的谥号。②疾：病。

2.7　孝贵在敬

> 子游①问孝，子曰："今之孝者，是谓能养②。至于犬马，皆能有养；不敬，何以别乎？"

子游问什么是孝，孔子说："如今所谓孝，说是侍奉父母。然而，犬马也能侍奉人，那能算孝吗？如果不是发自内心的敬爱，与犬马侍奉人有什么差别呢？"

孔子儒家认为孝道是"仁"的根本，也是"人"的根本。孟子说："无恻隐之心，非人也。"恻隐之心，就是仁心；在家庭伦理中，就是孝慈之心。为人子女者，如果对父母或长辈无孝心，同禽兽何异？为人父母者，如果对子女或晚辈无慈爱之心，与禽兽何异？原始儒家的孝慈伦理并非单向，子孝父慈、子孝母慈，相得益彰，才是一个幸福家庭。孝敬父母，贵在真诚、贵在真心、贵在用心、贵在恭敬，如果心中无敬意，那与犬马侍奉主人有什么区别呢？有真心、有敬意，送父母一口水喝是孝，给父母盛一碗饭是孝，给父母买一件衣服是孝，陪父母出门转一转是孝，陪着父母说说话甚至静静地坐着陪伴都是孝；若无真心、无敬意，给父母吃山珍海味不是孝，给父母开豪车住豪宅不是孝，每年给父母花不完的钞票

---

①子游：姓言，名偃，字子游，吴人，小孔子45岁，孔子学生（《论语》语境中，孔门弟子中凡德行高尚者均冠以"子"，如子游、子贡、子夏等，几乎都是孔子儒学的代表性传人）。②养：侍奉。

不是孝!

　　一位有独生子女的母亲说:"世界上最远的距离是当我在看你的时候,你却在看手机。"父母几乎每时每刻都惦记着儿女,但是,儿女在忙碌的时候,可曾惦记着父母?孝心养成需要从小做起,从小事做起,从真诚做起,从恭敬做起,从在意做起,从陪伴做起,从常回家看看做起。

感悟

01

02

03

2.8 表里如一

> 子夏问孝,子曰:"色难①。有事,弟子服其劳②;有酒食,先生馔③,曾是以为孝乎?"

子夏问什么是孝,孔子说:"对父母和颜悦色,并不是容易的事。父母有事情,年轻人效劳;有了好吃的酒食,给年长的人吃,难道仅仅如此就可以认为是孝吗?"

孝道必须表里如一。为长辈做事,让长辈优先享用美食,这还不能算孝,能够始终如一对父母和颜悦色才是孝。有句俗话"久病床前无孝子"讲的就是这个意思。父母健康,能为自己带孩子、做饭、看家,当孝子似乎不难;如果父母没有劳动能力,没有退休金,没有养老补贴,在严酷的现实中,依然能够内心真诚、愉悦地侍奉父母,方能称之为孝敬。

孝绝不是中国特色,孝是全人类的共同情感。西方文化一样倡导孝道,看到《旧约》,就会发现摩西十诫中对孝的要求比中国还要严格,时至今日,东西方孝文化的差异不在有无,而在方式不同。

---

①色:脸色。难:不容易。②弟子,指晚辈、儿女等。服其劳:服侍。服,从事、担负。③馔(zhuàn):饮食、吃喝。

2.9 君子风度

> 子曰:"吾与回①言终日,不违②如愚。退而省其私③,亦足以发,回也不愚。"

<u>孔子说:"我整天给颜回讲学,他从不提反对意见和疑问,像个愚笨的人。(颜回)退下之后,我考察他私底下的言行,很多地方能够给我以启发,可见颜回并不愚蠢。"</u>

生活于浮躁的社会,沉默尤其可贵,少说话并不是傻子。西南联大时期的清华大学校长梅贻琦先生是个沉默的君子,他把讲话的机会让给了别人,甘当教授委员会的主持人,激发全体教授的群体智慧,让教授们的集体意志决定学校的发展,在战时极度艰苦的条件下,把西南联大办成了世界一流大学。西南联大在当时世界高等教育格局中的影响和地位,远远超过了中国当代任何一所大学。

现代社会治理,层级多如牛毛,上位者如果不能适时沉默,不能倾听,好为人师,凡事都以为自己都懂,凡理都以为自己最正确,碰到下级察言观色、唯唯诺诺,就完全听不到真话、了解不到实情,更可怕的是压抑民智,无法激活团队的群体智慧,如此,则误己误国误民。诸葛亮式的管理,成就了诸葛亮一人的"千古美名",却丢掉了兴复汉室的千秋大业。

---

①回:姓颜,名回,字子渊,生于公元前521年,小孔子30岁,鲁国人,孔子最得意的门生。②不违:不提相反的意见或问题。③退而省其私:回来后,考察颜回私下里的言行。

2.10 识人之明

> 子曰:"视其所以①,观其所由②,察其所安③,人焉廋④哉?人焉廋哉?"

孔子说:"看他所结交的朋友,观察他的行事方法,了解他安于或不安于什么,他能隐藏自己吗?他能隐藏自己吗?"

儒家政治重视人才遴选,儒家教育重视人才个性。孔子作为教育家,提倡因材施教,前提就是了解学生。孔子多角度、由浅入深逐步了解学生的方法,类似于今天的"行动研究",通过学生的所作所为来研判其性格和长处,通过学生的行事方式和风格来研判其才能和特点,通过学生的生活状态来研判其志趣和道德修养水平。如此,方可全面了解学生,方可准确寻找教育的突破口,方可发现学生未来的发展趋势,在此基础上因材施教,方可培养个性鲜明的优秀人才。孔子从事教育事业何其用心! 为教如此,为政亦如此。选拔政府和企业干部,也需要考察他所交的朋友——物以类聚,人以群分;需要观察他的行事风格、处事方法——行为的背后是性格特征;安于什么或不安于什么——价值追求的背后是理想信仰。做了这些考察,优点缺点了然于心,方能做到选贤任能!

---

①以:与。②所由:所走的道路,处事的方法。③所安:心安的事情。④廋(sōu):隐藏、藏匿。

2.11 温故知新

> 子曰:"温故而知新,可以为师矣。"

孔子说:"温习旧知识能有新发现,可以成为老师了。"

"温故而知新"揭示了中国人重视经验的文化传统,以古喻今,借古讽今,甚至借复古的名义开创新局面,都是这种传统的体现。做教育事业,应当重视经验,尤其是人文学科的教学可以从经验传承中实现创新。古代私塾十分重视"读","书读百遍,其义自见",这种经验应当传承,离开了读的基本功,无论是学语文、学英语,都很难学好。老师只有传承优秀传统,才能形成自己的风格和特色。

"温故而知新"的心理学原理为美国认知心理学集大成者奥苏伯尔所证实。奥苏伯尔认为原认知结构的稳定性、清晰性乃是影响有意义的新材料学习与保持的主要因素。如果原认知结构是清晰的、稳定的,并且经过适当的组织,就能促进新材料的学习与保持。也就是说,原认知结构中旧有知识的清晰程度、巩固程度、有序程度,决定了掌握新知识的速度、程度。

例如:当小学生学习"圆柱体表面积计算"很吃力时,教师或家长应该能够分析出,孩子可能对圆的面积计算和长方形面积计算不熟悉,如此,复习这两个内容,孩子自然就学会了圆柱体表面积计算。因为,一个圆柱体的表面积是两个等圆的面积与一个长方形面积的和。所以,家长轻易对孩子的学业失去信心,往往是因为不了解心理学;教师轻易做出某学生笨的结论，那是因为他忘记了奥苏伯尔认知心理学，或者压根没有认真研究过认知心理学。同理，高中生学习立体几何有困难，很大程度上是因为其对平面几何的知识相对模糊。如此，教师教授立体几何的时候，应适当夯实平面几何的相关知识。由此可知，教学过程中，一味赶进度的做法，往往是"戴着镣铐跳舞"，累死了，教学效果却很不好。

"温故而知新，可以为师矣。"这句话在今天依然是真理。教学行为就是一个温故知新的过程。社会科学如此，自然科学也如此。

感悟

01

02

03

2.12 君子不器

> 子曰:"君子不器①。"

孔子说:"君子不像器具那样只有某一方面的用途。"

君子是孔子心目中人格独立、可堪重用之人,属于自用之才(用自己的智慧与才能去开创局面),而不是备用之才(自己缺乏主见,只能落实别人的思路和方案)。君子不是工具,是工具的主人。这里蕴含着孔子的教育价值取向:"教育要培养善于运用工具的人,而不是把人培养成工具。"

从"道"与"器"二者的关系看教育存在的问题,主要有两个方面:

一、从教学过程看,教师对"道"和"器"的关注本末倒置。比如信息技术的运用,有些教师可以做精彩的课件,但是,课件是课件,教师是教师,学生是学生,三者无法融合,更说不上精彩。过分地强调硬件,强调设施设备,强调信息技术,但却忽视了自身对"道"的追求。"庙小乾坤大",大师坐下的地方就有文化,就有影响人的磁场,就有感化人的能量。教师的思想、情感、态度、学养、人格,这些"道"才是决定性的力量。

二、从教育目标看,教育对"道"和"器"的追求本末倒置。这是中国当代教育本质性的问题,教育充分关注了学生的知识增长和能力培养,却忽视了信仰、理想、精神、伦理、价值观的建构,迷失了"人之为人"的本质追求。课堂仅仅成为知识堆积的场所,学校仅仅成为智力积累的场所。如是,岂不悲哉?

---

①器:器具。

2.13 行先言后

> 子贡问君子。子曰:"先行其言而后从之。"

> 子贡问怎样才算君子。孔子说:"先实行了,再说出来。"

子贡在孔门弟子之中,能言善辩,说话很多,承诺很多,所以孔子针对其特点做了回答。这是孔子因材施教的典型案例。同时,也体现了儒家"敏于事而慎于言"的人格取向。其实,说话也应当恪守儒家的"中庸"原则,恰到好处,适可而止。同事之间,无话不谈固然很亲密,但是往往言多必失,有意无意制造是非,制造隔阂,制造距离。师生之间,也并非话越多越好,很多时候需要的是"千呼万唤始出来,犹抱琵琶半遮面"的艺术境界。比如提问,把话说透了,就会产生"地板效应",谁都能懂,问题就不能成为问题,教育效率归于零;话说得太过含蓄,又往往产生"天花板效应",阳春白雪,曲高和寡,提出的问题谁也不懂,谁也无法思考,那也是问题。

"慎言慎行"是华人的普遍性人格特征,相比热情洋溢的西方人"心直口快"的人格特征,无所谓好坏,只是风格不同。"先行其言而后从之",这是成事者、成功者的行为风格:有计划,先执行了,再说下一步;有追求,脚踏实地做好眼前的事情,也不放弃长远的规划;有梦想,用生命的每一天去编织;只争朝夕,行胜于言!

2.14　周而不比

> 子曰："君子周而不比①，小人②比而不周。"

孔子说："君子团结而不与人勾结，小人与人勾结而不团结。"

君子与君子之间，道义相期，所以合群而耻于勾结。小人与小人之间，难免唯利是图，所以勾结而不能真诚团结。周而不比，合群而不为利益结党营私，短时间或许因为没有利益集团的帮助，进步会慢一些，但是却可以赢得更多人内心的尊重，可以在人生的路上走得更久远、更踏实。相反，比而不周，因为利益而相互勾结，结党营私，营造小团体、小圈子，不能团结大多数，或许短时间内获得超常成功，但是多行不义必自毙，最终或以失败告终。

君不见，不少人身在官场，身不由己，言不由衷，丧失独立人格，丧失做人底线，自我意识膨胀，飞黄腾达于一时，却不幸因为曾经的"比而不周"，付出无可逆转的自由或生命代价。

---

①周：团结、忠信。比（bì）：勾结。②小人：道德修养没有达到高境界的人。

2.15　学思结合

> 子曰:"学而不思则罔①,思而不学则殆②。"

孔子说:"学习而不思考,容易被错误的理论所欺骗和迷惑;思考而不学习前人的成功经验,容易倦怠而丧失信心,最终放弃前行。"

这一章体现了孔子的学习思想:学思结合,相得益彰。只学习,只传承,不加思考,不加选择,不加甄别,没有取舍,自然越学越糊涂。生活中,很多人博学,但是知识只是一种储备状态,而没有内化为自己的思想和气质,给人的感觉像书橱,俗称"掉书袋子"。教师中也有这种人,博闻强识而不善于运用,更不用说内化成能力、内化成素质、内化成人格了。思考而不学习,必然坠入空想主义深渊而不能自拔,久而久之,何谈收获?科学技术发展到现在,一蹴而就的灵感式发明早已完成,新的知识、新的发现在学科前沿,在学科结合部,如果不系统学习,不深入学习,仅依靠冥思苦想,很难有发现,很难出成果。

---

①罔:迷惑、糊涂。②殆:疑惑、危险。

2.16　学术自由

> 子曰:"攻乎异端①,斯害也已②。"

孔子说:"攻击不同的学说,这非常有害啊!"

前人对这句话有几种不同的解释:其一,致力于异端邪说,那是很危险的;其二,攻击异端邪说,祸害就可以消灭了;其三,攻击不同于自己的学说,这很危险。我认为正确的是第三种,理由:

一是孔子从来没有强烈地批判过不同于己的学说,而且孔门弟子编撰的《论语》中,经常把不同学派的观点摆出来,不批判,若非对其他学派的尊重,如何做得到?二是孔子倡导"恕",也就是包容的精神,对人能包容,对学派也能包容,这是儒家数千年来不断吸纳新思想、新成果,获得新发展的根本原因。三是儒家倡导"和"文化,主张"和而不同",《中庸》说:"万物并育而不相害,道并行而不悖",已经表明了儒家对不同学说的基本态度。四是儒家文化是在研究古代各种典籍的过程中建立起来的,原本就吸纳了各家学派的思想精华。五是孔子作为儒家学派的创始人,在创立儒家学说的过程中,曾经问道老子,学琴于襄子,对不同学派有着理念与实践上的尊重。

对原生态儒家思想,应跳出来看,连贯起来看,不宜臆断。

---

①攻:攻击。异端:另外、不同的一端。②斯:这。也已:语气词。

2.17 知之为知

> 子曰:"由①,诲女②知之乎?知之为知之,不知为不知,是知也。"

孔子说:"由,我告诉你什么是智慧吧!知道就说知道,不知道就说不知道,这才是智慧啊!"

理解这一章的关键是六个"知",首尾两个"知"都解作"聪明、智慧",中间四个"知"都解作"知道"。子路是孔门弟子中最为刚烈和自负的人,经常口出狂言,故孔子如此谆谆告诫。这也算是孔子因材施教的经典个案吧。

"天将以夫子为木铎",孔子的思想引领中国人前行了2500多年,创造了多个人类文化高峰,五四运动以来,放弃、抛弃甚至践踏儒家思想的做法,十分错误,中华民族也因此付出了沉重代价。改革开放以来,中国人对自然生态的破坏,根源在于全面抛弃了原是儒家天人合一、民胞物与、给宇宙以道德终极关怀的伦理传统。文化生态的破坏表现为信仰缺失、价值迷失、伦理丧失。

"知之为知之,不知为不知,是知也",是道德智慧,是政治智慧,

---

①由:姓仲,名由,字子路。生于公元前542年,为长期追随孔子的学生。②女:同"汝",你。

是教育智慧，也是学术智慧。是官本位盛行、拜金主义盛行的当代社会，最需要坚守的传统智慧。上位者，好为人师，不懂装懂，自以为是，自以为高明，实属"不知"。下位者，精神严重"缺钙"，屈服于权力、地位、金钱，习惯于见风使舵式的表态，也属"不知"。二者相遇，势必导致决策失误，误己误国误苍生。

感悟

01

02

03

2.18　禄在其中

> 子张学干禄①，子曰："多闻阙疑②，慎言其余，则寡尤③；多见阙殆，慎行其余，则寡悔。言寡尤，行寡悔，禄在其中矣。"

子张想学求取俸禄的办法。孔子说："多听，有怀疑，先放置；谨慎地说出有把握的，就能减少错误。多看，有怀疑，先放置；谨慎地实行有把握的，能减少懊悔。言语过失少，行为懊悔少，俸禄就在其中了。"

儒家积极入世，强调通过做官来改变社会，造福人民；谋求官职俸禄就是必须面对的问题。儒学是修己安人、治国平天下的学问，儒学也是做官的学问。儒家哲学的人本理念和儒家政治的民本思想，决定了儒家伦理哲学中，即便是"做官"的学问，也是讲如何为人民服务、为百姓谋福祉的学问，而不是传统的官场厚黑学。

孔子儒家反对"巧言令色"，提倡"慎言慎行"，提倡"言寡尤，行寡悔"；也启发后人身在职场，尤其是官场，三思而后言，三思而后行，因为一言一行，关乎政府诚信，关乎法律尊严，关乎执政党的威信，关乎民生和民族复兴大局，必须有"如临深渊，如履薄冰"的谨慎和持重！

---

①子张：姓颛（zhuān）孙，名师，字子张，生于公元前503年，小孔子48岁，孔子的学生。干禄：求取俸禄。干，求。禄，俸禄。②阙：缺。暂时搁置在一旁。疑：与"怠"同义，怀疑。③寡：少。尤：过错。

2.19 举直错枉

哀公①问曰:"何为则民服?"孔子对曰②:"举直错诸枉③,则民服;举枉错诸直,则民不服。"

鲁哀公问:"怎样使百姓服从呢?"孔子回答说:"把正直的人提拔起来,把邪恶的人置于一旁,老百姓就会服从;把邪恶的人提拔起来,把正直的人置于一旁,老百姓就不会服从统治了。"

　　选贤用能,是孔子儒家德治思想的重要部分。用贤才,则天下归心,贤者云集,何愁大业不成?现实中,一个地方主官有思想、有思路、有策略,且有正气、大气、才气、霸气,就能止住歪风邪气,就能把差的局面搞好,就能造福一方,实乃人民之幸,国家之幸!用小人,则贤人隐逸、小人聚集,再好的基业也会毁于一旦。现实中,主管本身阿谀奉承,导致"主帅无能,累死三军"的悲剧,更可怕的是主管选择无能的下属,蛇鼠一窝,几代人努力奠定的再好的局面,不出三五年将全面崩溃!

　　无论什么政治经济制度,用人导向都很重要。西方民主政治,国家元首或地方主官由选举产生,再由元首或地方主官组阁,其用人取向往往决

---

①哀公:姓姬名将,哀是谥号,鲁国国君,公元前494—前466年在位。②对曰:《论语》中记载的回答国君及在上位者问话的时候,都用"对曰",以示尊敬。③举:选拔。直:正直公平。错:同"措",放置。枉:不正直。

定事业成败。西方民主政治的优点是不拘一格降人才，英雄不问出身，只要你行就行；西方选举制的弊端是被选举人只对选民的短期诉求负责，缺乏对国家的长远战略规划，比如几乎所有的中产选民都希望提高所得税征收标准，几乎所有的贫困选民都希望提高福利，自然富豪就成了剪羊毛的对象，于是资本和资本家逃离，经济出现滞涨，社会公益事业到某个时期也会出现滞涨，缺乏前进的动力。

中国特色社会主义的民主体制，有自身的体制优势：一是国家利益优先，中华民族的伟大复兴是历代中国领导人的崇高追求；二是领导人经历了数十年的不同岗位、不同层级、不同角色的历练，很多人的智慧、能力都是出类拔萃的，"得君行道"的盛世可以期待；三是能够集中力量办大事，中国经济的抗风险能力，中国制造业的规模和质量同步发展，中国航天、高铁、计算机等核心技术的发展等，都是政治体制优势在经济和科技领域的表现。

改革开放40年，中国经济享受了人口红利，中国人民享受了改革红利，未来的方向或许在：一是文化传承与发展，释放文化红利，因为勤劳、简朴、勇敢、热爱生活的人民可以创造其他民族不可能创造的奇迹！二是深化改革，尤其是改革选人用人机制，调整硬化、固化、僵化的制度，清除制度性腐败，深度释放二次改革红利！

2.20 内圣外王

> 季康子①问:"使民敬、忠以劝②,如之何?"子曰:"临③之以庄,则敬;孝慈④,则忠;举善而教不能,则劝。"

季康子问:"使老百姓对当政者尊敬、尽忠而努力干活,该怎样做呢?"孔子说:"你对待老百姓尊重,他们就会尊敬你;你以孝慈之心善待百姓,百姓就会尽忠于你;你选用善良的人,又教育能力差的人,百姓就会互相勉励,加倍努力。"

儒家主张先"内圣"而后"外王",即自己修养成为道德高尚者,影响老百姓,教化老百姓,才能实现有效管理的政治目标。这种以身作则、率先垂范的做法,东西方都高度认同。要求百姓做到的,自己先做到;百姓不知道的,通过教化让他们知道。以自己的人格魅力影响和教化百姓,这就是儒家"内圣外王"之道,发展到明代王阳明成为"心学",以心力去影响人——发自本心尊重百姓,百姓就会尊重你,敬畏你。用孝慈之心善待百姓——如孟子所言:"老吾老以及人之老,幼吾幼以及人之幼。"——百姓就会忠诚于国家,忠诚于体制,忠诚于事业。选拔善良者,教导后生,百姓自然会相互勉励,加倍努力。

孔子儒家以教为政的管理智慧,今天依然光芒四射!

---

①季康子:姓季孙,名肥,康为谥号,鲁哀公时任正卿,是当时鲁国政治上最有权势的人。②以:连接词,与"而"同。劝:勉励、自勉。③临:对待。④孝慈:当政者自己孝慈善待百姓。

2.21 教育兴邦

> 或①谓孔子曰："子奚②不为政？"子曰："《书》③云：'孝乎惟孝，友于兄弟，施④于有政。'是亦为政，奚其为为政？"

有人问孔子："你为什么不从政呢？"孔子回答说："《尚书》上说：'孝最重要，友爱兄弟，可以将孝悌精神延伸到政事。'如此，也就是从政了，又要怎样才能算是为政呢？"

  本章反映了孔子两方面的思想主张。其一，为政以孝为本。孝悌精神延伸到社会管理，会有很好的治理效果，这种社会治理路径至今依然没有过时。试想，如果为政者以孝敬父母之心，善待天下年长者，其政策、法令、举措能失之偏颇吗？如果以慈爱之心善待天下后生和弱者，其政策、法令、举措能只维护既得利益者吗？其二，治国以教为本。儒家把教育作为治理社会和发展国家的基础性工程，从事教育就是从事政治，以教育构建精神家园，以教育优化文化场域，以教育改变人心，以教育改变命运，最终，以教育推动社会进步。

  作为教育者，不可以回避历史赋予的职责和使命！

---

①或：有人。②奚：疑问词，为什么。③《书》：《尚书》。④施：延及，延伸。

2.22 诚信无价

> 子曰:"人而无信,不知其可也。大车无輗①,小车无軏②,其何以行之哉?"

孔子说:"一个人不讲信用,不知道他可以做什么。就好像大车没有輗、小车没有軏一样,它靠什么行走呢?"

诚信是儒家倡导的传统伦理品质之一。孔子认为,信是人立身处世的基点。在《论语》中,信的含义有三种:一是信任别人。如果以怀疑所有人的态度去对待周遭的人,抑郁症等精神性疾病恐怕是必然的归宿。怀疑所有的人,怀疑这个世界,还能干什么事情呢?二是取得别人的信任。政党取得人民的信任,才能执政长久;政府取得人民的信任,才能赢得支持和发展;企业取得客户的信任,才能获取利润;下级取得上级信任,才能获得成长;朋友,获得对方的信任,才会产生友谊;亲人,获得亲人的信任,才会有真情。信任,是个人、组织、政府、政权的宝贵资源,拥有需要坚守,失去却很容易,需要加倍珍惜。三是对人讲信用。信,在儒家伦理中几乎是人与人之间关系的铆钉,君臣之间、夫妻之间、朋友之间、兄弟之间、父子之间,如果没有相互的信任,如果没有值得恪守的诚信,社会将不知道变成怎样。

---

①輗(ní):大车车辕前面横木上的木销子。大车指牛车。②軏(yuè):古代小车车辕前面横木上的木销子。没有輗和軏,车就不能走。

2.23　渐进改革

> 子张问:"十世①可知也?"子曰:"殷因②于夏礼,所损益③可知也;周因于殷礼,所损益可知也。其或继周者,虽百世,可知也。"

子张问孔子:"今后十世(的礼制)可以预先知道吗?"孔子回答说:"商朝继承了夏朝的礼制,废除和增加的内容可知;周朝又继承商朝的礼制,废除的和增加的内容也可知。假设将来有继承周朝而当政的人,就算是百世以后的情况,也可预知。"

孔子提出一个重要命题:损益,即传承与创新的关系。损——做减法,废除不合理的思想、理论、制度,剩下的就要传承;益——做加法,做优化,增加与时俱进的思想、理论、制度。对前代典章制度、礼仪规范等既有继承、沿袭,也有改革、变通。由此可知,孔子并非保守派,但也不是激进派,而是渐进式改革的代表人物。

这一章讲了孔子儒家与时俱进的哲学智慧。以改革促发展,但是离开了传承,跳跃式的改革往往以失败告终,以全盘否定式的革命推动社会进步,付出的代价甚至比收获更大。太平天国属于全盘否定式的革命,没有

---

①世:30年为一世。也有人把"世"解释为朝代。②因:因袭、沿用、继承。③损益:减少和增加,即优化、变革。

传承，只有一个反中华伦理和人文精神的伪装神权，失败有其必然性；康有为主导的戊戌变法，方向没有错，但跳跃太大，失败有其必然性。

中华民族幸运！2017年1月25日，中共中央颁布《关于实施中华优秀传统文化传承发展工程的意见》，从国家层面，从战略高度，拉开了文化回归、文化认同、文化自信、文化复兴的帷幕，开启了民族复兴的新的伟大工程。

感悟

01

02

03

2.24　见义勇为

> 子曰:"非其鬼①而祭之,谄②也。见义③不为,无勇也。"

孔子说:"不应该你祭的鬼神,却去祭它,就是谄媚。见到应该挺身而出的事,却袖手旁观,是没有勇气啊。"

古代祭祀,出于对先祖的怀念,发乎真诚,所以只祭祀自己的祖先,是非功利性的祭祀,符合"义"的标准,而"非其鬼而祭之"属于"利"的驱使。超越利益,无欲则刚,遇到需要伸张"义"的事情,必然勇于担当,勇于作为,甚至勇于拼命。80多年前那场关乎民族生死存亡的反侵略战争,若非忠孝伦理铸造的中国军人血性之勇,如何能苦苦支撑14年之久,并最终战胜强敌?"义"和"勇"的关系,不言而喻!孔子儒家把"勇"作为核心价值,绝非迂腐!

勤劳勇敢是中国人最显著的民族特性,不可或缺。德国总理默克尔和俄罗斯总统普京都曾经表示:很羡慕中国,拥有勤劳而热爱生活的中国人民。中国人民的优秀品质还应该包括勇敢。的确,勤劳、勇敢、热爱生活,是中国人的优秀品质,也是中国经济飞速发展归功于体制红利、人口红利之外的第三个红利——文化红利。给勤劳、勇敢、热爱生活的中国人一分阳光,他就能够创造十分精彩。新一轮深化改革,给国人机会、空间、梦想,中国经济与社会发展,将会获得人口红利和文化红利的深度释放!

---

①鬼:指鬼神,或指祖先。②谄(chǎn):谄媚、阿谀。③义:人应该做的事就是义。

八佾第三

3.1 见微知著

> 孔子谓季氏①:"八佾②舞于庭,是可忍③也,孰不可忍也!"

孔子谈到季氏说:"用六十四人在自己的庭院中奏乐舞蹈,这样的事都忍心去做,还有什么事做不出来呢?"

武王伐纣,获得天下;周公辅政,礼治天下。周公姬旦用自己的智慧判断出,夏桀、商纣江山的倾覆,在于天子失德,而不在于神灵是否保佑;于是周公姬旦提出了礼治,从天子到普通百姓,都加强道德修养,并且要求从成王做起,从自己做起,从官吏做起,以上率下,开启周王朝500年基业——连同伐纣前的诸侯时期,总计近800年基业,是世界历史上最长的王朝。孔子景仰周礼,并非盲目。但是,孔子景仰的是周公时代的清明政治和有序社会。孔子"殷因于夏礼,所损益可知也;周因于殷礼,所损益可知也"的历史观,足以证明孔子是渐进性的改革者。正如孙中山高度评价上古时代的大同思想,我们不可以据此断定孙中山先生想回到上古社会。

孔子开平民教育先河,给平民受教育的机会,给平民发展的机会,给平民上升通道,在中国历史上率先对原有既得利益者、原有社会等级发起有效挑战;孔子的政治实践,让百姓富足,维护的是百姓的利益,谋求的

---

①季氏:鲁国正卿季孙氏,即季平子。②八佾(yì):佾,行列。古时一佾八人,八佾六十四人。《周礼》规定,天子可以享用八佾,诸侯为六佾,卿大夫为四佾,士用二佾。季氏是正卿,只能用四佾。③忍:忍心。

是百姓的福祉。孔子对季氏的评价，是用政治家的眼光做了一个前瞻性判断——季氏必然走向反叛道路。

其实孔子作为政治家的眼光和智慧，对中国数千年来的政治和民俗有着深刻的影响。在一种政权体系当中，如果下级时刻都有僭越之心，这个政权是不稳定的：晋代的八王之乱、唐代的藩镇割据、明代的宁王之祸等，都是政权内部下级非正常僭越造成的社会动乱，也各自给了王朝致命的一击，从此走下坡路。在社会组织之中，如果没有必要的层级管理，这个社会组织的运转肯定有问题，离分崩离析不远了。中国很多企业轰然倒塌，也源自团队内部大量不安分者的僭越与蓄意破坏，例子不胜枚举。一个家族之中，后生缺乏对长者的起码尊重，表明这个家族正在没落。很多中国家族至今依然很难逃出"富贵不过三代"的魔咒。能够跳出这个魔咒的家族，代代兴旺。海宁钱家大师辈出、湖南曾家英才辈出，并非天意，而是修文德所致。

从孔子的愤慨中，我们可以感受到其对社会秩序的坚守，对基本礼仪的维护，对社会稳定的渴望，但绝不是对旧有制度和秩序的单方面留恋。人本哲学和民本政治，决定了孔子哲学为为民之学，在政治体制中，如果层层僭越、层层攀比、层层铺张、层层浪费，势必极大加重老百姓的负担，物极必反，势必导致政权的倾覆，这些都已经为无数的历史事实所证明。

"是可忍，孰不可忍"在后世文艺作品中，演变成为表示极大愤慨，和原文意思已是风马牛不相及，这是语言发展的流变。

3.2 忧心忡忡

> 三家者以《雍》彻①。子曰:"'相维辟公,天子穆穆'②,奚取于三家之堂?"

仲孙氏、叔孙氏、季孙氏三家在祭祖完毕撤去祭品时,(也用天子之礼)命乐工唱《雍》诗。孔子说:"《雍》诗说'助祭的是诸侯,天子严肃静穆主祭',这怎么能用在你三家的庙堂呢?"

孔子对仲孙氏、叔孙氏、季孙氏三家祭祀时僭越唱诵《雍》,发出感慨。与其说孔子对季氏的行为表示愤慨,毋宁说孔子对破坏秩序的深深忧虑。孔子忧虑秩序的颠覆、价值扭曲、民生疾苦。

秩序可以渐进式改革和变革,但是不可颠覆,不可践踏,最怕假革命之名行颠覆、践踏之实。颠覆性的革命,对人类文化的破坏性远远超出了革命的收获。颠覆行为,往往是"倒洗澡水,把孩子和脏水一起泼出去了"。从文化视域看,没有传承,就很难有创新和发展。创新需要基础,发展需要基础。原有秩序或原有文化被否定无遗,也就意味着创新与发展亦不可能。

---

①三家:鲁国当权的三卿,即仲孙氏、叔孙氏、季孙氏,都是鲁桓公的后代,又称"三桓"。《雍》:《诗经·周颂》中的一篇。古代天子祭宗庙完毕撤除祭品时要唱这首诗。彻:结尾。②相维辟公,天子穆穆:取自《雍》。相:助祭者。维:语助词,无意义。辟公:诸侯。穆穆:庄严肃穆。

秩序颠覆的背后，是价值观的颠覆，是伦理的颠覆，是文化的颠覆，倾巢之下无完卵，势必造成难以逆转的破坏。

感悟

01

02

03

3.3 仁与礼乐

> 子曰:"人而不仁,如礼何?人而不仁,如乐何?"

孔子说:"人无仁心,如何运用礼?人无仁心,如何运用乐?"

仁是儒家最重要的道德范畴,是儒家伦理思想体系的基石。孔子认为,礼、乐都是形式,仁心才是根本。乐包括音乐、舞蹈、美术等,属美育范畴,古代最主要的艺术形态当然是音乐。如果音乐不能涵养慈爱,就没有价值;为艺术而艺术,我认为始终不如为人生的艺术和为民生的艺术。孔子开乐教传统,以乐教影响人的伦理观,以乐教影响人的意志,以乐教塑造人的道德品质,以乐教促进社会风气,这是非常宝贵的乐教传统。

从教育视域看,仁是内心,是灵魂,是本质,是个人修养的目标,也是教育追求的目标;而礼是仁的外在表现形式,礼的实践承载着仁的追求,礼的规范体现了仁的价值;乐则用来熏陶人心,影响人的内心世界。教师没有博大胸怀,没有慈爱之心,没有对后生的敬畏之心,没有对生命的终极关怀,那么,他如何能建立有利于学生发展的规范呢?又如何能够科学运用音乐等艺术载体涵养学生的性情、养护学生的灵魂,让学生拥有关爱他人、关注社会、关心未来的仁者情怀呢?

3.4 礼之根本

> 林放①问礼之本。子曰:"大哉问!礼,与其奢也,宁俭;丧,与其易②也,宁戚③。"

林放问什么是礼的根本。孔子回答道:"这个问题提得很好!礼仪与其奢侈,不如节俭;就丧事而言,与其在仪式上置办周备,不如内心哀悼逝者。"

礼的根本,在于心,在于诚。内心不恭敬,表面的仪式有何用?现代人的生活,甘于节俭,精神的充实和情感的愉悦,才是真正的幸福!甘于平淡,就是幸福,在平淡中实现从平凡到伟大的人生目标。甘于宁静,也是幸福,在宁静中追求心灵净化,精神升华,境界提升。人与人的交往,可以清茶一杯,可以清歌一曲,可以电影一场,可以阅读分享,可以一起亲近大自然,何必要那么多的物质的绚丽与奢华呢?生活的减法让人轻松,心灵的减法让人幸福!

---

①林放:鲁国懂得礼制的人。②易:治理。这里指丧葬礼仪很周到。③戚:悲戚。

3.5 名存实亡

> 子曰:"夷狄①之有君,不如诸夏②之亡③也。"

孔子说:"夷狄有君主,不像中原各国名存实亡。"

有人把这句理解为"夷狄落后,虽然有君主,还不如中原诸国没有君主",并据此断定孔子具有强烈的"夷夏观",进一步推论这是大汉族主义的源头。我认为这是后世学者的武断,孔子只不过是表达内心深处的忧虑而已。这一声沉重的叹息,叹息的不只是君主名存实亡,更是礼乐崩坏,以及背后的秩序颠覆和百姓的不幸。曾几何时,我们又何尝不扼腕叹息,号称礼仪之邦的华夏,因为文化断裂、价值迷失,几乎沦为野蛮人群而不自知。所幸,有生之年终于迎来了文化自觉、文化认同、文化自信、文化复兴的伟大时代。

---

①夷狄:古时候称东部少数民族为"夷",北部少数民族为"狄"。②诸夏:古时候中原地区华夏族的自称。③亡:同"无"。古书中"无"字多写作"亡"。

3.6 苍生为念

> 季氏旅①于泰山,子谓冉有②曰:"女弗能救③与?"对曰:"不能。"子曰:"呜呼!曾谓泰山不如林放乎?"

季孙氏去祭祀泰山。孔子对冉有说:"你难道不能谏止他吗?"冉有说:"不能。"孔子说:"唉!难道你们以为泰山之神还不如林放知礼吗?"

祭祀泰山是天子的祭天礼节,诸侯都没有这个资格,季孙氏为鲁国国君的家臣,却僭越行祭天之礼,如此下去,势必层层加重百姓的负担,百姓势必遭殃。孔子期待冉有劝阻季孙氏,借批评泰山来责备冉有,其关心的重点不在礼制,倒是有足够的事实证明孔子是维新主义者。孔子开平民教育先河,开民办教育先河,开素质教育先河,开有教无类先河,开因材施教先河,开审美教育先河,开学术独立先河。孔子选择用教育改变人心,用教育改变人生,用教育改变社会,用教育改变命运,实际上是向固化阶层和现有僵化礼制的挑战。康有为先生断定孔子托古改制,不无道理。

---

①旅:祭名。祭祀山川为旅。在当时,只有天子和诸侯才有祭祀名山大川的资格。②冉有:姓冉,名求,字子有,生于公元前522年,小孔子29岁,孔子弟子。当时他是季氏家臣,所以孔子责备他。③救:挽求、劝阻。这里指谏止。

3.7 君子之争

> 子曰:"君子无所争,必也射①乎。揖②让而升,下而饮,其争也君子。"

孔子说:"君子不争名利。如果一定要有所争,那就是比射箭吧。相互作揖谦让之后上场,射过后相互作揖退下,然后登堂喝酒。即使有争,那也是君子之争啊。"

这一章讲了三个问题。一是理解"君子之争"的争与不争。君子不争世俗名利,不争个人得失,不争一时长短,但是争自我提升,争积极入世,争大仁大义,甚至当仁不让于师。君子争国家利益,争民族利益,争民众利益,争百世之名,争内圣之心,争外王之机会。二是传承"君子之争"的礼让传统。相互作揖谦让,射箭前是朋友;然后再上场,射箭中当仁不让;射完箭退场仍然是朋友,揖让而饮酒。君子之争,彬彬有礼,光明磊落。学者对于人际关系或集团之间的关系,或强调竞争,或强调合作,其实,以合作代替竞争不可能,以竞争代替合作也不可能,唯一可能是坦诚合作,光明竞争。三是懂得"君子之争"的教育取向。对教育工作者来说,更重要的是从"君子之争"中懂得孔子教育对本质的追求,射箭是军事教育,孔子置身于成败之外,重视射箭前后的礼让,追求的是射箭过程的礼让行为和教育作用。

---

①射:射箭。此处指射礼。②揖:拱手行礼,表示尊敬。

3.8 仁心为本

> 子夏问曰:"'巧笑倩兮,美目盼兮,素以为绚兮。①'何谓也?"子曰:"绘事后素②。"曰:"礼后乎?"子曰:"起③予者商也,始可与言《诗》已矣。"

子夏问:"'笑容真好看啊,美丽的眼睛真明亮啊,因为自然才表现得如此动人啊。'这是什么意思呢?"孔子说:"这是先要有自然本色,绘画才更好看。"子夏又问:"是不是说礼要发自内心才能有效实行呢?"孔子说:"商,你真是能启发我的人,现在可以同你讨论《诗经》了。"

子夏从孔子讲的"绘事后素"中,领悟到"仁先礼后"的道理,受到孔子的称赞。本章也是孔子因材施教的典型,同时也阐述了儒家仁与礼的关系;仁是本质,礼是形式;仁心是底子,礼是绘画。儒家尚礼,更重视仁心的修养。孔孟主张性善论,认为仁心原本存在,只因外界条件的引诱,才使人迷失了本心本性本色;所以,需要以礼节之,以礼来张扬内心的仁厚,以礼来表达对人类的尊重以及对公平正义秩序的维护。如果脱离了性善论这个基础,似乎很难理解"绘事后素"的理念。假如以荀子性恶

---

①巧笑倩兮,美目盼兮,素以为绚兮:前两句见《诗经·卫风·硕人》。第三句可能是逸句。倩,笑得好看。兮,语助词,相当于"啊"。盼,眼睛黑白分明。绚,有文采。
②绘:画。素:白底,本色。③起:启发。

论来理解"绘事后素"的理念,是否也讲得通呢?答案是肯定的。如果人性本恶,恶就是底色,恶就是本心本性,礼的作用在于减少"恶"增加"善",引导人们逐步脱离恶的渊薮,养成仁心仁德。两种理解,孰是孰非,读者自鉴。如果一定让我做选择,我会选择性善论。

感悟

01

02

03

3.9 严谨治学

> 子曰:"夏礼吾能言之,杞不足征①也;殷礼吾能言之,宋②不足征也。文献③不足故也。足,则吾能征之矣。"

孔子说:"夏朝的礼我能说出来,但是(夏的后代)杞国不足以佐证;殷朝的礼我能说出来,但(殷的后代)宋国不足以佐证。这都是文字资料和贤者不足的缘故。如果足够的话,我就可以证明我说的夏礼和殷礼。"

孔子对人类文化的贡献是巨大的。人们常说,中华文明是世界几大文明体系中唯一没有中断的,孔子居功甚伟。他不仅是教育家,也是学者,在整理古代文化典籍方面,做出了前无古人的贡献。在中国古代人文科学研究中,他开启的文献研究法和考据方法始终是最主要的方法。从这一章中,我们能领会先哲严谨治学的态度和务实求真的作风,这是当今做学问和从事教育事业最需要的品质。儒家思想、儒家价值、儒家伦理起源于孔子对先秦文化典籍的整理和提炼。正是在文献典籍研究中,孔子建构起了自己的思想体系、教育体系、伦理体系、价值体系,犹如在漫漫长夜建立智慧的灯塔,引导人们走向光明和未来。

---

①杞:春秋时国名,夏禹的后裔。在今河南杞县一带。征(zhèng):同"证",佐证。②宋:春秋时国名,商汤的后裔,在今河南商丘一带。③文:指历史典籍。献:指贤人。

3.10 谁知我心

> 子曰:"禘①自既灌②而往者,吾不欲观之矣。"

孔子说:"对于行禘礼的仪式,从第一次献酒以后,我就不想再看下去了。"

禘礼属于天子之礼,孔子参加的显然不是天子之礼。本章,孔子表达的是对社会失序的不满,因为社会失序的根源不在百姓,而在诸侯,所谓上梁不正下梁歪:鲁国国君僭越周礼,大夫僭越国君之礼,家臣僭越大夫之礼。如此,社会不乱才怪!孔子维护的不是礼制,而是社会秩序,更是对人的尊重。孔子强调社会需要等级机制,需要层级管理,但是绝对不是认为等级或层级是不可逾越的。孔子自强不息,通过自学和治学,实现了从贫民(少时孔子家贫)向士再向大夫的等级超越,他以自身的自强不息成功地挑战了既得利益阶层。他自身的成长轨迹,能够证明他是等级制度的顽固维护者吗?他培养的学生十之八九完成了从平民到士的超越,也有不少实现了从士向大夫的发展,其教育实践无可辩驳地证明,孔子的学说是有利于大众的学说,是思想启蒙的学说,是为平民争取生存空间和发展机会的学说。这就是原生态儒学及其精神始终难为统治者真正接受,难被帝王真正接受的根本原因,也是孔子之道不行于当时,却永不过时的原

---

①禘(dì):由天子举行的祭祀祖先的隆重典礼。②灌:禘礼中第一次献酒。

因：儒学是为民之学。汉代开始，儒家思想学说遭到阴阳家的改造，变成了维护统治阶级和既得利益者的工具，不再是为民之学，而是"为帝之学"；三纲五常之类，是阴阳家演绎儒家思想的产物，而非原始儒家的思想。今天传承优秀传统文化，应当回到先秦，回溯本源，回到元典。

感悟

01

02

03

3.11 易如反掌

> 或问禘之说①，子曰："不知也。知其说者之于天下也，其如示诸斯②乎。"指其掌。

有人向孔子请教举行禘祭的规定。孔子说："不知道。知道这种规定的人治理天下，就像把这东西摆在这里（手掌）一样吧。"（一边说一边）指着他的手掌。

孔子认为，鲁国的禘祭名分颠倒，不值得看，他也不愿意看。有人问他关于禘祭的规定，他故意说不知道。但紧接着又说，谁懂得禘祭的道理，治理天下易如反掌。

"为政以德，譬如北辰，居其所而众星共之。"以道德和人格的力量征服人，就像北极星，在自己的位子上，众星都围绕着它；国君可以垂拱而治。"政者，正也。子率以正，则孰不为正？"政治，就是一种示范，自己带头做出榜样，谁能够不正道而行呢？自己都不能率先垂范，怎么能指望别人做好呢？"其身正，不令而行，其身不正，虽令不从。"国君正道而行，虽然不发命令，上行下效；自己不能正道而行，就算发布命令，别人未必听从。这三段话从不同侧面讲了儒家德治的内涵：德治是一种人格征服，德治是一种以上帅下，德治是一种道德感召。

---

①禘之说：关于禘祭的规定。说，理论、道理、规定。②斯：指后面的"掌"。

德治，是一种宝贵的政治智慧和政治传统。中国社会的很多矛盾都可以从《论语》中找到解决办法：政党依法执政，各级政府依法行政，公务员依法办事，全社会都能自觉维护法律的尊严，积重难返的矛盾就迎刃而解。

感悟

01

02

03

3.12　洗涤灵魂

> 祭如在，祭神如神在。子曰："吾不与①祭，如不祭。"

祭祀祖先就像祖先真在面前，祭神就像神真在面前一样恭敬。孔子说："我如果不亲自参加祭祀而是我别人替代的话，那就和没有举行祭祀一样。"

孔子并不过多提及鬼神之事，如他所说："敬鬼神而远之。"所以，本章他说祭祖先、祭鬼神，就好像祖先、鬼神真在面前一样，强调的是参加祭祀的人必须真诚，必须保持敬畏之心。孔子主张祭祀目的主要不在宗教而在道德，祭祀过程是教育过程，是洗涤灵魂的过程。

---

①与（yù）：参加。

3.13 守护心灵

> 王孙贾①问曰:"与其媚于奥②,宁媚于灶③,何谓也?"子曰:"不然。获罪于天④,无所祷也。"

王孙贾问道:"与其奉承奥神,不如奉承灶神。这句话是什么意思?"孔子说:"不是这样的。如果得罪了天,违背了天理,向谁祷告都没有用。"

王孙贾是实用主义者,他说与其讨好地位高的奥神,不如讨好管事的灶神,言下之意是与其讨好卫灵公,不如讨好他。当权的王孙贾、弥子瑕、南子——王孙贾和弥子瑕为卫灵公的权臣,南子为卫灵公的宠妃——这三个人都能影响卫灵公,都能给孔子入世入仕的机会,但是王孙贾所指的灶神显然是指自己而不是弥子瑕和南子。孔子如果直接回答讨好谁更好,恐怕就不是孔子了。

在孔子看来,一个人如果丧尽天良,必然获罪于天,向谁祷告都没用。再次表明了孔子的价值观:祷告的目的不在于神,关键在于守护心灵!守护本心!坚守底线!如果连心都坏掉了,则无可救药,神灵也不会保佑!

---

①王孙贾:大夫,卫灵公之臣。②媚:谄媚、巴结、奉承。奥:屋内位居西南角的神,地位权力比"灶神"要高。③灶:灶旁管烹饪做饭的神。④天:以天喻理。

3.14 传承创新

> 子曰:"周监于二代①,郁郁②乎文哉!吾从周。"

孔子说:"周朝礼制以夏、商二代为依据制定,多么丰富多彩啊!我遵从周朝礼制。"

孔子对夏商周的礼制有深入研究,他认为,历史是不能割断的,后一个王朝对前一个王朝必然有沿袭,有创新(益)。遵从周礼,这是孔子的基本态度,但据此判断孔子认为周朝礼制不能改变,缺乏根据。有人提倡以周礼规范现代人;有人在主持祭孔活动时,穿着周朝礼服或者汉朝礼服,颇为滑稽。康有为先生认定孔子托古改制,就是因为他在传承的基础上创新,从孔子短短五年的行政生涯看,孔子的政治智慧表现为礼治与法治的有机结合,以礼治为主,法治为辅,赢得了鲁国复兴的曙光,这缕曙光虽然随着孔子的离去而消失,但足以证明孔子的政治实践与时俱进。孔子"从周"的精神,"从周"的礼治路径,"从周"的礼治法则,而不是"从周"的全部繁文缛节。

同样,现在传承儒家文化,重在传承儒家贬天子、退诸侯、讨大夫的正义,传承积极入世的态度,传承终身学习的理念等,而不是不加选择地食古不化。我们向西方学习,也并不意味着照抄照搬西方的所有价值观和制度,而是要寻求东西方文化的深度融合与创新,实现民族文化的创新和发展,推动中华民族的伟大复兴。

---

①监(jiàn):同"鉴",借鉴。二代:夏代和商代。②郁郁:文采盛貌,丰富、浓郁。

3.15 谦虚即礼

> 子入太庙①，每事问。或曰："孰谓鄹人之子②知礼乎？入太庙，每事问。"子闻之，曰："是礼也。"

孔子到了太庙，每件事都要问别人。有人说："谁说此人懂礼呀，他到了太庙，什么事都问。"孔子听了说："这正是礼呀。"

孔子到了太庙，每件事情都要询问别人，虔诚、恭敬、谦虚的态度符合周礼的精神，所以孔子说："这就是礼啊。"此语反证了孔子并非食古不化者，也证明了孔子儒家思想的开放性，孔子儒家思想的来源包括：周代政治实践，周代及以前典籍文化，同时代的其他思想家。

礼的本质是对人的尊重，是对公平正义秩序的尊重，尤其是对人的尊重，有"君使臣以礼"的前因，才有"臣事君以忠"的结果——儒学不仅是为民之学，也是为臣之学，最终也可以为信奉儒学的君王赢得政治清明和天下太平。愚蠢的君王不懂得这个道理，所以不愿意或不屑于接受原生态儒学。一旦帝王接受和实践原生态儒学，那么他必将开创一个盛世王朝，唐太宗开创的贞观之治就是最有说服力的史实。

---

①太庙：君主的祖庙。鲁国太庙即周公旦之庙。②鄹（zōu）人之子：指孔子。鄹，春秋时鲁国地名，又写作"郰"，在今山东曲阜东南。

3.16　尊重差异

> 子曰:"射不主皮①,为力不同科②,古之道也。"

> 孔子说:"射箭不追求一定要穿透靶子,因为各人的力气不同。自古的规矩如此。"

"射"是周代的一种军事游戏。射箭,贵在射中目标,贵在充满自信,贵在对人的尊重,而不在于是否穿透靶心。因为人的力量有大小,不可以用一个标准衡量所有的射手。此章告诉我们,凡事要抓关键、抓重点、抓本质,不宜本末倒置。

这一章对为教者最大的启示,就是让人豁然意识到教育中存在的方向性的问题。从人才规格看,教育的过程应该是求异,而中国当代教育却反其道而行之——求同。教育的核心价值追求,应当是对个体生命特质的尊重,是对差异的尊重。学校贵有特色,校长贵有思想,教师贵有风格,学生贵有个性。教育的使命,是把物理天才培养成爱因斯坦和钱学森,把音乐天才培养成莫扎特和贝多芬,把体育天才培养成柯洁和姚明。

可惜现实教育从幼儿园就开始担心孩子输在起跑线上,开始疯狂择园择校,辅之以疯狂的课外培训和辅导,12年甚至长达15年陷于对高考分数的焦灼追求中,社会失去了理智,家长失去了理智,教育者失去了理智。一

---

①皮:用兽皮做成的箭靶子。②科:等级。

把尺子量10余年，培养了很多红砖、灰砖一样的精致的利己主义者——因为10余年的教育过程中，教师、家长、学生的双眼都紧盯着每一次考试的那三分五分或一分半分，不仅牺牲了学生的情感、态度、价值观，也牺牲了学生的天性和天赋，还牺牲了学生的优势潜能和无数种发展可能性。

长达10余年，因为追求高考的几个学科的总分，理想信念信仰教育边缘化了，道德教育边缘化了，音乐教育边缘化了，美术教育边缘化了，体育边缘化了，劳动教育边缘化了，历史教育边缘化了，甚至诸多智力的"关键期"也在对分数的狂热追求中错过了。

教育，该为你歌唱，还是为你流泪？民族复兴需要创新，创新型大国需要创新教育支撑。教育在等待和期待一场深度改革。

3.17 我爱其礼

> 子贡欲去告朔①之饩羊②。子曰:"赐也。尔爱其羊,我爱其礼。"

子贡想免去每月初一告祭祖庙用的活羊。孔子说:"赐啊,你可惜羊,我却可惜礼啊。"

按照周礼的规定,周天子每年秋冬之交,就把第二年的历书颁给诸侯,诸侯把历书放在祖庙里,并按照历书规定每月初一来到祖庙,杀一只活羊祭庙,表示每月听政开始。当时,鲁国君主已不亲自去"告朔",不但不亲临祖庙,也不听政了,"告朔"已成为形式,只是杀一只羊应付罢了,所以,子贡提出免去"饩羊"。对此,孔子批评子贡在乎"饩羊",而自己更在乎礼制,在乎秩序。在孔子看来,必要的形式没有了,礼制就没有了,礼所承载的精神也就没有了。批评之中,透露出孔子的隐忧。

孔子曾经的隐忧,也正是中国当代小康社会建设面临的忧虑。东隅已逝,桑榆非晚。从现在起,传承优秀传统文化,实现文化创新发展,以文化自觉、文化认同、文化自信、文化复兴推动民族复兴。可以期待,值得期待。

---

①告朔:天子每年秋冬之交,把第二年的历书颁发给诸侯,告知每个月的初一日。朔,每月初一。②饩(xì)羊:祭祀用的活羊。

3.18 历史重演

> 子曰:"事君尽礼,人以为谄也。"

孔子说:"我严格按照周礼的精神侍奉君主,有人却认为这是谄媚。"

孔子按照周礼的规定和精神侍奉鲁国国君,有人认为孔子谄媚。这意味着不仅周礼的规定已不为人们所遵守,礼的精神也不为人们所认同。换一句话说,孔子从"别人"的评价中,看到了核心价值的毁灭,看到了政治伦理的沦丧,看到了社会秩序的破坏。孔子的忧虑也是我们的忧虑:孔子儒学的思想体系、价值体系、伦理体系,经历了汉儒的曲解、宋儒的扭曲,早已不复原儒的人本情怀、人道主义、人文精神。

旧的伦理体系、价值体系已经被破坏或者被抛弃,新思想、新价值、新伦理的大厦尚未建立,国人失去了安顿灵魂的所在,急急如丧家之犬,茫茫如无头之蝇。君不见,随便举手拍照,你一定能够拍到,在车站、在车上、在路上、在茶馆、在咖啡厅、在课堂和讲堂、在学术活动场所,人们都被手机控制了——这场面不亚于鸦片对国人的毒害和控制,很多人低下了高贵的头,在看短信、刷微信、玩游戏,都在以碎片化的阅读耗费自己的青春和生命,或许都在焦虑而焦灼地寻找失去的心灵归依和精神家园!

3.19 君礼臣忠

> 定公①问:"君使臣,臣事君,如之何?"孔子对曰:"君使臣以礼,臣事君以忠。"

鲁定公问孔子:"君主怎样差使臣子,臣子怎样侍奉君主呢?"孔子回答说:"君主尊重和珍惜臣子,臣子以忠诚侍奉君主。"

从本章语境看,孔子侧重于对君的要求,强调君应待臣以礼,把"君使臣以礼"当作"臣事君以忠"的条件。由此可见,孔子儒家绝不是愚忠的始作俑者。

孔子推崇周王朝的礼治。恰恰是儒家高度评价周武王以诸侯的身份率兵攻打商纣王的正义之举,恰恰是儒家高度评价商汤以诸侯的身份率兵攻打暴君夏桀,恰恰是儒家首次强调天意就是民意,恰恰是儒家首次提出"君视臣如土芥,则臣视君如寇仇""水则载舟,水则覆舟"的民本思想,国君有负天下黎民百姓之时,就是获罪于天之日,也就是天下人皆可讨伐国君之机。

我每次参观岳王墓都驻足良久,沉思良久,惋惜良久。岳飞之死,并非死于秦桧,而是死于腐儒、伪儒,如果岳飞读的是先秦儒学,读懂了孔子儒家、孟子儒家、荀子儒家,不至于愚忠赵构,而是听从孟子的教诲:

---

①定公:鲁国国君,姓姬,名宋,公元前509—前495年在位,定是谥号。

"如欲平治天下，当今之世，舍我其谁？"以苍生为念，以国家为重，而不是以皇权为重、以皇帝为重。如果效仿赵构的太祖赵匡胤陈桥驿兵变，在朱仙镇来个黄袍加身，入一回地狱，当一次皇帝，救民于水火，救国于倒悬。历史，或许又是一番美丽的风景。

儒家道德、儒家伦理、儒家君子人格、儒家内圣外王之道，从来都不只是针对普通百姓，而是针对天子以至于庶人。汉代以来，经过阴阳家精心包装的伪儒学，是对原生态儒学的彻底背叛，把儒学从为民之学变成为帝王之学，从此，儒学以被异化的角色进入体制，作为历代帝王的统治工具。宋代儒学传承了汉儒的愚忠思想，又加上"存天理，灭人欲"的桎梏，是对原生态儒学的再次背叛和严重扭曲，让儒学褪尽阳刚。数千年来，认识此真相的人并不多。

时至今天，很多人反对儒学复兴，就是因为担心儒学会成为专制体制的帮凶，那是因为历史掩盖了原生态儒学的思想光辉。传承优秀传统文化之于儒家，就是要传承原儒的精神、先秦儒家的思想，而不是汉儒、宋儒或其他伪儒学之类。

3.20 中庸境界

> 子曰:"《关雎》①,乐而不淫,哀而不伤。"

孔子说:"《关雎》,快乐而不放荡,忧愁而不哀伤。"

《关雎》是写男女爱情的诗,孔子评价为"乐而不淫、哀而不伤",与"思无邪"的审美取向保持一致。告子曰:"食色,性也。"饮食和男女之情是人的本能需要。要生存,要爱情,这是人类的本能和本性。儒学是人学,不可能回避爱情,也不会回避爱情。从《诗经》的十五国风中,我们能够读到儒家唯美唯真唯善的爱情观、伦理观,《诗经》提倡的是自由恋爱,提倡的是平等相爱,提倡的是真诚相爱,提倡的是真心相爱,提倡的是高尚高洁高雅之恋爱。

后世伪儒学者,因为无法理解原儒的爱情观,对《诗经》中的爱情的描写作了太多牵强附会的解读,后果是让一代又一代人疏离经典,远离经典,厌倦经典,抛弃经典!

---

①《关雎(jū)》:《诗经》首篇,爱情被描写得很纯、很美、很甜。

3.21 既往不咎

> 哀公问社①于宰我②。宰我对曰："夏后氏以松,殷人以柏,周人以栗,曰:使民战栗③。"子闻之,曰:"成事不说,遂事不谏,既往不咎。"

鲁哀公问宰我,土地神的牌位应该用什么树木。宰我回答:"夏代用松树,商代用柏树,周代用栗树。用栗树寓意:使老百姓战栗。"孔子听后说:"已做的事说之无用,已成的事谏之无益,过去的事不必追究。"

古时立国都要建立祭土神的庙,选用宜于当地生长的树木做土地神的牌位。宰我回答鲁哀公说,周朝用栗木做牌位是为了"使民战栗"。有一种分析,认为孔子听到宰我讽刺周朝,所以孔子不高兴。但我认为,孔子讲的"既往不咎",恰恰是承认了周朝礼制有不完备之处。"既往不咎",是包容,也是智慧。

"既往不咎",为尊者讳,包容也许是美德,但是,"既往不咎"一旦成为文化传统、历史传统、政治传统,那未必是好事。"既往不咎"的心理惯性,导致很多人误认为做人做事无须对历史负责任,无须对子孙负责任,所以,在人生的某个阶段毫无底线,肆无忌惮,甚至丧尽天良,对于中华民族来说,也许真的是灾难。从学术的角度、从历史的角度、从政治的角度,既往也咎。

---

①社:土地神,祭祀土神的庙也称社。②宰我:名予,字子我,孔子的学生。③战栗:恐惧,发抖。

3.22 一分为二

> 子曰:"管仲①之器小哉。"或曰:"管仲俭乎?"曰:"管氏有三归②,官事不摄③,焉得俭?""然则管仲知礼乎?"曰:"邦君树塞门④,管氏亦树塞门;邦君为两君之好有反坫⑤,管氏亦有反坫。管氏而知礼,孰不知礼?"

孔子说:"管仲的器量真狭小呀!"有人说:"管仲节俭吗?"孔子说:"他有三处藏金府库,他家里的管事一人一职不兼任,怎么谈得上节俭呢?"那人又问:"管仲知礼吗?"孔子回答:"国君大门口设立照壁,管仲在大门口也设立照壁。国君在会见别国国君的堂上有放空酒杯的土台,管仲家中也有这样的土台。如果管仲知礼,那还有谁不知礼呢?"

孔子对管仲的评价一分为二:虽然有"九合诸侯"(参见14.16)、"一匡天下"(参见14.17)的大仁大智大勇,但是不节俭,也不知礼。为教者,对学生的评价必须一分为二,既看到优点,也看到缺点,既看到现实优点,也看到优势潜能。为政者,对人才的评价也必须一分为二,对上下级、平级,都能够一分为二地评价,能够实事求是地评价,如此事业的

---

①管仲:姓管,名夷吾,齐国宰相,辅助齐桓公成为诸侯霸主,卒于公元前645年。②归:藏钱币的府库。③摄:兼任。④树:树立。塞门:在大门口筑的一道短墙,相当于屏风、照壁等。⑤反坫(diàn):古代君主招待别国国君时,放置献过酒的空杯子的土台。

失误一定可以减少到最低限度。

　　孔子的批评背后是儒家倡导节俭和守礼。"君子食无求饱，居无求安"，孔子把节俭品质上升到君子人格，至今仍有积极意义。巨大的行政成本，很大程度上源于丧失了"节俭"的传统，百姓与百姓，企业与企业，甚至政府与政府，曾经相互攀比、崇尚奢华，无异于自掘坟墓！不仅政府需要节俭，地球资源的有限和人类欲望的无限更需要节俭！

感悟

01

02

03

3.23 乐教传统

> 子语①鲁大师②乐,曰:"乐其可知也。始作,翕③如也;从④之,纯⑤如也,皦⑥如也,绎⑦如也,以成。"

<u>孔子同鲁国太师谈论音乐时说:"奏乐的道理是可以知道的:开始演奏时,各种乐器合奏,声音翕翕然繁美;继续下去,纯纯然悠扬悦耳,皦皦然音节分明,绵绵不绝,如此得以完成。"</u>

儒家开创乐教,包含了音乐、舞蹈、美术等,相当于现代美育范畴。所以,孔子不仅开平民教育、民办教育、素质教育先河,而且开审美教育先河。孔子如此重视乐,在于乐具有调整人情绪、陶冶人性情、塑造人灵魂的作用。

西方也有重视乐教的传统,教育家、哲学家柏拉图认为:音乐是宝贵的,不仅可以陶冶性情,也可以治疗疾病。音乐和舞蹈使人身心健康、风度翩翩。人类文化轴心时代的两位哲人,居然对乐教有着几乎完全一样的认识。孔子超越柏拉图的地方,就是孔子不仅把乐教作为重要的教育手段,也作为重要的社会教化和政治手段,并且获得骄人的成绩。西方发达国家对音乐、美术的重视程度丝毫不亚于英语、数学,我们也应重视音

---

①语(yù):告诉。②大(tài)师:乐官的官职名,是乐官之首。③翕(xī):合、聚、协调。④从(zòng):放纵、展开。⑤纯:美好、和谐。⑥皦(jiǎo):音节分明。⑦绎:连续不断。

乐、美术的教育，移风易俗，莫善于乐，不过这里的乐不是流行歌曲，而是《韶》乐那样尽善尽美的音乐。

　　我曾经访问过澳大利亚数十所学校，也曾经带某市最好的中学交响乐队到澳大利亚访问，深深震撼于澳大利亚对乐教的执着和成就。我们的乐队固定的那三首交响乐演奏水平应该与澳大利亚的三所学校不相伯仲，但是面对一首全新的乐曲，澳大利亚的三所中学的交响乐队经过简单的配器组合，就可以演奏出很高的水平，而我带的交响乐队，除了已经练熟了的几首曲子，根本无法临场演奏任何新的曲目——我心里明白，对方是音乐教育、是审美教育，而我们是音乐训练。10多年过去，犹如昨日，不能忘怀！期望中国的音乐教育能够直指人心，能够直指人性，能够养护灵魂！

3.24 天下木铎

> 仪封人①请见，曰："君子之至于斯也，吾未尝不得见也。"从者②见之。出曰："二三子何患于丧③乎？天下之无道也久矣，天将以夫子为木铎④。"

仪地的长官请求见孔子，他说："凡君子到这里，我从没有见不到的。"孔子的随从引他去见孔子。他出来后（对孔子的学生们）说："你们何必为没有官位发愁呢？天下无道已经很久了，上天将以夫子为圣人来号令天下。"

孔子在他所处的时代是学界泰斗，是政治名人，是社会名流，德高望重，学富五车，声名远播，影响巨大。所以，仪地的长官认识孔子，不足为怪。怪的是仪地的长官一句"天将以夫子为木铎"，居然预见了此后2500多年的事实。事实上，孔子之后，中国文化的主干、主流、主脉就是孔子开创的儒家学说。《论语》所揭示的人本思想、民本意识、牛本理念、民族精神、伦理情怀、道德观念等是中华文明的底色，是中国伦理的源头，是今天中国价值体系的钢结构，是中国之为中国、中国人之为中国人的标

---

①仪：地名，今河南兰考内。封人：系镇守边疆的官。②从者：随行的人。③丧：失去，这里指失去官职。④木铎：以木为舌的铜铃。古代天子发布政令时摇它以召集听众。

志性的文化基因。民族复兴本质上是文化复兴，中华民族要重新自立于世界强族之林，必须重新认识自己的文化，必须走文化自觉、文化认同、文化自信之路径，重建文化信仰，重建文化价值，重建文化场域。诚如是，民族复兴大业指日可待。

感悟

01

02

03

3.25 尽善尽美

> 子谓《韶》①："尽美矣，又尽善也。"谓《武》②："尽美矣，未尽善也。"

孔子讲到《韶》时说："形式美极了，内容也善极了。"谈到《武》时说："形式美极了，但内容善的程度不够。"

《韶》产生于舜时代，是歌颂舜的乐舞，舜通过和平方式获得了政权，所以孔子觉得《韶》尽善尽美；《武》描写的是周武王的乐舞，武王通过一场"流血漂杵"的战争夺得政权，孔子觉得音乐形式美极了但内容却有缺憾。从政治角度理解，孔子和原生态儒家歌颂王道，反对霸道，主张和平交接政权，反对殃及百姓的流血政治，难能可贵！从审美角度看，孔子和原生态儒家的审美取向是：尽善尽美是最高境界，内容比形式更重要。后世"文以载道"的原则就发端于孔子的审美取向。

---

①《韶》：相传是古代歌颂虞舜的一种乐舞。②《武》：相传是歌颂周武王的一种乐舞。

3.26 永恒价值

> 子曰:"居上不宽,为礼不敬,临丧不哀,吾何以观之哉?"

孔子说:"居上位不能宽厚待人,行礼不严肃恭敬,面对不幸的逝者不悲悯哀戚,这种情况我怎么能看得下去呢?"

成年人在生活中扮演着不同角色:是长官,善待百姓,宽容部下。如果长官不能善待百姓,不能宽容部下,这样的长官为官不会长久,欺下瞒上、鱼肉百姓,可以猖狂一时,很少能猖狂一世,偶尔出现和珅这样的猖狂者,也不过是乾隆的殉葬品罢了,乾隆"放水养鱼",乾隆的儿子正好捉了和珅这条"大鱼"。长者应关爱后生,包容后生,提携后生。为老不尊者,往往不受人尊重;对后生刻薄者,往往晚景十分凄凉。从天子至庶人,都应当敬畏法律,遵守秩序,尊重他人,否则,政权将遭受威胁,社会将无序。

对不幸,应悲悯,多帮助。柏拉图说:"道德是全体族群的有效和谐。"一个社会是否文明,不是看强者如何强,而是看强者如何善待弱者,看强者与弱者之间能否和谐共存。由古而今,人类需要宽容,需要尊重,需要同情,需要悲悯,这是人类之所以存在并且能够延续的最基本的伦理依据。2500多年前如是,2500多年后亦如是。

感悟

01

02

03

04

05

06

07

里仁第四

4.1 择仁而处

> 子曰:"里仁为美①,择不处②仁,焉得知③?"

孔子说:"住在有仁者的地方很好,如能选择却不选择与仁者为邻,怎能算聪明呢?"

近朱者赤,近墨者黑。如能选择,当效孟母三迁,择仁而处,是人生之大幸。若没有选择的余地,当"出淤泥而不染"。当然,真正的儒者会做出更加高尚的选择:不是依赖环境,不是适应环境,也不仅是坚守本心,还要勇于担当,改变环境,改变社会。孔子治理中都,孔子治理鲁国,孔门弟子言偃治理武城,韩愈治理潮州,白居易治理苏州,苏轼治理惠州,王阳明龙场传道……都属于改变环境的成功案例,这种治理主要依靠教化,让仁心仁道成为当地民众的核心价值追求和坚守。

教育者对日益无序的文化场域,不可以充耳不闻,不可以随波逐流,不可以独善其身,教育者应当传承孔子儒学"以教为政"的思想,以苍生为念,以国家为重,以民族复兴为己任:用自己的人格、思想、情感、态度去影响周遭的人,尤其是影响学生,影响家庭,影响社会;小环境影响大环境,虽不能立竿见影,但假以时日,水滴石穿,移风易俗,大有可为。

---

①里仁为美:住在有仁者的地方很好。里,在这里作动词用。②处:居住。③知:(zhì)同"智"。

4.2 仁者自觉

> 子曰："不仁者不可以久处约①，不可以长处乐。仁者安仁，知者利仁。"

孔子说："没有仁德的人不能长期忍受贫困，也不能长久地享受安乐。仁者安于仁道，智者利于仁道。"

孔子认为，没有仁德的人不可能长时间地处于贫困中，否则他们就会为非作歹；也不可能长期处于安乐中，否则就骄奢淫逸。只有那些具有家国情怀的仁者，既能安之若素，也能安贫乐道，不因环境的变化而失去本心本色。

民国初年的军事家蔡锷将军，被袁世凯以重用之名，困于北京；袁氏以高官笼络，以高薪拉拢，以美色诱惑，蔡锷将军表面声色犬马，内心依然不改初衷，最终成为袁世凯的第一个掘墓人。蔡锷将军从日本到我国香港，又绕道越南回到云南，高举讨袁义旗，砸碎了袁世凯的皇帝梦。历史难以假设，如果蔡锷将军不是一个具有家国情怀的仁者，必定沉醉于纸醉金迷的温柔富贵之中，中华民国的历史或许真的会重写。

因为人格独立，因为包容，因为仁爱，因为担当，所以社会再乱，也不失仁心仁道；因为不断学习，以学养心，以学养身，以学养才，以学养气，逐步使仁心仁道成为内在品质，并最终成就自己、成就他人、成就社会。知书达理，知书达仁。

---

①约：穷困、困窘。

4.3 似易实难

> 子曰:"唯仁者能好①人,能恶②人。"

孔子说:"唯有仁者能公正爱人,公正恨人。"

公正爱人,公正恨人,看似容易,做起来难。红军长征初到陕北,毛泽东深情回顾长征的艰难险阻,感动于彭德怀的忠勇彪悍,赋诗一首:"山高路远坑深,大军纵横驰奔。谁敢横刀立马?唯我彭大将军。"此时毛泽东对彭德怀的爱是"仁者之爱",十分公正。

红军将领黄克功,时任抗日军政大学第六队队长,1937年10月5日因逼婚未遂在延河畔枪杀陕北公学女学员刘茜,由一个战功卓著的革命者蜕变为一个杀人犯。事发后,很多人求情,请求让黄克功戴罪立功,抗击日寇,血洒疆场。毛泽东主持召开会议,最终决定将黄克功处以死刑,并于1937年10月12日经陕甘宁边区高等法院判决死刑立即执行。这是仁者之恨。1951年,时任石家庄市委副书记刘青山和时任天津市委书记张子善,因为贪污罪被捕,也有很多人向毛泽东求情,希望允许其戴罪立功、将功赎罪,或至少免除死罪。毛泽东支持华东局和河北省委及高等法院依法判处其死刑,并于1951年12月10日执行的判决。这也是仁者之恨。

---

① 好(hào):动词,喜好。② 恶(wù):动词,憎恶。

4.4 仁心难得

> 子曰:"苟志于仁矣,无恶也。"

孔子说:"如果立志于仁,就会远离邪恶。"

仁,是什么?是植物种子的核心部分:无论种子的外形如何,不论种子的壳如何坚硬,不论种子的壳是腐烂还是破损,只要这"仁"依然是柔软的,依然是生动的,这个种子就可以生根、发芽、成长、成熟。一如人的内心,人的灵魂,能够守护先天赋予的慈悲、孝悌、包容、善良等,能够融进后天的理性智慧,如忠诚、勇敢、诚信、礼让等,这个人就会远离邪恶。所以,孔子儒家认为:人致力于灵魂的修养,就能远离邪恶。

教育的本质追求是心灵的养护,是伦理情怀的建设,是信仰理想的建立,是价值体系的建构,是人之为人的精神成长。德国教育哲学家雅斯贝尔斯坚信:"教育的本质是精神活动,而非知识和智力的堆积。"这里的精神活动,显然非物质,也非知识和智能、技能,而是灵魂的活动,是人之为人的信仰、理想、梦想和情感、情操、情怀。雅斯贝尔斯又说:"教育的本质是认识生命的本质,提升生命的品质,追求生命的价值。"生命的本质是什么?当然不是物质,不是碳水化合物,而是精神和灵魂;生命之不同不在于肉体,而在于精神和灵魂。生命的品质是什么?显然不是外表如何漂亮,而是素质,是气质,是气场,是生命能量的场。生命的价值是什么?显然不是拥有的财富,不是居住的建筑,不是占有的珍珠玛瑙,而是思想和智慧。

中国先哲对于教育的本质的认识，早于西方2000年。子思说："天命之谓性，率性之谓道，修道之谓教。"翻译成现代汉语为："上天赋予的叫作本性，尊重本性叫作道，按照本性培养叫作教育。"按照《中庸》的观点，教育的本质是对本性的尊重和养护，本性显然不是物质，不是知识，不是智力，不是技能，而是善良、慈爱、孝悌、包容等人之为人的人性。

写到这里，该做一个结论：教育应该和必须关注和养护灵魂（仁），而不仅仅是知识和智力的堆积；如是，教育培养的人才，才会远离邪恶。社会之乱象根源绝不在体制，根源在于教育，在于教育迷失了本质的追求，迷失了人之为人的仁心。教育出一个个、一批批缺乏仁心的"人才"，才是社会诸多问题的根源所在！教育改革刻不容缓！

4.5 富贵有道

> 子曰:"富与贵,是人之所欲也,不以其道得之,不处也;贫与贱,是人之所恶也,不以其道得之,不去也。君子去仁,恶乎成名?君子无终食之间违仁,造次必于是,颠沛必于是。"

孔子说:"人人渴望富贵,不以正道得到,不可享受;人人厌恶贫贱,但不以正道脱贫,不可逃避。君子离开仁,怎能叫君子?君子没有一顿饭的工夫违背仁,紧迫时不违背仁,颠沛流离也不能违背仁。"

富贵,人所共求,但取之以道,靠违法乱纪得到富贵,就算得到了,也会寝食不安,内心不安。贫贱,人所共厌,但离开正道,违背仁德,靠受贿盗窃等方式脱贫,为人不齿,于心也不安,财富传承也不会很久。

1995年2月,我在武汉任中学校长,月工资大约500元。家父英年早逝,因家庭变故欠下的巨额债务,我无力偿还,于是接受了广州用人方的聘请,以月薪数千元的待遇,成为广东民办教育的拓荒者。一年左右的时间,我还清了全部债务,并购置房子,安顿母亲,从此心无旁骛地从事教育工作。富贵以正道得之,可为;贫贱不以正道摆脱,不为。这是儒家道德底线和坚守。每次读到孔子"富而可求,虽执鞭之士,吾亦为之。如不可求,从吾所好"都有一种默然的慰藉,庆幸自己没有迷失本心本性,否则就不可能十年磨一剑重注《论语》,《论语心读》就不会有面世的机会。

4.6 为仁不难

> 子曰:"我未见好仁者,恶不仁者。好仁者,无以尚①之;恶不仁者,其为仁矣,不使不仁者加乎其身。有能一日用其力于仁矣乎?我未见力不足者。盖有之矣,我未之见也。"

孔子说:"我没有见过喜欢仁和厌恶不仁的人啊。喜欢仁的人,没有比这样的人更好的了;厌恶不仁,就是不让不仁的思想影响自己。用一天时间实行仁,我没有见到有做不到的人。或许有吧,只是我没有见到。"

历史惊人地相似:孔子处在社会转型期,因为礼乐崩坏,价值体系坍塌,人的伦理扭曲——臣弑君、子弑父者不可胜数,兄弟相残者不可胜数,夫妻相害者不可胜数,族群相互屠戮者不可胜数,看不到喜欢仁的人,也看不到厌恶不仁的人。现在我们也处于社会转型阶段,权力崇拜和金钱崇拜,冲毁了理想、信仰和信念的堤坝,人欲的狂潮冲毁了伦理,冲毁了价值观,冲毁了底线。喜欢仁的不多,厌恶不仁的也不多。中央以国家意志推动优秀传统文化传承,实乃重建伦理、重建价值、重建自信和推动民族复兴的伟大战略!一天倾力行仁,谁都做得到;集腋成裘,积沙成塔,用仁心改变人生,以教育去改变社会,这是儒家设计的改变社会的路径。这个路径的现代哲学依据是由量变到质变。仁以为己任,匹夫有责也,任重而道远!

---

①尚:超过。

4.7 观过知仁

> 子曰:"人之过也,各于其党①。观过,斯知仁矣。"

孔子说:"人的过失,各有类型。观其过失,就知道他是否仁德了。"

物以类聚,人以群分。人之过错,各如其类。孔子儒学属于经验哲学,充满实践理性,其核心观点与现代行为心理学高度契合。人的行为能够准确折射其内心世界:习惯吹毛求疵的人,内心缺少仁爱;经常出口伤人者,内心缺少仁厚;常标榜自己心地善良的人,内心其实多半缺少慈悲。那些每天吹嘘自己能力强的人,其实能力往往很弱;事事吹嘘自己有办法的人,其实往往办法很少;时时吹嘘自己道德高尚的人,其实往往心理阴暗;经常炫耀自己有钱的人,其实经济实力并不雄厚,内心世界非常空虚。观过知仁,是一种能力,也是一种境界,这种能力和境界并非与生俱来,需要后天孜孜不倦的修炼。

---

①党:类型、类别。

4.8 尚道精神

> 子曰:"朝闻道,夕死可矣。"

孔子说:"早上接近道,即使晚上死去也没有遗憾了。"

儒家有尚道的传统。道是什么?在传统文化的语境中,道是人生最高的道德境界,是一种能够融于心、融入生命的高尚情感、积极态度、健康价值观、学术修养、知识涵养、道德素养的总和。仁道、恕道、中庸之道等,都是很难达到的最高人生境界。如果认同、实践、坚守,一生必然光彩照人。有尚道传统、尚道精神,就会有责任心、使命感,就会以天下为己任,就不会走向萎靡和颓废。不少日本人读《论语》的传统是读一句,做一句,奉行一生,坚守一辈子,然后成功了。比如日本马克思主义者河上肇就十分笃信"朝闻道,夕死可矣",并将其作为座右铭,坚守了一辈子,成为东方著名的马克思主义者和修辞学大家!

儒家重道,道被作为儒家重要的道统传承和发扬。道高于生,道高于死,道超越生死。由古而今,中国很多文人不仅卫道,甚至可以殉道。许攸是也,屈原是也,王国维是也。中国共产党人之为中华民族之崛起抛头颅、洒热血,是对这种人文精神的传承和超越!优秀传统文化是中国化马克思主义的思想源泉。诚哉斯言!

4.9 士志于道

> 子曰:"士志于道,而耻恶衣恶食者,未足与议也。"

孔子说:"士有志于(学习实践)道,而那些以自己吃穿不好为耻辱的人,不足以与之论道。"

儒家尚道,认为道超越生死。知识分子如果不能安于清贫,当然不足以与之论道,也就不属于能够担当道义的士了。孔子称赞颜回:"在陋巷,人不堪其忧,回也不改其乐。贤哉回也!"其实称赞的是颜回的求道精神和境界。

中国目前处于社会转型时期,知识分子最可贵的就是保持节操,保持人格独立,保持求道尚道精神:或者大隐隐于市,出淤泥而不染;或者正道而行,以自己的思想和态度影响周围的人。知识分子能够称之为"士"的不多,很多人缺乏追求道义的执着,缺乏担当道义的勇气,缺乏以天下为己任的使命感。知识分子的生命状态和历史责任感,直接影响到民族发展和民族的核心竞争力。知识分子自身应当传承尚道精神,应该传承中国传统士人的使命感和责任感,以自己的良知和智慧推动社会进步。

4.10 君子重义

> 子曰:"君子之于天下也,无适①也,无莫②也,义③之与比④。"

孔子说:"君子对天下的人和事,无所谓厚薄亲疏,努力按照义去做。"

君子有独立人格,行事处世有自己的标准,就是以努力接近"义"作为行为方向。如果要用三个字来概括孔子儒家的思想,那就是仁、义、礼。其中仁是内心,是灵魂,是精神;仁心是柔软之心,是包容之心,是慈悲之心,是人之为人的根本。义是责任,是对自己的责任,是对他人的责任,是对家族的责任,是对社会的责任,是对国家的责任,甚至是对人类和宇宙的责任。礼,是规则,是规范,是人类对自己以外的人、物、自然、宇宙的尊重,因此有待人之礼、接物之礼、祭祖之礼、敬神之礼、敬天之礼等。

义在孔子儒家的思想中,具有十分重要的地位。君子常怀千年忧,君子以天下为己任,以苍生为念,以大局为重,以生民为重,以他人为重,以未来为重,追求公平正义,但求无愧于心。小人行事,唯有亲疏标准,没有仁,没有义,没有礼,没有理,恐怕只有利而已。

教师应当努力成就君子人格,有教育理想,有教育情怀,以教育改变人心,以教育改变人生,以教育改变社会。这就是义,这就是儒家的道义,这就是儒家的担当,这就是儒家的责任感和使命感!

---

①适(dí):亲近、厚待。②莫:疏远、冷淡。③义:适宜、妥当。④比:亲近、靠近。

4.11 君子怀德

子曰:"君子怀①德,小人怀土②;君子怀刑③,小人怀惠④。"

孔子说:"君子心怀仁德,小人眷恋乡土;君子敬畏法治,小人惦记恩惠和利益。"

孔子的教育理想和实践,就是将"小人"培养成"君子"。君子心存慈爱,宅心仁厚,包容一切,有一种"德不孤,必有邻"的自信。未达到君子境界的人,重视乡情,忘却道义,交朋友常以地域画圈子。在选人用人上,君子看重德行,小人看重乡情。在对人的评价上,君子重视内心仁厚,小人重视外在因素。君子考虑的是不违仁、不违礼,因此,不会有法律惩戒。小人看重的是利益,铤而走险也在所不惜。孔子把君子、小人两种人格对比起来讲,目的是激励读书人立志做君子,教导读书人怎样做君子。

①怀:怀念,惦记。②土:乡土。③刑:法制惩罚。④惠:恩惠、利益。

4.12 贪婪多怨

> 子曰："放①于利而行，多怨②。"

孔子说："为追求利益而行动，必然招致很多怨恨。"

不与民争利，政府安宁；不与朋友争利，自己安心。不争利能做得到吗？当然做得到。前提是对生命价值的正确认识和对人生理想的执着追求。

王阳明心学有一个重要的哲学命题：死亡是生命的过程，而不是生命的结束。当年孔子宁可奔波于诸侯之间，推行自己的仁道和王道，而不愿意改变自己的信仰和主张；孔子之去父母之邦，离开鲁国，虽然很悲催，但却是最智慧的选择。因为没有委曲求全，没有献媚取宠，没有不择手段，没有牺牲人格，没有放弃信仰，所以孔子本如尘埃般的生命因为放弃"利"的追求而赢得了恒星般的地位和价值，2000多年过去了，孔子及其思想一如北斗星，高挂在天空，依然照亮中华民族前行。相比无数"放于利而行"的王侯将相，哪一个不是"当时则荣，没则已焉"呢！

人生一世，草木一秋。钱财乃身外之物，生不带来，死不带去。温饱之后，当追求生命的永恒。26岁，在我就任中学校长的任职谈话中，领导兼师长叶细幼先生语重心长地告诫我："一天不过三顿饭，一晚不能睡两张

---

①放（fǎng）：同"仿"，效法，引申为追求。②怨：怨恨。

床，死后半抔黄土遮身，希望能够把握自己。"叶先生已作古，当年殷殷期盼，言犹在耳；数十年中，不敢越雷池半步。一边从事教育，一边读书著述，效法孔子，追求生命的永恒。

感悟

01

02

03

4.13　礼让治国

> 子曰："能以礼让为国乎，何有①？不能以礼让为国，如礼何②？"

孔子说："能用礼让原则治理国家，有什么困难呢？不能用礼让原则治理国家，要礼有什么用呢？"

礼让治国，民德归厚，民风淳朴，天下太平。需要从教化开始，尤其要从孩子抓起。成人之后，恶习已成，良知遮蔽，禀性难移，再行教化，大打折扣。著名的"六尺巷"的故事，就是礼让的美谈。《桐城县志略》载，清朝康熙年间张英在朝廷任职时，他安徽桐城的家人和邻居因建房占地闹起纠纷，互不相让。张家人便给当大官的张英写信讲了此事，请他出面干涉。张英看信后，并没有倚仗自己的官威欺压邻居，而是回信说："千里来书只为墙，让他三尺又何妨？万里长城今犹在，不见当年秦始皇。"张家人看完，便主动把墙基退三尺。邻居也深受感动，将墙基退三尺，两家和好如初，"六尺巷"因此得名，传为美谈。

"礼让"精神用于国与国之间的交往，在古代无可非议。因为孔子时代的"国"乃诸侯国，均属中国境内的兄弟之国，但对某些"亡我之心不死"的恶邻却只能当仁不让，寸土必争。

---

①何有："有何"的倒装，何难之有。②如礼何：把礼怎么办呢？意思是礼就没有用处了。

4.14 君子无忧

> 子曰:"不患无位,患所以立;不患莫己知,求为可知也。"

孔子说:"不担心没有自己的位置,担心自己没有安身立命的本领;不担心别人不了解自己,追求的是足够让人震撼的本领和成就。"

孔子曾坦然承认自己是"丧家之狗",但是,孔子所说的"家"或许是指精神家园,在礼崩乐坏的年代,人们仿佛"丧家之狗",心无所依。现代社会何尝不是如此。生产力如此发达,经济如此繁荣,但是精神越来越空虚了,越来越迷茫了。什么原因?因为我们都是精神上的"丧家之狗",都远离了自己民族曾经拥有的精神家园。这里的"患",其实就是现代社会的"焦虑"和"烦躁"。怀才不遇是很多人焦虑的原因,但是这种焦虑的背后可能是自身修为不够,未被发现和关注,是因为才气不够大,如果足够大,想藏都藏不住。与其怨天尤人,不如修道于心,藏器于身。

4.15　忠恕贯之

> 子曰："参乎，吾道一以贯之。"曾子曰："唯。"子出，门人问曰："何谓也？"曾子曰："夫子之道，忠恕而已矣。"

孔子说："曾参啊，我的道有一个基本思想贯穿始终。"曾子说："是。"孔子出去后，同学便问："什么意思？"曾子说："老师的道，就是忠恕啊。"

"忠恕"二字拆开来讲，"忠"指的是恪尽职守，"恕"就是包容尊重。忠恕之道，说起来简单，做起来很难。"忠"是成功之道，总体上讲，个人的付出与收获成正相关，不必担心自己的付出和奉献没有相应的回报；"恕"是成仁之道，成就仁心，成就仁德，因为"恕"而原谅他人，也解放了自己，修炼了一颗包容一切的仁心，生活会更轻松更愉快。

公务员对事业，对岗位，对职责，应当"忠"；对下属，对同事，对民众，应当"恕"。教师对事业应当无限"忠"，因为教育承载着后生的梦想，承载着千家万户的期盼，承载着民族振兴的希望，承载着教育改变社会的理想；对学生却要"恕"，对犯错误的学生要"恕"，对标新立异的学生要"恕"，对学生的人格差异要"恕"。

听说过一个关于爱因斯坦小时候和小伙伴同时交泥塑板凳作业的故事。小伙伴因为制作的泥板凳精致，被老师夸奖："你真聪明。"老师拿到爱因斯坦的泥板凳，觉得实在不像板凳，批评说："你真笨。"然而爱因斯坦后来成为理论物理学家，现代物理学之父；他的小伙伴也成为当地著名的建筑师。一个是抽象思维型人才，一个是操作型人才，教育需要包容，需要尊重不同的人才，切忌在其尚未成年的阶段就做定性评价。而中国当代教育却一把尺子量尽天下人才，中考、高考分数高的为优，分数低的为劣，如此评价，误尽苍生。

教师，需要"忠"，更需要"恕"！

感悟

01

02

03

4.16 义利之别

> 子曰:"君子喻于义,小人喻于利。"

孔子说:"君子懂得大义,小人懂得利益。"

后世学者根据"君子喻于义,小人喻于利"判定传统儒家是重义轻利的,这种说法脱离了当时的语境。孔子以"义"和"利"对举对比,强调有道之人懂得也讲求道义,判断人和事会优先考虑道义;而道德学问尚未达到"君子"境界的"小人",则更多地懂得和追求实际利益,判断人和事优先考虑的是利益。

对于60多年前的抗美援朝战争,如果从物质利益的角度评判,打下来或许真的得不偿失,但是,恰恰是这一场战争,赢得了道义,赢得了正义,赢得了正气,赢得了压倒一切的征服力量,因此为中国赢得了数十年的和平;也正是因为这一场战争,不仅加速了中国的现代化建设,也加速了军事现代化的进程;也正是这场战争,告诉了世界上的任何国家和利益集团,中华民族是不屈的,是不会任人宰割的,是不好招惹的雄狮。

今天读"君子喻于义,小人喻于利",我们更需要建立一种前瞻性、战略性的思维方法:站得更高,想得更深,看得更远。伦理与价值观的重建,并非单纯的伦理或价值观问题,而是民族看不见的竞争力。

4.17 见贤思齐

> 子曰:"见贤思齐焉,见不贤而内自省也。"

孔子说:"见到贤者向他看齐,见到不贤者则反省自己。"

见贤思齐是儒家道德修养方法。道德生长是正心功夫,见贤思齐,见不贤而自省,这是理性态度,也是有效方法。儒家修身,其实是修心,反求诸己,反求诸心。

见贤思齐同时也是一种处世方法。人生活在社区,生活在族群,生活在某一事业圈内,见到比自己优秀的,比自己成功的,不应该嫉妒,而是要反省自己的不足,寻找差距,思考努力的方向。孔子之后,经历了2000多年,不幸依然沉淀出酱缸式的反文化。柏杨先生在《丑陋的中国人》一书中曾经非常冷峻地说:"一个中国人是一条龙,一群中国人是一条虫。"这句话不是咒骂中国人,而是对中国"酱缸文化"的理性批判,是面对国人整体弱点恨铁不成钢的长歌当哭。但是,柏杨先生没有指出解决问题的方法,而这方法恰恰就在儒家第一元典《论语》之中,尤其是在这一章。试想,每个人见到比自己好的,都能向他看齐,向他学习;见到不如自己的,都反思自己是否有同样的缺点和不足,如是,则心态阳光,生活阳光,前途也阳光。

4.18 孝敬之道

> 子曰:"事父母几①谏,见志不从,又敬不违,劳②而不怨。"

孔子说:"侍奉父母要委婉劝说,父母不接受,依然恭敬不逆反,继续努力而不怨恨。"

有人认为孝敬父母就是维护封建宗法制度,十分荒唐。孝敬父母是一种文化,东西方都讲究孝道。其实,孔子儒家,家庭中心的伦理正是以天下为己任的家国情怀的起点,弥足珍贵,值得珍惜。

现代西方人,依然重视亲情,重视孝道,所不同的是同时强调不同辈分之间人格的平等,这一点在中国常常容易被忽视。

孔子儒家认为孝为德之本,这是极高的教育智慧。以"孝"为例,如果教育培养的人才,在家连父母都不能孝顺,将来如何能善待天下人?如何能善待天下人之父母如己之父母?再比如"悌",如果教育培养的人才,在家不能善待兄弟姐妹,那么谁还能期望他将来能够带出一个具有亲和力、凝聚力、创造力的企业团队呢?又怎么能够将"兄弟"伦理延伸到"四海之内"呢?

---

①几(jī):轻微、婉转。②劳:忧愁、烦劳。

4.19　游必有方

> 子曰："父母在，不远游①，游必有方②。"

孔子说："父母在世，不宜远离；游学或外出谋生，须禀告明确的去处或方位。"

古时交通不发达，离开父母，到外地游学谋职谋生，少则十天半月，多则一年半载甚至数载，每一次离开都可能是永别，所以，"父母在，不远游"的要求并不过分。不让父母担心生病之外的事是孝，如果父母每天为自己担惊受怕，当然是不孝。如今，交通发达，千里咫尺，飞机、高铁数小时就到，很多父母却觉得跟孩子的距离反而远了。交通和通信发达，更方便向父母禀报行程，也更需要向父母报行程，这可以缩小心理距离，增加亲情浓度。

---

①游：游学、游官、经商等。②方：具体方位。

4.20 孝道本真

> 子曰:"父在,观其①志;父没,观其行②;三年③无改于父之道④,可谓孝矣。"

> 孔子说:"父亲在世,观察他的志向;父亲去世,考察他的行为;若是他多年继承父亲正确的处世原则,可以算是孝了。"

几乎所有的其他版本都把这句话解读错了,五四运动以来绝大部分学者把这句话作为儒家"愚孝"思想的证据,并口诛笔伐之。正确理解"道",才能正确理解本章。能够上升为"道",必须符合天道、人道、仁道,正确的、积极的、向善的、向上的处世原则。孔子强调"后生可畏,焉知来者之不如今也",绝对不会认为墨守成规就是"孝",绝不是对父亲的一切处世原则都要效仿。"父亲死后,三年内都不能改变父亲所制定的规矩,才是尽孝了",类似这样的注解十分荒谬,实属误导。历史在发展,社会在前进,人事有代谢,新人胜旧人,后浪推前浪,是人类发展的趋势。

---

①其:这里指代儿子。②行:行为举止等。③三年:概数,指长时间,可译作"多年"。④道:善的、好的东西。

4.21 父母之年

> 子曰:"父母之年,不可不知也。一则以喜,一则以惧。"

孔子说:"父母的年纪,不可不知道啊。一则要为他们的愈加长寿而高兴,一则要为他们不断衰老而恐惧。"

与其说孝道维护宗法制度,还不如说孝道维持了宗族繁荣,维护了社会稳定。孔子所倡导的理想社会,并非是倒退回西周,这种理想社会必须建立在孝悌的伦理之上才是可靠的。

以孝为本的伦理取向是中华民族的文化选择,也最终沉淀为中华民族的文化基因;以孝为纽带的家庭,是华人的心灵港湾;以孝为主线的伦理价值、伦理观念、伦理行为,正是中国人勤劳和热爱生活的伦理源头。严酷的事实告诉我们,当西方有些国家从意识形态领域蓄意误导中国人放弃家庭时,以家庭为中心却正在成为越来越多的西方人的追求。

4.22　慎言谨行

> 子曰："古者言之不出，耻躬①之不逮②也。"

孔子说："古人言语不轻易出口，他们以做不到为耻辱啊。"

儒家主张谨言慎行，不轻易允诺，不轻易表态，话出口就算数。反其道而行之，轻易许诺，轻易表态，做不到就会失信于人，就会降低威信。沉默是人格特征，也是君子风度。管理者应当少承诺、慎表态，把说话的权利和机会让给下属，有利于激活下属的才智，可以举重若轻地管理某个单位或领域。

三国时期蜀国丞相诸葛亮属于说话太多的管理风格，什么事似乎都是由他独断和决策，其他人尤其是下属只需要说一个"遵命"照着做就是了，如此，才会出现"蜀中无大将，廖化作先锋"的可悲局面。曹操正好相反，遇事则自己很少做主张，虚心听取诸位谋臣和将领的意见，达成共识后再做决策，正因如此，曹操麾下人才济济，英雄都有用武之地。曹魏集团最终战胜孙权、刘备，并非天意，也不完全是民意，更多决定于决策层的管理智慧。

---

①躬：自身。②逮：做到。

4.23 自我约束

> 子曰:"以约①失之者鲜矣。"

孔子说:"用礼来约束自己还会犯错误的人就很少了。"

我过了而立之年才系统读《论语》,才认识到自我修养的意义和自我约束的价值。如果每个教师、每个公民都能够在学生时代学习《论语》,吸收《论语》的精神,公民素质会高很多。

历史证明,一味地使用严刑峻法,并不能达到法治的理想效果,很多时候适得其反:秦始皇开创严刑峻法,秦朝二世15年而亡;武则天自立的大周,同样是严刑峻法,也是不出15年,被迫还政权于李唐;朱元璋崇尚"治乱世必用重典",用酷刑治理贪官,结果越治越多。究其原因,是缺乏约定俗成的礼治,缺乏影响人心的价值沉淀,缺乏植根于心性的精神归依。

---

①约:约束。这里指"约之以礼"。

4.24 讷言敏行

> 子曰:"君子欲讷①于言而敏②于行。"

孔子说:"君子说话要谨慎,做事要敏捷高效。"

如果我在年轻的时候懂得"讷于言而敏于行",我会把更多的时间用来读书,用来研究,用来实践,用来从事教育改革或教学艺术探讨,绝不会去跟没有学术素养的人争论学术观点,绝不会与任何人较一时之长短。可惜,我年轻的时候没有机会读《论语》,不是不想读,而是没有机会接触到。文化割裂对个人对民族伤害之深,影响之远,令人心痛!

---

①讷:迟钝、慎重。②敏:敏捷、快速。

4.25 德高不孤

> 子曰:"德不孤,必有邻。"

孔子说:"道德高尚者不会孤独,定有志同道合者亲近。"

道德高尚者为何不会孤独呢?其一,道德高尚者以一种珍惜孤独、享受孤独的态度读书、思考、治学,与古圣先贤保持思想与灵魂的交流,在这种交流中不断地让自己的内心变得柔软且强大。其二,道德本身虽然不是能力,但却是一种向心力和凝聚力,能够吸引志同道合的朋友与之切磋,正如《论语》开篇之章所言"有朋自远方来,不亦乐乎"。其三,如果道德高尚者处于团队的核心位置,则必然产生"为政以德,譬如北辰,居其所而众星拱之"的示范效应和征服力量,团队中人以之为榜样,自然会亲近。如是,怎么会孤独呢?

为教者尤重道德修养。孔子开民办教育先河,因为人格与学识的力量,才有那么多的学生仰慕和终身追随!王阳明以其做圣人的理想和心学魅力,也赢得了很多学生的仰慕和终身追随!民国以来,蔡元培之于北京大学,张伯苓之于南开大学,梅贻琦之于清华大学,罗家伦之于中央大学,唐文治之于南洋公学,陈序经之于岭南大学,陈桓之于燕京大学,吴贻芳之于金陵女子大学,王星拱之于武汉大学,何炳松之于暨南大学,林文庆之于厦门大学,郭秉文之于东南大学,任鸿隽之于四川大学,黄炎培之于中华职业学校,陶行知之于晓庄师范学校,梁漱溟之于广雅中学,经亨颐之于杭州高级中学，陈鹤琴之于南京鼓楼幼儿园等，这些校长高山仰止的人格魅力是办学成功的必要条件，甚至是决定性的因素。古今中外，没有听说过道德败坏者能够办出一所名校的，所以，当代中国教育的改革与发展，期待更多的道德高尚的校长出现。

感悟

01

02

03

4.26 距离之美

> 子游曰:"事君数①,斯②辱矣;朋友数,斯疏矣。"

子游说:"侍奉君主太烦琐,就会受侮辱;对待朋友太烦琐,就会被疏远。"

孔子儒学的实践理性特征,在这一章再次被凸显出来。子游的这段话,是经验总结,也是人生智慧。

作为下属,积极入世,渴望地位,渴望作为,渴望立功,于是不厌其烦地侍奉领导;非常遗憾,领导往往把这样的下属当作奴才使唤,不珍惜也不尊重。这样的例子很多。很多人选择"宁静致远"的生活方式,以退为进的生存方式,潜心做学问,真诚帮朋友,努力干事业。客以稀为贵,朋友走动太频繁,便不是贵客。对待朋友烦琐,往往也不被尊重。距离产生美感,距离影响态度。

---

①数(shuò):屡次,这里引申为烦琐的意思。②斯:就。

感悟

01

02

03

04

05

06

07

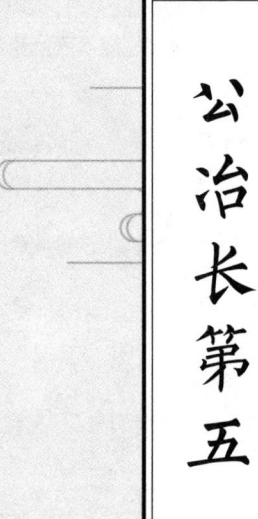

公冶长第五

5.1 识人之明

> 子谓公冶长①:"可妻也。虽在缧绁②之中,非其罪也。"以其子③妻之。

孔子评论公冶长:"可以把女儿嫁给他。他虽然身陷牢狱,但这并非他的罪过呀。"于是,孔子就把女儿嫁给了他。

姜尚垂钓渭水,周文王起用他为相,并因之得天下,可谓有识人之明。百里奚为奴隶,秦穆公用五张羊皮买到他,并起用为相,使秦国走向富强,可谓有识人之明。孔子在公冶长身处缧绁之时,把女儿嫁给他,亦可谓有识人之明。认识一个人容易,但是在一个人最困顿的时候就能非常准确地认识他,这种前瞻性眼光非常难得。

为教和为政者,都需要这种眼光啊!左宗棠曾这样悼念曾国藩:"谋国之忠,知人之明,自愧不如元辅;同心若金,攻错若石,相期无负平生。"翻译成现代汉语是:"谋国事忠诚,任人唯贤唯能且有先见之明,我很惭愧不如元辅(曾国藩);同心如金一般坚固,相互切磋,如玉石打磨,越来越美,道义相期不枉此生。"曾国藩之后,洋务运动依然后继有人,中兴事业依然后继有人,很大程度上是因为曾国藩有

---

①公冶长:孔子弟子,姓公冶,名长,齐国人。②缧绁(xiè):捆绑犯人的绳索,这里借指牢狱。③子:无论儿女均称子。

"识人之明";清朝中兴最终昙花一现,却也是因为曾国藩仅仅有"识人之明",而无政治主张和政治远见,倘若他能够在早年接受西方文化的熏陶,以文化托梦人的身份实现中华文化的传承创新,清朝中兴或许会是另一种局面。

感悟

01

02

03

5.2 进退自如

> 子谓南容①:"邦有道,不废;邦无道,免于刑戮。"以其兄之子妻之。

孔子评论南容:"国家有道时,他能够做官;国家无道时,他可以免于刑戮。"于是把自己的侄女嫁给了他。

有道不废,无道免戮,能做到这点的肯定是修为很高的人,所以孔子信任他,把侄女嫁给他。这里仍旧是讲识人之明,看人品,看潜质,看发展,看未来。自古以来,能够在困顿中预知一个人的未来,并且敢嫁女或者嫁侄女的,恐怕也只有先哲孔子了。现在很多家长帮子女择偶,往往看票子,看房子,看车子,而不看人品,不看才气,不看发展。侯门深似海,豪门也深似海,幸福与否,冷暖如何,只有当事人知道。孔子为女儿和侄女择偶的标准和方法,也许值得当代家长们学习,值得当代少女们参考。

---

①南容:孔子的学生,姓南宫,名适(kuò),字子容。

5.3 教育自信

> 子谓子贱①:"君子哉若人②!鲁无君子者,斯焉取斯③?"

孔子评论宓子贱说:"真君子啊,这个人!假如鲁国没有君子,这样的人从哪里学到这种好品德呢?"

孔子开平民教育先河,以教育改变平民的命运,打破固化的利益阶层,给平民百姓以发展机会和空间。看到自己的教育成果,当然充满自信:"鲁国因为有我这样的君子,才能培养子贱这样的君子。"

教师必须是君子,不是君子的应该学习做君子,这应该成为教师这个特殊职业的基本特征。目光短浅的教师如何能培养出高瞻远瞩的伟人?心胸狭隘的教师如何能培养情怀博大的英才?猥琐低俗的教师如何能培养高尚优雅的公民?教师以君子的人格磁场、学养磁场影响下一代,方有可能培育比自己更加优秀的人才,国家民族方能不断进步。如果一个国家,一个民族,最优秀的人才争着当教师,那么这个国家就是世界上最有竞争力的国家,这个民族就可以自立于世界强族之林!

---

①子贱:孔子学生。姓宓(mì),名不齐,字子贱。②若人:这个人。③斯焉取斯:斯,此。第一个"斯"指子贱,第二个"斯"指子贱高尚的品德。

5.4 国之重器

> 子贡问曰:"赐也何如?"子曰:"女,器也。"曰:"何器也?"曰:"瑚琏①也。"

子贡问孔子:"我这个人怎么样呢?"孔子说:"你,是个器具。"子贡又问:"什么器具呢?"孔子说:"宗庙里盛黍稷的瑚琏。"

孔子说:君子不器。此处又说得意门生子贡是"器",而且这个"器"是"瑚琏"。如何理解?"君子不器"是相对于自身修养的"道"和"器"的关系而言。君子应当重道而不是重器,做人是第一要务,学技术是第二位的。从人才教育规格来讲,君子应当努力做有理想、有信仰、有思想、有思路、有办法的"自用之才",也就是帅才;而不仅仅是做一个缺少主见,拿不定主意,不能掌握自己命运的"备用之才"。孔子并非重"道"而轻视"器",孔子只是提醒君子不能只是有技术,不能只是懂技术,还需要有思想,有理想,有责任感,有使命感!"道""器"兼修才是孔子人才规格的精髓,因为孔子的课程结构——礼、乐、射、御、书、数中就包含了"道""器"两个方面的内容。

此处的"器"是从国家层面上讲的。孔子对子贡这个成大器的弟子,

---

①瑚琏:古代祭祀时盛黍稷的器具。

十分满意,十分自豪。为什么独独取瑚琏作比喻呢?一则瑚琏是装粮食的器具,这与子贡为孔子的教育教学提供钱粮资助的作用具有功能性的相似,这个比喻里有感激,有赞扬;二则瑚琏乃国家祭祀时的器具,暗示了子贡乃国之重器,这里则是骄傲和自豪!

感悟

01

02

03

5.5　仁者不佞

> 或曰："雍①也仁而不佞②。"子曰："焉用佞？御人以口给③，屡憎于人；不知其仁④，焉用佞？"

有人说："冉雍这个人有仁德但不善辩。"孔子说："何必要能言善辩呢？靠伶牙俐齿与人辩论，常常招致别人讨厌；不知其是否仁厚，何必与之辩论呢？"

儒家主张"内敛"，提倡"慎于言"。孔子针对有人对冉雍的评论，提出自己的看法：以仁德服人，不以强词服人；不仁之人，不值得辩论。与修养、学养很差且强不知以为知、爱出风头、爱耍嘴皮子的人讨论问题或交流思想，很多时候真的很累很无味。修养差，可以提升，学养差，可以积累；但是，内心狡诈，想改好却不容易。尽管如此，为教者与修养相对差、学养相对浅的后生交流、探讨，提携提升他们，那是天赋使命，也是职责所在！

---

①雍：姓冉，名雍，字仲弓，孔子的学生。②佞（nìng）：能言善辩，有口才。③口给：言语便捷、嘴快话多。④不知其仁：孔子表示否定的时候，很少直接说出来，而是说"不知"。

5.6 自知之明

> 子使漆雕开①仕。对曰:"吾斯之未能信。"子说②。

孔子让漆雕开去做官。漆雕开回答道:"我对做官这件事还没有信心。"孔子听了很高兴。

孔子主张学有余力,就应当做官,造福人民,造福国家。漆雕开说没有做官的信心,孔子高兴的是弟子有自知之明。孔子认为,德行达到一定境界,才能做官,才能出淤泥而不染,才能为民造福。儒家"学而优则仕"的价值取向与现代有些知识分子对权力、金钱、地位的过分渴望与追逐,形成了鲜明的反差。孔子儒学的复兴,最大的政治意义就是唤醒中国读书人对生命价值的崇高追求,以这种唤醒改变读书人,改变知识分子,改变社会。比如,公务员如果懂得"死亡只是生命的过程,而不是生命的结束",懂得用有限的生命去追求永恒的价值,那么他不可能贪婪,不可能贪污,不可能放纵自己,不可能做人做事无底线;同样,教师如果懂得"死亡只是生命的过程,而不是生命的结束",生命之可贵在于生命的永恒价值,很多人会效法孔子,以宇宙尘埃的生命修炼成照亮人类前行的"恒星"!

---

①漆雕开:孔子的学生,姓漆雕,名开,字子开。②说(yuè):同"悦"。

5.7 乘桴浮海

> 子曰:"道不行,乘桴①浮于海,从②我者,其由与。"子路闻之喜。子曰:"由也,好勇过我,无所取材③。"

孔子说:"如果我推行的道行不通,我就乘上木筏子漂洋过海,能跟从我的大概只有仲由吧。"子路听了很高兴。孔子说:"仲由啊,好勇超过了我,就是不知道如何修剪磨炼自己。"

社会转型期的价值扭曲和信仰迷失,使孔子清醒意识到自己的主张可能得不到认可,无法付诸实践。本章读出了孔子"知其不可而为之"的无奈,读出了孔子和儒家的独特退隐方式——在中国不能推行我的道,就到海外去传道——这是非常明智的选择。

从某个特定的时代节点开始,儒学式微,很多儒学大师,如熊十力、梁漱溟、马一浮、冯友兰、张君劢、钱穆、方东美、唐君毅、牟宗三、徐复观等都面临着"道不行"的困境。张君劢、钱穆、唐君毅、牟宗三、徐复观等选择"乘桴浮于海",到海外研究和传播儒学,结果儒学血脉在港、澳、台,以及东南亚、美国等地得以延续,才有今天儒学返本开新的局面,实则是中国文化的幸运!

---

①桴(fú):用来过河的木筏子。②从:跟随、随从。③材:同"裁",剪裁,引申为自我修炼。

5.8 仁无止境

> 孟武伯问："子路仁乎？"子曰："不知也。"又问。子曰："由也，千乘之国，可使治其赋①也，不知其仁也。""求也何如？"子曰："求也，千室之邑②，百乘之家③，可使为之宰④也，不知其仁也。""赤⑤也何如？"子曰："赤也，束带立于朝⑥，可使与宾客⑦言也，不知其仁也。"

孟武伯问孔子："子路做到了仁吧？"孔子说："不知道。"孟武伯又问。孔子说："仲由嘛，可以让他管理拥有千辆兵车的国家的军事，但我不知道他是否达到仁。"孟武伯又问："冉求这人怎么样？"孔子说："冉求啊，可以让他在一个有千户人家的公邑或有百辆兵车的采邑里做行政总管，但我不知他是否达到仁。"孟武伯又问："公西赤又怎么样呢？"孔子说："公西赤啊，可以让他穿着礼服，站在朝廷上，接待贵宾，我也不知道他是否做到了仁。"

仁无止境，即便能够成为军事长官、行政长官、外交长官，也不意味着就达到了"仁"的境界。换一句话说，"仁"是人生的最高境界，也许

---

①赋：兵赋，军事工作。②邑：古代庶民的聚居点。③家：指卿大夫受封于诸侯的采邑。④宰：家臣、总管。⑤赤：孔子的学生，姓公西，名赤，字子华，生于公元前509年。⑥束带立于朝：穿着礼服立于朝廷。⑦宾客：宾客连用意思相同，意即贵宾。对用则不同，宾是贵客，客是普通客人。

只有当心中没有恨，只有爱，只有柔软，只有包容，只有给宇宙以道德终极关怀的悲天悯人的情怀的时候，才算是"仁"吧！

西方人以神话为依托的《圣经》，传播到全世界，影响全世界，尤其是新教伦理直接推动了资本主义的原始积累和发展；我们以伦理实践为根基的《论语》，其可信度、真实度、真诚度远胜于《圣经》，却长期被误解、误导或弃之如敝屣，令人痛心扼腕。我以为，《论语》应成为教师、学生、公务员、公民必读之书。用心读懂《论语》，用心体会《论语》精神，用心吸收《论语》精华，灵魂会得到升华，思想境界会更加高尚，内心世界会更加仁厚，价值判断会更加符合道义，精神境界会更加崇高，伦理情怀会更加醇厚，对于亲情、友情、爱情会更加珍惜，对于未来会抱有更高的期待。《论语》所传递的思想、价值观、伦理、情感具有很强的普适性，是中国人构建精神家园不可或缺的资源。

5.9 闻一知十

> 子谓子贡曰:"女与回也孰愈①?"对曰:"赐也何敢望回?回也闻一以知十②,赐也闻一以知二③。"子曰:"弗如也。吾与女弗如也。"

孔子对子贡说:"你和颜回谁更优秀呢?"子贡回答:"我怎么敢和颜回相比呢?颜回知其一便可类推全部,我知其一只能类推其二。"孔子说:"是不如他啊,这一点我和你都不如他啊。"

颜回"人不堪其忧,回也不改其乐"的求道境界、"君子固穷"的本色、"闻一知十"的学习方法等都值得我们学习研究。但是,这一章的精彩在于孔子的教育方法。孔子之可贵在于称赞颜回的同时,又能保护子贡的自尊心,以自己陪衬子贡。不少人都把最后一句翻译为:"是不如他,我赞成你的意见,你不如他。"这不是大教育家孔子,以孔子的教育智慧,他的意思应该是:"是不如啊,这一点我与你都不如他。"教师在教育教学实践中,也提倡这样做:非常坦诚地告诉学生自己的不足,并努力学习学生之所长。身为领导,善于听取下属的意见,善于体察民情,才有可能做一个百姓爱戴的好官。身为教师,如果能够时常发现和表扬学生超越自己的地方,对学生是莫大的鼓励,甚至会成为学生终身进取的动力。教师甘为人梯的精神通过谦虚的方式表达出来,可以产生意想不到的激励效果。

---

①愈:胜过、超过。②十:指数的全体,前人解释为"一,数之始;十,数之终"。③二:前人解释为"二者,一之对也"。

5.10 言行一致

> 宰予昼寝，子曰："朽木不可雕也，粪土之墙不可杇①也，于予与何诛②？"子曰："始吾于人也，听其言而信其行；今吾于人也，听其言而观其行。于予与③改是！"

宰予白天睡觉，孔子说："腐朽的木头无法雕刻，粪土垒的墙壁无法粉刷。对于宰予，还能责备什么呢？"孔子说："起初我对于人，是听了他说的话便相信他的行为；现在我对于人，是听了他讲的话还要观察他的行为。是因为宰予改变了我的态度啊！"

儒家倡导勤奋，对于"饱食终日，无所事事"的行径往往严加责备。儒家对生活、学业、事业、人生都强调进取、积极、自强不息，因此，孔子批评宰予在情理之中。责备之后，孔子并没有将其驱逐出孔门，仍对他抱有期待，甚至还称赞过宰予。最为难得的是，孔子从宰予的言行不一中，改变了自己过往识人方式的不足，第一次提出了"听其言而观其行"，体现了儒家言行一致的伦理取向。"听其言而观其行""学而时习之"正是王阳明提出"知行合一"思想的伦理基础。

偶尔有朋友向他人推荐《论语心读》，说《论语心读》是当代人最好的心灵鸡汤，我非常不以为然，立即反问："您读完《论语心读》了

---

①粪土：腐土、脏土。杇（wū）：抹墙用的抹子，在这里用作动词，用抹子粉刷墙壁。②诛：责备、批评。③与：语气词。

吗？"不用听他的解释我都知道，一定是没有完整地读，甚至基本没有读。因为《论语心读》主张回到先秦，主张回到原儒，主张回到孔、孟、荀，主张以天下为己任。《论语心读》不是建议读者放下这个世界，不是建议读者和光同尘，不赞成向世俗的消极、腐朽、腐败妥协，而是呼吁读者重拾沉重的天赋使命，重建厚重的伦理情怀，重建坚毅的核心价值观，重建以人为本的哲学信仰，重建"天行健，君子以自强不息"的信念。孔子责备宰予，意在斯乎，意在斯乎！

感悟

01

02

03

5.11 无欲则刚

> 子曰:"吾未见刚者。"或对曰:"申枨①。"子曰:"枨也欲,焉得刚?"

孔子说:"我没有见过刚强的人。"有人回答说:"申枨刚强。"孔子说:"申枨这个人欲望太多,怎么能刚强呢?"

无欲则刚,是中国人耳熟能详的成语,也是孔子重要的伦理逻辑。"刚"当然不是血气之勇,而是内心的力量,没有自私的欲望,人的心力就十分强大。如果年少时能读到《论语》,我会在那个年代里少很多冲动;如果年轻的时候能研究《论语》,我会放弃诸多欲望,心无旁骛地研究教育,潜心学术。每读《论语》,感慨良深,相见恨晚!所以,我很希望教师读者能把《论语心读》融进课堂,很希望家长读者能把《论语心读》带回家庭。如果每个学生都能通过阅读《论语心读》让孔子儒学精神走进灵魂,那么数十年后他们都会有相同的感慨:无悔此生!

---

① 枨:音 chéng。

5.12 将心比心

> 子贡曰:"我不欲人之加诸我也,吾亦欲无加诸人。"子曰:"赐也,非尔所及也。"

子贡说:"我不愿别人强加于我,我也不愿强加于别人。"孔子说:"赐呀,这就不是你所能控制的了。"

这句话的思想其实就是"己所不欲,勿施于人",现代语境的解释为"换位思考,尊重他人"。这是儒家的"恕"道,是儒家最重要的伦理情怀。同时,也是本土自由主义的滥觞,包含了对多元文化、多元价值的尊重。过去有个误区,认为是儒学导致中国实行了长达2000多年的专制统治和集权政治制度。事实不然:一则原生态的儒学中已有自由主义的萌芽;二则原生态儒学当中已有"君子和而不同"的价值取向;三则五四运动以来民众对儒家几乎是彻底的否定,但是五四运动后,蒋介石等人都还是选择了集权政治,其文化基础、哲学基础肯定不在儒家,更不在原生态的儒家。原生态儒家属于贬天子、退诸侯、讨大夫、启民智的平民之学。儒家思想无论是对个人修养,还是对教育和社会管理,都有重要的意义。

5.13 贵在有心

> 子贡曰:"夫子之文章,可得而闻也;夫子之言性与天道,不可得而闻也。"

子贡说:"老师讲授的《礼》《乐》《诗》《书》等方面的知识,依靠耳闻是能够学到的;老师讲授的天性和天道的理论,依靠耳闻是不能够学到的。"

有文献可依的东西,能够听得到,但是人性和天命的问题却需要主体的感悟,仅仅靠耳朵听讲授无法达到融会贯通的境界。人性和天道只可意会,不可言传。做学问和做人都需要用心,需要静心,需要真心。儒家的"静"是一种修身方法:"知止而后有定,定而后能静,静而后能安,安而后能虑,虑而后能得。"知道"至善"的境界,就能确定前进的方向;确定了前进的方向,内心才能宁静;内心宁静了,才能泰然处世;泰然处世,坦然前行,才能最终达到"至善"的目标。道家的"静":"致虚极,守静笃。"清除一切欲望,坚守心出宁静,则静极而生动,新的生机由此而萌发。释家的"静"就是"顿悟",禅宗佛教讲究"静"的功夫,通过"静"而"明心见性""见性成佛"。孔明提出的"宁静致远"已经开始出现儒道融合的迹象,宋明理学则深受道家、佛家的影响而创立了背离原儒精神的"新理学"。滚滚红尘,文化焦虑,人心浮躁,人们实在需要学习儒释道的"静"的功夫,尤其是儒家"静"的功夫,非宁静无以致远!

5.14 诚惶诚恐

> 子路有闻，未之能行，唯恐有闻。

子路听到一种道理，还没有来得及付诸实践，唯恐又听到新的道理。

读此章，子路急躁的性格跃然纸上。我们能够感受到孔子儒家"士志于道"的执着——"知行合一"。"知"就是智慧。孔子儒家"知行合一"的哲学思想可以做一个纵向的解构，分解为三步：第一步是植根于心，某种思想、理念如"自强不息"，内心认同，方可成为动力；第二步是见之于行，因为认同，所以付诸实践，所以愈挫愈奋，百折不挠；第三步是行为自觉，当某种思想、理念如"自强不息"通过认同而坚持、坚守，最终成为行为自觉，成为性格特征，成为生活方式，成为生命常态，就达到了"知行合一"的伦理哲学境界。做人需要"知行合一"，做学问需要"知行合一"，做教育更需要"知行合一"。中国教育，尤其是道德教育失败的根本原因，恰恰在于背离了"知行合一"的哲学传统。

5.15 敏而好学

> 子贡问曰:"孔文子①何以谓之'文'也?"子曰:"敏②而好学,不耻下问,是以谓之'文'也。"

子贡问道:"为什么给孔文子'文'的谥号呢?"孔子说:"他聪敏勤勉而好学,不以向地位卑下的人请教为耻,所以给他'文'的谥号。"

学者敏而好学,不耻下问,往往可以成大器;企业家敏而好学,不耻下问,往往可以成大业;官员敏而好学,不耻下问,往往可以造福百姓。孔子称赞孔文子,其实也是在强调自己的观点:学习改变命运。孔子不仅提出了终身学习的思想,而且自己第一个实践,从而完成了从凡人到圣人的蜕变,完成了从理想青年到成功人士的升华,完成了从公职人员、教师、学者到思想家、哲学家、教育家的升华——孔子或许正是以其终身学习的思想和实践完成了自己在人类文化史上的定格。

---

①孔文子:卫国大夫孔圉(yǔ),谥号"文","子"是尊称。②敏:敏捷、勤勉。

5.16 君子之道

> 子谓子产①有君子之道四焉："其行己也恭,其事上也敬,其养民也惠,其使民也义。"

孔子认为子产有四种君子人格："他自己行为庄重,他侍奉君主慎重,他管理百姓慈惠,他役使百姓有情义。"

子产在郑简公、郑定公之时执政。其时,晋国当悼公、平公、昭公、顷公、定公五世,楚国当共王、康王、郏敖、灵王、平王五世,正是两国争霸、战乱不息的时候。郑国地处要冲,周旋于这两大国之间,子产却既不低声下气,也不妄自尊大,使国家安定,保持尊严,的确是中国古代一位杰出的政治家和外交家。孔子对子产的评价很高,认为治国安邦就应当具有子产的这四种品德:行为庄重、尊敬上司、爱护百姓、依法行政。要求似乎不高。这十六个字,四种品德如能成为今天公务员的群体品质,则人民幸甚,民族幸甚,国家幸甚!

---

①子产:姓公孙名侨,字子产,郑穆公的孙子,春秋贤相,在郑简公、郑定公时期执政22年。

5.17 仁者之爱

> 子曰:"晏平仲①善与人交,久而敬之。"

孔子说:"晏平仲善于与人交朋友,相识久了,别人仍然保持对他的尊敬。"

晏平仲并不喜欢孔子,孔子却能给予他公正评价,因为孔子是仁者,公正地爱人,公正地恨人,孔子倡导"唯仁者能好人,能恶人",自己先做到了。晏平仲善于与人交往,主要表现在不失人臣之礼,不失朋友之礼,发乎诚而止乎礼。晏平仲也善于处理国家之间的关系,国家之间的关系除了依靠诚和礼,更重要的是依靠智慧,博弈的智慧。《晏子使楚》的故事就表现了他的外交智慧。

---

①晏平仲:齐国的贤大夫,名婴,谥号"平"。

5.18 何为不智

> 子曰:"臧文仲居蔡①,山节藻棁②,何如其知也?"

孔子说:"臧文仲为一只名为'蔡'的大龟盖了一间屋子,有雕成山的形状的斗拱,画以水藻花纹的梁上短柱(这都是僭越的行为),他这个人怎么能算是有智慧呢?"

臧文仲在当时被人们称为"智者",但他不守礼法。他不顾周礼的规定,修建了藏龟的大屋,装饰成天子宗庙的式样,僭越之举的背后,是破坏秩序和劳民伤财,所以孔子指责他不仁、不智。孔子对礼的维护,其实是对社会稳定的维护,对正常秩序的维护,对民众利益的维护。某个时期曾经有不少县级市的党政公检法机关的办公大楼,或像天安门,或像白宫,或像白金汉宫,或像克里姆林宫,对此,中共中央也深感忧虑,忧虑的不是其"僭越",忧虑的是劳民伤财,忧虑的是政风奢靡的危害,忧虑的是腐败影响执政党的形象、根基和地位。以壮士断腕的决心反腐,为实现中华民族伟大复兴提供了坚实基础。

---

①臧文仲:姓臧孙,名辰,谥号"文"。蔡:国君用以占卜的大龟,占卜认为龟越大越灵。蔡地产大龟,所以古人把大乌龟叫蔡。②山节藻棁(zhuō):把斗拱雕成山形,在棁上绘以水草花纹。这是古时装饰天子宗庙的做法。节,柱上的斗拱。棁,房梁上的短柱。

5.19 仁人难见

子张问曰:"令尹①子文三②仕为令尹,无喜色;三已③之,无愠色。旧令尹之政,必以告新令尹。何如?"子曰:"忠矣。"曰:"仁矣乎?"曰:"未知。焉得仁?"

"崔子弑齐君④,陈文子⑤有马十乘,弃而违之,至于他邦,则曰:'犹吾大夫崔子也。'违之。之一邦,则又曰:'犹吾大夫崔子也。'违之。何如?"子曰:"清矣。"曰:"仁矣乎?"曰:"未知,焉得仁?"

子张问孔子说:"楚国宰相子文几次被任命,从无得意之色;几次被罢黜,也没有怨恨之色。他交接工作时,一定把政事全部告诉继任的新宰相。这个人怎么样?"孔子说:"可算是忠。"子张问:"算得上仁吗?"孔子说:"不知道。何以见得是仁呢?"

"齐国大夫崔杼杀了他的君主齐庄公,齐国大夫陈文子家有四十匹马,都舍弃不要,离开了祖国,到了其他国家,他说:'这里的执政者也和我们齐国的大夫崔子差不多。'就离开了。陈文子到了另一个国家,又说:'这里的执政者也和我们的大夫崔子差不多。'又离开了。这个人怎么

---

①令尹:楚国相当于宰相的官名。②三:多次。③已:被罢免。④崔子:齐国大夫崔杼(zhù),曾杀死齐庄公。弑(shì):在下位的人杀了在上位的人。齐君:即被崔杼所弑的齐庄公。⑤陈文子:齐国的大夫,名须无。《左传》中没有记载他在其他诸侯国的事情,却记载了他回到齐国以后的很多行为。

样?"孔子说:"可算得上清高了。"子张说:"可以说是仁了吗?"孔子说:"不知道。何以见得是仁呢?"

令尹陈文子忠于君主可视为忠,不与逆臣为伍可算清高,但都还算不上仁。因为在孔子看来,"忠"只是仁的一个方面,"清"则是维护礼的殉道精神。所以,仅有忠诚和清高是远远不够的。真正的仁者,不仅是忠于职守或远离邪恶,而应想方设法改变现状,就算没有管仲"一匡天下"的胆识智谋,就算没有王阳明龙场悟道的大智和平定叛乱的大勇,至少也应当以教为政,造福社会。

在孔子的眼里,或许柳下惠才是仁者。柳下惠为士师(典狱官),多次被罢免。有人说:"您难道就不可以离开吗?"柳下惠回答:"正道而行,怎么可能避免多次罢免的命运呢?如果放弃原则做官做事,又何必离开祖国呢?"真正的仁者当如柳下惠,心中有慈悲,心中有底线,心中有责任,为民谋福祉是仁的根本;共产党人全心全意为人民服务的宗旨,显然有原始儒家的情怀和血脉在里面!

5.20　三思后行

> 季文子①三思而后行。子闻之，曰："再，斯②可矣。"

季文子要前前后后思量很多次才行动。孔子听了说："考虑两次也就可以了。"

孔子针对季文子谨慎的性格，提出了"两次就可以"，这是孔子的"智慧"——知人之明。

对于上位者来说，有些事情需要"三思后行"，尤其是事关全局、事关千家万户、事关子孙后代的大事情，更应该"三思后行"。比如，教育政策的制定和颁布，就需要反复调查研究，反复比照权衡，因为教育政策影响到千家万户，影响到民族未来。但是，很多特殊时期，需要当机立断，尤其是生死存亡关头；优柔寡断，会贻误战机，抱憾终身，甚至遗臭万年。崇祯皇帝疑神疑鬼、优柔寡断，同时又要在大臣面前展现"当机立断"的皇权神威，结果把国家的最后一根顶梁柱袁崇焕给凌迟处死，不幸使明朝从此亡了。崇祯皇帝不是当机立断，而是刚愎自用！谋国是，谋大局，谋未来，既要有三思后行的缜密和慎重，也要有当机立断的气魄和能力。

---

①季文子：姓季孙，名行父，谥号"文"，鲁成公、襄公时任正卿。②斯：就。

5.21 愚不可及

> 子曰:"宁武子①,邦有道则知,邦无道则愚②。其知可及也,其愚不可及也。"

孔子说:"宁武子这人,国家太平政治清明,他显露出他的智慧;国家无道政局昏暗,他就装糊涂。这聪明别人可以做到,这糊涂别人可做不到啊。"

很多学者曾经把这一章作为攻击孔子"中庸之道"的证据,这种判断是建立在对"中庸之道"的误解和曲解基础上的。"中庸之道"是某个时期最适合的治世思想、理念、方法、方案等,是方法论,是一种哲学境界,并不存在某种具体的表现形态。

在治世,一个人没有作为、没有进取、没有贡献、没有担当,在儒家看来,这是不智慧的行为。"居庙堂之高,则忧其民;处江湖之远,则忧其君",这恐怕是治世的智慧。在乱世,胡作为、乱作为,为不值得的事情牺牲自由甚至生命,也属于不智慧的行为。孔子周游列国,宣扬自己治理乱世的解决方案——王道,但是,穷奢极欲的短视诸侯,没有人能够真正懂得孔子之道,孔子最后选择以教为政,用教育改变学生进而通过学生改变社会。这恐怕是孔子的"愚不可及"吧。

---

①宁武子:姓宁,名俞,卫国大夫,谥号"武"。②愚:装傻,装糊涂。

其实在太平盛世，有时候也需要糊涂，也需要宁武子的"愚"。萧何为汉代名相，去世前推荐曹参接替相位。曹参接替萧何以后，对于当朝的所有政治制度一字不改，每天只是喝酒散步打发时光，然后看看政策执行情况，有偏差就整改。刚刚即位的汉惠帝，颇为狐疑，误认为曹参瞧不起自己。汉惠帝甚至让曹参的儿子去试探曹参，结果曹参把儿子大骂一顿。汉惠帝无奈，直截了当地问曹参："爱卿何故如此消沉，朝政一点改革都没有？是不是不把朕放在眼里？"曹参连忙磕头，委婉问："陛下与高祖刘邦相比如何？"惠帝说："相差很远。"又问："萧何比臣如何？"惠帝说："相差很远。"曹参说："陛下英明，既然高祖和萧何比陛下和臣都高明，那我们怎么能拿出比他们更好的政策呢？能照着做，就不错了。"惠帝豁然开朗。

其实这就是孔子所说的为政最高境界："愚"。非常遗憾，历史上不少新官上任，一定会烧起三把火，甚至不惜代价、不择手段攻击和否定前任，目的是要表现自己高于前任的智慧，结果当然是自己"裸奔"，百姓遭殃。这不是智慧，而是愚蠢！

5.22 痴情不改

> 子在陈①曰:"归与!归与!吾党之小子狂简②,斐③然成章,不知所以裁④之。"

孔子在陈国说:"回去吧!回去吧!我家乡的学生有远大志向但行为粗率简单,文章文采斐然,却不知道如何节制自己。"

孔子说这话时,正当鲁国季康子执政,欲召孔门弟子冉求回去协助政务。所以,孔子说,回去吧,回去为官从政,实现他们的抱负。孔子讲这段话时,心中充满自豪,虽然自己的主张不被诸侯采纳,但是自己的学生冉求可以从政,可以努力实践自己的政治理想。同时,也为自己回国感到慰藉:以教育改变学生,以教育改变社会,这个理想看来是可以实现的。与其在外漂流,对牛弹琴,还不如着眼于长远,着眼于未来,回去鲁国,整理文献,研究学术,培养学生。孔子对以教育达成政治目标的追求十分执着,痴情不改,所幸的是孔子最终成就了自己的理想,用太阳一样的光芒照亮一个民族走向文明、走向辉煌!

---

①陈:陈国,在今河南东部和安徽北部一带。②吾党:我的故乡。党,五百家为一党。小子:学生。指孔子在鲁国的学生。狂简:志向远大但行为粗率简单。③斐(fěi):有文采。④裁:裁剪,节制。

5.23　不念旧恶

> 子曰:"伯夷、叔齐①不念旧恶,怨是用希②。"

孔子说:"伯夷、叔齐两人不对过去的仇恨念念不忘,怨恨因此也就少了。"

大丈夫当如伯夷、叔齐,相逢一笑泯恩仇,放下怨恨,放过敌人,也放过了自己。做人何必自己折腾自己?特别令人称道的是,伯夷、叔齐反对"以暴易暴",其精神超越了忠孝伦理,超越了王朝更迭,超越了时空界限,且代有传承者。梁启超生前,面对辛亥革命和国民革命,强烈反对以暴易暴,曾经预言:如果以暴力压制暴力,以革命推翻旧政权,不仅要付出数以千万计的生命,而且换来的必将是一个新的专制政权。辛亥革命和国民革命的历史演变,竟然让梁任公一语成谶!

---

①伯夷、叔齐:商朝末年孤竹君的两个儿子。父亲死后,二人互相谦让君位,双双逃到周文王那里。周武王起兵伐纣时,他们认为这是以臣弑君,以暴易暴,不忠不孝,曾立于车马前劝阻说道:"父死不葬,爰及干戈,可谓孝乎?以臣弑君,可谓仁乎?"左右欲兵之。太公曰:"此义人也。"扶而去之。周灭商统一天下后,他们以吃周朝的粮食为耻,逃进深山中以野草充饥,饿死在首阳山中。这是《史记》卷六十一记载的事情。
②希:同"稀"。

5.24　真诚无价

> 子曰:"孰谓微生高①直?或乞醯②焉,乞诸其邻而与之。"

孔子说:"谁说微生高直率?有人讨醋,他到邻居家讨了给人家。"

儒家伦理就是从日常生活中得来,对微生高的评价体现了孔子的伦理取向:真诚可贵!有就是有,没有就没有。微生高直率吗?在孔子看来当然不是。有人来讨点醋,自己没有,就应当坦诚相告,并建议到邻居家去借。微生高的做法是自己跑到邻居家里去借,回来再给来讨要醋的人。微生高的做法,如果是急人之急,那是美德;如果是赢得人情,那是缺德;如果是打肿脸充胖子,那是虚伪。如果经常这么做,真的很累。海德格尔提倡人要诗意栖居,唯其如此,才能活出生命的本真,才能活出生命的永恒。没有真诚,何来永恒?

---

①微生高:姓微生,名高,鲁国人。②醯(xī):醋。

5.25 铭亦耻之

> 子曰:"巧言、令色、足恭①,左丘明②耻之,丘亦耻之。匿怨而友其人,左丘明耻之,丘亦耻之。"

孔子说:"见风使舵的言语,献媚讨好的脸色,低三下四的恭敬,左丘明认为这种人可耻,我也认为可耻。把怨恨装在心里,装出友好的样子,左丘明认为这种人可耻,我也认为可耻。"

"巧言、令色、足恭",左丘明耻之,丘亦耻之,铭亦耻之!非常遗憾,这几件被认为是可耻的事在当今社会却成了普遍现象,为了达到目的,"匿怨而友其人"者大有人在,不以为耻,反以为能,知识分子圈子也不例外。

"匿怨而友其人"在大局面前另当别论:抗战时期,国难当头,五十九军军长张自忠奉第五战区司令长官李宗仁之命,驰援过去内战时期出卖过自己的庞炳勋,张将军以大局为重,以民族为重,以国家为重,放弃个人恩怨,与庞炳勋真诚携手,以劣势装备,逆袭日军精锐板垣师团,取得临沂大捷,为台儿庄战役胜利铺垫第一块基石。③在国家民族生死存亡之际,张自忠将军对庞炳勋将军"匿怨而友其人"的壮举,已经成为千古美谈。

---

①足恭:过分地恭敬。②左丘明:鲁国史官,相传是《左传》的作者。③据《兰台世界》2011年第7期《临沂战役中的张自忠和庞炳勋》。

5.26 志在苍生

> 颜渊、季路侍①。子曰："盍②各言尔志？"
> 子路曰："愿车马，衣轻裘，与朋友共，敝之而无憾。"
> 颜渊曰："愿无伐③善，无施劳④。"
> 子路曰："愿闻子之志。"
> 子曰："老者安之，朋友信之，少者怀之⑤。"

颜渊、子路两人侍立在孔子身边陪着。孔子说："你们何不说说自己的志向？"

子路说："我愿意拿出自己的车马、华美的衣服、轻暖的皮袍，与朋友共享，坏了也不抱怨。"

颜渊说："我不夸耀自己的长处，不炫耀自己的功劳。"

子路问孔子："想听听您的志向。"

孔子说："（我的志向是）让年老的安逸度过晚年，让朋友（此处引申为人与人）之间相互信任，让年幼者得到关怀帮助。"

"老者安之，朋友信之，少者怀之"的人生理想充溢着孔子儒家积极

---

①侍：服侍，站在旁边陪着上位者叫侍。②盍：何不。③伐：夸耀。④施：表白。劳：功劳。⑤少者怀之：让少者得到关怀。

的入世情怀。孔子哲学主张以人为本,孔子主张以民为本,志在天下苍生。可贵!可钦!可佩!为政者少讲些空话,少喊些口号,少说些假话和废话,多想想怎样安顿老龄人口,怎样建立诚信体系,怎样关怀教育下一代,足矣!

感悟

01

02

03

5.27 反求诸己

> 子曰:"已矣乎,吾未见能见其过而内自讼者也。"

孔子说:"完了呀,我还没看见过能够看到自己的错误,又能真心审判自己良知的人。"

这一章也是讲孔子儒家"反求诸己"的人生智慧。孔子感叹没有遇见过看到自己有错误而自觉进行良知审判的人,数千年来,谁做到了,谁就是成功者,要么因此成就事业,要么因此成就学术,要么因此成就人格。当然,能够坚持扪心自问,坚持审判自我,坚持反求诸己,往往能够同时成就人格、事业、学术,达到"立德、立功、立言"的人生至高境界。若非反求诸己,数十年如一日,坚持日记反思,曾国藩如何能完成从浪荡公子到中兴名臣、洋务重臣、理学名家的人生涅槃?

优秀传统文化是马克思主义中国化的重要思想源泉。反求诸己(自我批评)的人生智慧,不仅成为中共杰出领导人的智慧,也成了中国共产党的集体智慧。中共发展的历史,其实就是批评与自我批评的历史,批评和自我批评正是中共战胜艰难险阻的思想武器。因为批评和自我批评,中共摆脱了右倾机会主义的泥潭,摆脱了共产国际的不切实际的遥控,摆脱了"左"倾机会主义的毁灭,摆脱了无数几乎不可想象的困境,摆脱了苏联社会主义模式的局限,也因为批评和自我批评,中共迎来了一次又一次的突破和超越!

遗憾的是，当代很多人掌握了批评的武器，却丢失了自我批评的武器。太多的人习惯批评，喜欢批评别人，指责别人，却很少进行自我批评，很少甚至从来没有进行自我审判和反思。文化扭曲，礼贤下士的优良传统没有了，尊重知识、尊重人才的传统丢失了，敬畏生命和尊重人格的基本伦理抛弃了，有的是唯我独尊，有的是自以为是，有的是自我感觉良好，有些人甚至以辱骂下属为乐，侮辱下属人格的行为成为"家常菜"，蔑视知识和真理也成为常态。自我批评的哲学理性缺失，导致权力和财富成为是非标准和价值标准，这是文化的没落与颓废，一时的虚华或许是坍塌的前奏，很多人需要一场灵魂的自我救赎！

感悟

01

02

03

5.28 好学不已

> 子曰:"十室之邑,必有忠信如丘者焉,不如丘之好学也。"

孔子说:"即使是仅有十户人家的地方,也一定有像我这样忠诚信实的人,只是不如我好学罢了。"

这句话折射出孔子的教育观:学习改变命运。人非生而知之,好学如孔子者,必成大器。发明家爱迪生说:"天才等于百分之一的灵感,加百分之九十九的汗水。"孔子和爱迪生的话都富有实践理性的色彩,微小的差别在于孔子强调"好学",喜欢学习,热爱学习,对真理和未知充满了渴望和激情,当学习成为生活方式、工作方法、生命状态,人生就会改变,命运也会改变。期待学习能成为每个教师的生活方式、工作方法、生命状态,成为每个中国人的生活方式、工作方法、生命状态。诚如是,中华民族伟大复兴的中国梦指日可待!

感悟

01
02
03
04
05
06
07

雍也第六

6.1 服务社会

> 子曰:"雍也可使南面①。"

孔子说:"冉雍可以做官。"

"学而优则仕",学习而有余力应该去做官。孔子认为冉雍可以做官,意味着冉雍的德行科已圆满,应该去为社会服务。有学者戏称孔子的私学是"青年干部政治学院",这不无道理,只是孔子的教育比政治学院的教育更重视道德修养和真才实学。从这个"学院"毕业的学生,都是凭着人格、学养、能力接受社会的挑选和挑战。

孔子所在的时代,农业和林业尚未成为规模产业,农业技术、苗圃技术通过口耳传授已经可以满足人类的生存需要,农林技术没有进入孔学范畴是生产力的局限。其实,劳动技术教育在孔子的教育结构中并没有缺位,驾车就是劳动技术教育,射箭是军事技术教育,这两项是当时劳动和军事的巅峰技术。没有证据证明,孔子无视劳动技术教育。孔子的教育目的是让学生从事比维持生计的社会基础事业更高层次的社会发展事业,儒家的入世精神就体现在这里。由此可知,孔子属于改革派,自己的发展经历是对世袭制的否定,对雍也的评价也是对世袭制的否定。

---

① 南面:中国传统文化中的"尊位",故此处引申为做官。

6.2 居敬行简

> 仲弓问子桑伯子①。子曰:"可也,简②。"
>
> 仲弓曰:"居敬③而行简④,以临⑤其民,不亦可乎?居简而行简,无乃⑥大⑦简乎?"子曰:"雍之言然。"

仲弓问孔子,子桑伯子是怎样的人。孔子说:"还可以,简简单单。"

仲弓说:"居处恭敬而行事简要,这样治理百姓,不也可以吗?居住的环境简单,办事简洁,岂不太简单吗?"孔子说:"冉雍,你说得对。"

为教者需要居处恭敬而行事简洁:一则身教重于言传,教师的人生态度、工作心态、生命状态会影响学生至深至远。二则教育是科学,科学贵在求真,贵在高效。生命中的每一秒钟都不可逆,心智发展的关键期多数人只有一次,错过了就永远无法弥补。教育产品的不可逆性,决定了教育者必须敬畏生命,必须只争朝夕。

为政者也需要以恭敬之心果断而简洁地处理事情。首先是"居敬"。君子不欺暗室,为人处事尽可能恭敬严谨,不该吃的饭不吃,不该喝的茶不喝,不该去的地方不去,避免落入陷阱或迷失本性。其次是"居简"。

---

①子桑伯子:人名。②简:简要,不烦琐。③居敬:为人严肃认真,依礼严格要求自己。④行简:行事简要而不烦琐。⑤临:面临、面对。此处有"治理"的意思。⑥无乃:岂不是。⑦大(tài):同"太"。

居处简单，给生活做减法，减去那些不值得交往的朋友，减去那些不必要的烦心事情，减去那些不必要的心理负担，减去那些无益于身心的奢华；然后获得身心的解放与自由，获得坚守信仰和追求理想的信心与执着。由古而今，很多人的腐败，是因为不懂得"居简"二字的含义，不懂得给生活做减法；被世俗与物欲所淹没或冲毁，一失足而千古恨。再次是"行简"。处理政务，料理事务，化繁为简，抓住关键，抓好重点。历朝历代都有这样的公职人员：心胸狭隘、知识浅薄、能力低下，但是处处要高人一头，结果是无用的"点子"频出，逼得下属一味逢迎跟执行，把简单的事情复杂化，结果劳民伤财，贻误良机。可悲可气可恨！

中国改革开放数十年成就辉煌，社会治理逐步从无序到有序，但是衍生出了一些结构性、制度性问题，一场深度体制改革正是全社会的期待。

6.3 好学最难

> 哀公问:"弟子孰为好学?"孔子对曰:"有颜回者好学,不迁怒,不贰过,不幸短命死矣①。今也则亡②,未闻好学者也。"

<u>鲁哀公问孔子:"学生中谁好学呢?"孔子回答:"颜回这个学生好学,他从不迁怒于别人,也从不犯同样的过错,但不幸很早就去世了。现在没有了,没有听说谁好学。"</u>

颜回的长处在于道德情操,好学是其最宝贵的品质,孔子高度赞扬颜回的就是好学品质。好学可以改变人生!当学习成为生活方式,人生必然精彩;当学习成为家庭的风景,家庭必然兴旺;当学习成为一个民族的时尚,这个民族必然走向富强!

"不迁怒"在现实生活中体现在:作为老师,不把不高兴的情绪带到课堂上;作为家人,不把工作中的烦恼带回家中;作为同事,不把私人的恩怨带到工作中。每个人在生活中,扮演很多角色:既是人父,又是人子;既是公职人员,又是家庭成员;既是上级,又是下级。要扮演好所有的角色不容易;心中要有慈悲,心中要有包容,心中又要有以人为本的敬

---

①短命死矣:颜回去世时年仅41岁。②亡(wú):同"无"。

畏，要有善待人类、万物、宇宙的情怀！

做到"不贰过"需要坚守，也需要操守。对待错误最好的办法是改正，是补救，而不是用新的错误去掩盖已犯的错误，那样代价太大、成本太高。说谎话是过错，久而久之，必然付出人格代价。可以不说，可以沉默，但是，说出口的一定是真话！我坚持这样的态度。

感悟

01

02

03

6.4 周急济穷

> 子华使于齐,冉子为其母请粟①。子曰:"与之釜②。"请益。曰:"与之庾③。"冉子与之粟五秉④。
> 子曰:"赤之适齐也,乘肥马,衣轻裘。吾闻之也:君子周⑤急不继富。"

子华出使齐国,冉求替子华的母亲向孔子请求一些谷米。

孔子说:"给他六斗四升。"

冉求请求再增加一些。孔子说:"再给他二斗四升。"

冉求却给他八十斛。孔子说:"公西赤到齐国去,乘坐膘肥体壮的骏马驾的车子,穿着又暖和又轻便的皮袍。我听说过,君子只周济急需的人,而不为富人锦上添花。"

孔子主张"君子周急不继富",给子华六斗四升谷米那是因为他的母亲急需,这是雪中送炭。《老子》云:"天之道,损有余而补不足;人之道,则不然,损不足以奉有余。"冉有所做乃人道,关心的是朋友,重视的是友情。孔子主张乃仁道,既关心自己的弟子,也关心天下苍生,还有

---

①粟:粟米连用时,粟指带壳的谷,去壳后叫米。粟字单用时,仅指米。②釜(fǔ):古代量词,一釜约等于六斗四升,相当于一斗二升八合。③庾(yú):古代量词,一庾等于二斗四升,相当于四升八合。④秉:古代量词,约等于十六斛,一斛相当于十石。
⑤周:周济、救济。

更多的人需要救济和帮助。公西华原本已经富有，母亲在家里缺少粮食，给些粮食以解燃眉之急，这是"周急"；如果给多了，就是"继富"。孔子不赞成"继富"行为，因为不符合仁道，也不符合天道。

现代世界的政治经济结构普遍背离老子的天道，损不足以补有余；也普遍背离孔子的仁道，象征性周急，象征性济贫，明火执仗地劫贫济富。于是，这个世界不公平，也不太平！——孔子儒家既是伦理哲学，也是政治学，读懂了，读透了，面对社会困境，自然会豁然开朗！《论语》读透了，不会让人迂腐，只会让人聪明。

6.5 为富且仁

> 原思①为之宰②,与之粟九百③,辞。子曰:"毋,以与尔邻里乡党④乎。"

原思任孔子家的总管,孔子给他俸米九百,原思推辞。孔子说:"不要推辞,可以送给你那些有需要的乡亲们。"

孔子在实践自己的道德主张:"仁者爱人,为富且仁。"社会转型时期,忽视了教育,教育自身又偏离了伦理、态度、价值观等精神活动的本真,因此培养了一些缺少仁心的"人才"。"为富不仁"自然就成了社会矛盾日趋尖锐的伦理源头所在。

孔子周游列国不得用武之地,那是因为既得利益集团无法接受孔子为民众谋福祉的"王道"思想。很多时候,既得利益者为富不仁,他们又能影响政策、规划、法律、法规的制定,导致很多制度出台,优先保护既得利益者的利益不受侵害,而不是保护弱者。如是,马太效应愈演愈烈:你如果富有,制度会让你进一步富有;你如果贫穷,制度会让你现在拥有的继续失去。如是,社会的天平不再平衡,社会也不再稳定。

---

①原思:孔子的学生,姓原名宪,字子思,鲁国人。②宰:家宰,管家。③九百:原文未说明单位。④邻里乡党:相传古代以5家为邻,25家为里,12500家为乡,500家为党。此处指原思的同乡,或家乡周围的百姓。

6.6 舍我其谁

> 子谓仲弓，曰："犁牛①之子骍且角②。虽欲勿用③，山川④其⑤舍诸⑥？"

孔子在评论仲弓时说："耕牛产下的牛犊长着红色的毛，角长得整齐端正。想不用作祭祀之用，但山川之神难道会舍弃它吗？"

孔子用借喻手法，宽慰和勉励仲弓：出身不好没有问题，人不用，神却不会放弃。孔子在世袭社会有唯才是举、唯贤是举的用人思想，十分可贵。以我几十年的观察，任何一个单位，居上位者即使再蠢，也需要几个贤者、能者为其做事。正如唐太宗的用人策略，他认为人才和奴才各有所长、各有其用，对于君王来说二者都不可或缺：要有撑伞的，还要有撑场的。如果团队负责人真的糊涂到像崇祯一样，只要撑伞的，不要撑场的，把最后一位撑场子的国家栋梁袁崇焕给凌迟处死，那就只能说是气数已尽。

时下很多人面临的"寒门难出贵子"的迷茫，也正是仲弓2500多年前的尴尬。但是，我依然坚持认为，出身贫贱，大可不必悲观，要有孟子当年"舍我其谁"的自信，拥抱这样的人生考验："天将降大任于斯人也，必先苦其心志，劳其筋骨，饿其体肤，空乏其身，行拂乱其所为"，也要相信李白的话——天生我材必有用！

---

①犁牛：即耕牛。古代祭祀用的牛不能用耕牛代替，而是单独饲养。②骍（xīng）且角：毛色红，角长得端正。骍，红色。③用：用于祭祀。④山川：山川之神。此处是指上层统治者。⑤其：怎么会。⑥诸："之于"二字的合音。

6.7 用心守护

> 子曰:"回也,其心三月①不违仁,其余则日月②至焉而已矣。"

孔子说:"颜回啊,他的心长时间地守护着仁德,其余的人则只能偶尔做到仁而已。"

颜回之可贵,在于内心达到仁的境界。仁是什么呢?形象的说法,就是种子的果仁部分,只要这"仁"是柔性的、柔软的,这个种子就可以发芽、生根、生长,就有无限的生机和希望。仁心是什么呢?孔子没有给出准确的界定,但是可以理解为人心之柔软处,人心是柔的、软的、温的,就是"仁心"了。"仁心"的基本内涵是包容、关怀、责任,是苍生为念、民胞物与的情怀,是"己欲立而立人,己欲达而达人"、以天下为己任的情怀。教育如果忽视或无视"仁心"的培养,无论罗列多么丰富的数据,使用多么精彩的词语,都不能证明这种教育是成功的。

---

①三月:长久的时间。②日月:偶尔,较短的时间。

6.8 积极入世

> 季康子①问:"仲由可使从政也与?"子曰:"由也果②,于从政乎何有?"
>
> 曰:"赐也可使从政也与?"曰:"赐也达③,于从政乎何有?"
>
> 曰:"求也可使从政也与?"曰:"求也艺④,于从政乎何有?"

季康子问孔子:"仲由可以使他从政吗?"孔子说:"仲由处事行为果断,从政有什么困难呢?"

季康子又问:"端木赐可以从政吗?"孔子说:"端木赐通达,让他从政有什么困难呢?"

又问:"冉求可以从政吗?"孔子说:"冉求多才多艺,让他从政有什么困难呢?"

读此章深为折服:一是折服于孔子因材施教的才能;二是折服于孔子知人之明的本领;三是折服于孔子积极入世的精神——通过教育改变世界,通过弟子实现自己的理想。有学者据此章判断:孔子认为从政需要的是才能而不是德行。有失偏颇,因为孔门弟子德行修为已经很高了。此外

---

①季康子:鲁国的权臣。②果:果敢、决断。③达:通达。④艺:多才多艺。

读本章必须注意互文见义的修辞，孔子对从政的要求：像仲由那样果断，像端木赐那样通达，像冉求那样多才多艺。

积极入世，是孔子儒学有别于同时代的道家和从魏晋二朝开始逐步传入中国的释家最显著的特征。孔子儒学是入世之学，追求的是仁义，仁是内心的仁厚，是个人的道德圆满；义是责任，对家庭的责任，对家族的责任，对社会的责任，对国家的责任，对天下的责任，对宇宙的道德终极关怀。放弃、逃避，从来就不是孔子儒家的选择；孔子的入世行为，首先是自己积极入世，其次是教育弟子入世，再次是思想入世，当然成就最高的是用思想改变这个世界，创造了独一无二的儒家哲学。

孔子儒家积极的入世情怀，是中华民族最宝贵的哲学财富，也是中华民族生生不息，百折不挠，走向繁荣和富强的不竭动力源泉。顾炎武说："天下兴亡，匹夫有责。"这就是对孔子儒家积极入世情怀的最好阐释。邓稼先若非受被日本人搜身刺激，从而发誓要为中华民族的强大而奋斗，他也许会成为历史学家或哲学家，而不是让中华民族脊梁直起来的核物理学家；若非为中华之崛起而读书，周恩来可能是一个出色的学者、翻译家，而不是一个杰出的政治家、外交家；若非以天下为己任，毛泽东或许就在韶山冲当一个账房先生或商人，而不是成为杰出的思想家、战略家、军事家、政治家、哲学家。家国情怀是入世情怀的具体表现，家国情怀正是中华文明胜于其他文明的特质，因此需要传承、发扬与发展，而不是否定和抛弃。

6.9 有道则仕

> 季氏使闵子骞①为费②宰,闵子骞曰:"善为我辞焉。如有复我③者,则吾必在汶上④矣。"

季氏派人请闵子骞去做鲁国费邑的长官,闵子骞说:"请你好好替我推辞吧。如果再来召我前去做官的话,那我一定要跑到汶水对面的齐国了。"

身处乱世,遇恶人当政,刚则必取祸,柔则必取辱。邦有道则仕,邦无道则隐。这是极富有智慧的处世之道,也是儒家明哲保身的哲学。恶人当政,如果曲意逢迎,不仅牺牲了自己的独立人格,也必然牺牲百姓的利益,甚至牺牲子孙的利益。如果特立独行,则必然仕途受阻,想做事很难,甚至想坦诚做人都不容易。如果让我选择,我依然选择坦诚,依然选择坦然,依然选择坦荡。因为钱财也好,地位也好,都是身外之物,唯有思想和情感可以永恒。假如一定要做非此即彼的选择,我相信,很多人都愿意为思想和情感放弃一切!

---

①闵子骞:孔子的学生,姓闵,名损,字子骞,鲁国人,比孔子小15岁。②费(mì):季氏的封邑,在今山东费县西北一带。③复我:再来召我前去。④在汶上:某某水上是指水的北面,此处意思是跑到汶水对面的齐国去。汶,水名,即今山东大汶河,当时流经齐、鲁两国之间。

6.10 悲天悯人

> 伯牛^①有疾,子问之,自牖^②执其手,曰:"亡之^③,命矣夫^④!斯人也而有斯疾也!斯人也而有斯疾也!"

伯牛病得很重,孔子去探望他,从窗户外握着他的手说:"没办法,这是命吧!这样的人竟会患这样的病啊!这样的人竟会患这样的病啊!"

孔子对命运的慨叹,可知其生前并没有被弟子或时人塑造成"教主"或者神仙。我倒是从孔子的深深感叹中,体味到了儒家悲天悯人的情怀。这一章颇多"悬案":有学者说伯牛得的是传染病,所以孔子只能从窗户外面握着他的手,以这种方式探视他。——孔子知天命,也具有悲天悯人的情怀,应该不至于担心传染吧。有学者说,按照礼制,生病的人住在北窗下的床,有长者来访,必须移到南窗下的床,而孔子来访不敢"南面"(坐北朝南)探视伯牛,而在南窗外面探视。——此说亦无道理,原始儒家绝不至于迂腐到这种程度。有学者说,孔子博学,精通医术,知道是传染病,所以隔窗把脉。——此说较为合理。"康子馈药,拜而受之,曰:'丘未达,不敢尝。'"足以证明孔子精通医术。

后世儒道逐步融通,加上儒家悲天悯人的情怀,儒家对于人和天地始终有执着的担当,以人为本,为苍生谋福祉,始终是儒家的坚持和坚守。

---

①伯牛:姓冉,名耕,字伯牛,鲁国人,孔子的学生。②牖(yǒu):窗户。③亡之:没有办法。④夫(fú):语气词,相当于"吧"。

儒家知识分子往往会在良吏、良师、良医中做出主动或者被动的选择，历代大儒，其中精通医术者不可胜数，如明大儒顾炎武的朋友傅山，既是大儒又是医术高明的医者，尤其精通妇科。由是可知，真正的儒家从来都是以开放的精神和心态力行于人世。

感悟

01

02

03

6.11 求道之乐

> 子曰:"贤哉回也!一箪①食,一瓢饮,在陋巷②,人不堪其忧,回也不改其乐③。贤哉,回也!"

孔子说:"多么贤德的颜回啊!一箪饭食,一瓢水,住在简陋的小屋里,别人忍受不了这种清苦,颜回却没有改变他的乐观向学。多么贤德的颜回啊!"

颜回之乐是求道之乐,是君子之乐,是道德修养达到一定境界以后产生的一种乐观的生命状态。"一箪食,一瓢饮",以之为苦则苦,以之为乐则乐,正如王阳明悟道:苦乐原本并不存在,你觉得苦就是苦,你觉得乐就是乐。王阳明的心学与原始儒家学说学脉相通!

读此章觉得儒家最可贵的是"乐道"的情怀和境界,先秦儒家之所以能够使学术独立于政治之外,就是因为儒家在自身修炼过程中把"乐道"作为最重要的人生目标。"学而优则仕"的意思是学习有余力就去做官。孔子儒家认为人生目标有两个:一个是学,另一个是仕。学是首要目标,学的目标是求道,达到仁道的境界。仕是次要目标,"达道"然后"仕"才能确保为官一任,造福一方。孔子儒家要求入仕者必须达道,有道才能入仕。非常遗憾,现代教育恰恰偏离了孔子儒家的这种理念!非常痛心,培养的人才,往往偏离了"学而优则仕"的价值取向,不少人为升官不择手段,哪里还追求自己道德修为的圆满与高尚!

---

①箪(dān):古代盛饭的竹器。②巷:指颜回的住处。③乐:乐于学,乐于道。

6.12　中道而废

> 冉求曰:"非不说①子之道,力不足也。"子曰:"力不足者,中道而废。今女画②。"

> 冉求说:"我不是不喜欢老师的道,是我能力不够呀。"孔子说:"能力不够是到半路走不动才停下来,现在你是自己划定了界限不想前进。"

从孔子与冉求师生二人对话看,冉求认为自己之所以不想深入学习孔子所讲授的理论,是因为自己的能力不够。但孔子认为,这并非能力问题,而是畏难情绪在作怪,所以对他提出批评。冉求所为显然属于"为长者折枝",非"挟太山以超北海",非不能也,实不愿也。人可以甘于平淡,但是不可以甘于平庸。

以我的成长经历而论,从师范学校毕业分配到中学任教,如果不继续学习,也就只能做一名普通教师,但是语文教育大家于漪老师的一场报告激发了我,让我从此好学不倦,不仅在教育教学上从平地跃上丘陵,从丘陵奔向山地,时至今日依然没有止步。数十年如一日治学不辍,融学习、研究、工作于一体,这使我的职业能力和生命境界不断提升。生命轨迹一如攀山,随着时间推移,高度在上升,视界在拓宽,境

---

①说:同"悦"。②画:划定界限,停止前进。

界在提升，这就是人生。

有朋友天资颇高，却恬然自乐，与世无争，所幸在我的影响下，开始静心读书，我期待也相信其前途无量。儒家的教育追求是"人皆可以为尧舜"。有追求，才会有进步。学业如是，事业如是，人生亦如是。

感悟

01

02

03

6.13 君子情怀

> 子谓子夏曰:"女为君子儒,无为小人儒。"

孔子对子夏说:"你要做君子式的儒者,不要做小人式的儒者。"

君子儒和小人儒的区别在于:君子儒为己,小人儒为他人。君子儒追求自身学养的提升,自身仁心的修养,自身道德的升华。君子儒成败由己,用自身的努力和心力追求成功,失败了从自身寻找原因。小人儒求学做事的动机是外在的名利,是为了博取名声和别人的认可,并不是为了自身的修为和仁心的修养。

君子儒人格高洁,小人儒品格平庸;君子儒悲天悯人,小人儒喜怒无常。君子儒以天下为己任,不以物喜,不以己悲;小人儒恪守古训,洁身自好,却缺乏兼济天下的情怀。

孔子此言,显然勉励子夏做君子儒;今天读《论语》,显然倡导做君子儒!

6.14　行不由径

> 子游为武城①宰。子曰："女得人焉耳乎②？"曰："有澹台灭明③者，行不由径④，非公事，未尝至于偃⑤之室也。"

子游做了武城的长官。孔子说："你得到人才没有啊？"子游回答说："有个叫澹台灭明的人，从来不走歪门邪道，没有公事从不到我屋子里来。"

走正门办不成的事情，走捷径、走后门、走偏门、走歪路、进内室能办成。古今皆然，孔子所处的那个时代，澹台灭明这样的人不多。今天国人能够改掉2500多年来养成的陋习，此乃民族之幸也。我相信，我期待，今天澹台灭明这样的人会越来越多！

传统文化需要传承，更需要发展和创新！

---

①武城：鲁国的小城邑，在今山东费县境内。②焉耳乎：此三个字都是语助词。③澹台灭明：孔子弟子，姓澹台，名灭明，字子羽，武城人。④径：小路，在这里是引申为邪路。⑤偃：言偃，即子游自称其名。

6.15 居功不傲

> 子曰:"孟之反①不伐②,奔③而殿④,将入门,策其马,曰:'非敢后也,马不进也。'"

孔子说:"孟之反不夸耀自己的功劳。打仗败退时,他主动殿后,快进城门时,他鞭打着马,说:'其实不是我多么勇敢,敢于殿后,是因为马跑得不快。'"

公元前484年,鲁国与齐国交战。鲁国右翼军败退的时候,孟之反在最后掩护败退的鲁军。孟之反已经达到了"水善利万物而不争"的至高境界,符合曾国藩提出的领导者应具有"功不独居,过不推诿"的高尚人格,可使下属心服口服地追随自己。

在道义和责任面前,孔子儒家提倡积极入世,提倡"舍我其谁"的担当;但是在名利面前,孔子儒家提倡的却是与道家相契合的"功成身退"及"水善利万物而不争"的淡泊名利。成功之后,在名利上与世无争,与人无争,如此,可保一世平安。汉代张良、萧何,盛唐郭子仪,明代刘伯温等,深谙此道,所以善始善终。反之,在成功面前,若是争名、争利、争功、争宠,则结局往往是悲剧!

---

①孟之反:名侧,鲁国大夫。②伐:夸耀。③奔:败走。④殿:殿后,在全军最后做掩护。

6.16 国之不幸

> 子曰:"不有祝鮀①之佞,而有宋朝②之美,难乎免于今之世矣。"

孔子说:"假若没有祝鮀那样的口才,而只有宋朝的美貌,那在今天的社会上就比较难以避祸了。"

能言善辩,蛊惑君王,这样的人得到重用,那是国家之不幸。一个单位,这样的人得到重用,那是单位的不幸!一个行业,这样的人得到重用,那是行业的不幸!至于宋朝以美色而获得重用,自然也是卫国的不幸。也正因为"祝鮀之佞、宋朝之美"有"市场",所以,孔子才有如此叹息。孔子是在自嘲,还是在嘲笑卫灵公,抑或是在嘲笑世道?或许都是吧。

比较遗憾的是,2500多年后的今天,此风依然盛行:或靠花言巧语上位,而那些大智若愚、勤勉务实的人,很多被边缘化;或靠美色上位,女色可以上位,男色也可以上位,有真才实学且能埋头苦干者往往被边缘化,至少是很迟才会被起用。此风不除,国运不昌!

---

①祝鮀(tuó):字子鱼,卫国大夫。②宋朝:宋国的公子朝,貌美,《左传》昭公二十年和定公十四年都有他因美貌而惹起祸乱的记载。

6.17 渴望正道

> 子曰:"谁能出不由户?何莫由斯道也?"

孔子说:"谁能不经屋门走出屋子呢?为何没人走这条道呢?"

这里有孔子的无奈:偏偏鸡鸣狗盗之徒很多,偏偏有很多人飞檐走壁钻窗户,甚至在墙上打洞出入。这里更有孔子的自信:礼乐崩坏,自己主张的仁道、王道是正确的,就像是人出门一定要从门口出去一样!诸侯不知道仁道、王道的真谛和价值,那只是诸侯的目光短浅;孔子没有选择放弃,而是依然行道、传道,最终孔子之道成就了东方哲学体系。

今天其实我也很无奈:教育的本质是精神活动,人之为人的伦理、态度、价值观等应该是教育的首要追求,可是全社会却疯狂地迷恋知识的堆叠和技能的培训。教育的正确方向是求异,是尊重差异,是因材施教,而全社会却居然坚持用一个标准去考查所有的学生,甚至连道德品质这样的人格特征也要进行量化评分。在教育结构中,基础教育或义务教育时期正是孩子身体成长、心理发展、习惯养成、价值观沉淀、兴趣培养的关键期,全社会都有意无意地陷入了一种令人窒息的高强度的知识技能训练;高等教育适逢青春焕发,正是或为国家强大、或为自己的理想而拼搏的黄金时期,全社会却有意无意地成全、默认他们放松、放浪、放纵,耗费青春。全世界的高等教育基本都遵循宽进严出的规则,很多大学注册学生数是实际在校学生数的若干倍,而我们的高等教育依然抱着严进宽出的陈规陋习不放，美其名曰公平，其实牺牲的是一个国家的创新力和竞争力。如果把在高考过程中追求公平性的执着，用来严守高等教育出口关，中国高等教育质量将会飞跃几个台阶。教育公平是最基础、最本质的公平，可是在实际操作中，不少地方政府却不遗余力地向优势群体提供优质教育资源。教育也期待一场"供给侧"的改革，当地方政府依法为人民提供公平的教育的时候，社会公平程度会有一个本质的提升。

都知道什么是正路，可是就是不走正路！孔子睿智，2500多年前居然就看到了这种奇特的现象！相比之下，我们都是后知后觉者！

6.18 文质彬彬

> 子曰:"质①胜文②则野③,文胜质则史④。文质彬彬⑤,然后君子。"

孔子说:"内涵多于文采则未免会粗野,文采多于内涵就易流于浮夸。只有内涵和文采配合适当,才是个君子。"

文质彬彬的君子人格,勉励中国人追求高尚,影响中国人2000多年,今后仍然会继续产生影响。

教师应文质彬彬,非君子无以为师!教师如果仅有质朴的品质,或仁厚,或淳厚,或纯朴,或深沉,或睿智,或激扬,但不善于言辞,不善于修辞立其诚,没有足够的表达能力,没有出色的演讲能力,就不是一个优秀的教师,在学生看来难免野俗,这样的教师往往不为学生认可,更不用说受学生欢迎。与之相反,教师心无道德,或宅心不仁,或品行不佳,或无独立人格,就算能把稻草描述成金条,也一样不会赢得学生内心的认可和尊重。教师内在有理想、有思想、有学养、有仁心、有仁道、有真情、有激情、有情怀,而又可以鲜活生动、热情洋溢地表达,形成强大的人格磁场、强大的思想冲击力、强大的激情感染力,这样的教师就是君子型教师,这样的教师毫无疑问将深受学生的爱戴和尊重,毫无疑问将给学生以

---

①质:内在的品质。②文:文采,修饰。③野:此处指粗鲁、鄙野,缺乏文采。④史:言词华丽,这里有虚伪、浮夸的意思。⑤彬彬:指文与质的配合很恰当。

深远的影响！

　　中国封建时代有以吏为师的传统，提倡官员做群众的榜样：周代开国贤臣姬旦，汉代名相丙吉，唐代名臣魏徵、韩愈、柳宗元，明代清官海瑞等，都是国人的导师，也是后世人的楷模。中共要求党员干部保持先进性，做群众的表率和榜样，其实是对这一传统的继承和发扬：毛泽东、朱德、周恩来、习近平等同志，堪称国人的精神导师，还有无数谦虚谨慎、一心为民的基层干部为官一任，示范一方，默默发挥着榜样的力量。我认为，当社会群体整体走向文质彬彬之时，就是中华民族伟大复兴的中国梦实现之日！

感悟

01

02

03

6.19 正直人生

> 子曰:"人之生也,直;罔①之生也,幸而免。"

孔子说:"人的生存是由于正直;不正直而能生存的人,仅仅侥幸地没有遇到灾祸。"

今天,中国物质文明已经接近或者达到中等发达国家水平,对于一向以勤劳俭朴著称的中国人而言,发家致富并不困难,那些移居海外的中国人,发财绝对只是时间问题——因为中国人能一家人24小时两班倒或者三班倒地守店经营,任何一个民族的原始积累都比不过中国人的勤劳节俭。但是,面对信仰的缺失、价值的迷失、精神的丢失,要让信仰、价值观、精神回归灵魂,却非一朝一夕之功,需要几代教育工作者用心努力。

知识分子"缺钙",这对一个民族和国家来讲,是最大的不幸。我很仰慕魏晋时代竹林七贤的风骨,很仰慕王羲之东床快婿的傲骨,很仰慕李白"仗剑走天涯"的豪气,很仰慕文天祥"留取丹心照汗青"的义气,很仰慕明末清初移民朱舜水先生"孤悬外海"的勇气,很仰慕蔡元培先生为正义弃官不做的傲气,很仰慕陈天华蹈海、王国维投湖的志气……目睹很多高校教师在权力面前奴颜婢膝,目睹很多科研人员在科研经费面前自甘

---

① 罔:诬罔不直的人。

堕落，目睹很多中小学教师在权势与金钱面前人格扭曲，为许多知识分子的道德沦丧、骨气全失、人格全无深觉悲哀而不能自持！如果一个时代的知识分子的骨气都没有了，我真不知道说什么好！

感悟

01

02

03

6.20 好不如乐

> 子曰:"知之者不如好之者,好之者不如乐之者。"

孔子说:"对任何学问和知识,懂得它的人不如爱好它的人,爱好它的人又不如以它为乐的人。"

孔子讲的是对道的追求境界:第一境界是知道,懂得道;第二境界是好道,喜欢道;第三境界是乐道,以求道为乐。

对于教育者来说,喜欢教育,忠于职守,忠于操守,忠于事业,这是每个教师应有的境界。以苍生为念,以天下为己任,以教育为最大的乐趣,忠于自己的本心本性,一辈子做自己最喜欢的教育,以此为人生最大的乐趣,这是大师的境界,是教育家的境界。

教师如果能够以教书育人为乐,境界就很高。如果能够发现学生的先天禀赋,发挥其所长,让学生能够一辈子做自己喜欢做的事情,则教师的境界更高!教师培养学生热爱学习的态度和终身学习的习惯,让学习成为生活方式、成为职业方法、成为生命状态,则科技何愁不进步?经济何愁不繁荣?社会何愁不发展?复兴何愁不成功?

6.21　先哲之明

> 子曰："中人以上，可以语上也；中人以下，不可以语上也。"

孔子说："对中等以上水平的人，可以讲授高深学问；对中等以下水平的人，不可以讲授高深学问。"

本章充分地体现了孔子"因材施教"的思想，根据学生的现有水平，选择教育的方式、方法和内容。心理学家奥苏伯尔的研究也证明了这一点：学生的认知能力，不仅取决于老师的教学方法，更取决于原认知结构的清晰程度、稳定程度、有序程度。

有的人将本章理解为：对中等以上资质的人，可以讲高深学问；对中等以下资质的人，不可以讲高深学问。虽然同样也能体现"因材施教"的思想，但是这种理解显然有悖于孔子的教育主张和实践。孔子不是天才论者，他曾经说过："十室之邑，必有忠信如丘者，不如丘之好学也。"孔子的学生资质参差不齐，有贤者、智者、愚者，孔子传授大道只有先后之分（什么时候达到中等以上水平，什么时候再传授高深学问），绝无授与不授之别。一字之差，一念之差，就可能谬种流传。

6.22 樊迟问知

> 樊迟问知①，子曰："务②民之义，敬鬼神而远之，可谓知矣。"问仁，曰："仁者先难而后获，可谓仁矣。"

樊迟问孔子什么是智慧，孔子说："专心致力于（提倡）老百姓的福祉，敬畏鬼神但要远离它，就算是智了。"樊迟又问怎样才是仁，孔子说："仁人面对困难勇在人前，面对成就乐在人后，这可以算是仁了。"

道义相期，相信心力，全心全意为人民谋福祉，敬鬼神而远之，这就是孔子儒家的智慧。面对困难迎难而上，面对享受后退一步，这是仁。孔子儒学的实践基础主要源于西周政治实践，而西周统治者在中国历史上第一次实现了人文精神的自觉，他们从殷商政权的坍塌过程中，清醒地认识到，决定帝王统治地位的并不是上天，不是鬼神，而是人民。显然，孔子继承了这一民本思想，才有如此振聋发聩的结论：专心致力于人生福祉，敬鬼神而远之，就是智慧；知难而进，享乐在后，就是仁爱。2500多年前，能够发出人本主义的强音，何其伟大！

范仲淹是儒家精神的传承者，非常完整地传承了"仁者先难而后获"的精神，他在《岳阳楼记》中满怀豪情地说："吾尝求古仁人之心，或异二者之为。何哉？不以物喜，不以己悲。居庙堂之高则忧其民，处江湖之

---

①知（zhì）：同"智"。②务：从事、致力于。

远则忧其君。是进亦忧，退亦忧。然则何时而乐耶？其必曰'先天下之忧而忧，后天下之乐而乐'乎。""先天下之忧而忧，后天下之乐而乐"，这是古仁人之心，也是我们必须传承的民族精神。

以毛泽东为代表的中国共产党人继承了这种民本思想，他强调：人民，只有人民才是历史的创造者。其实，中共崛起的过程，就是人民创造历史的过程！改革开放40年的发展，主要获益于人口红利，获益于人民的创造，获益于人民的奉献。孔子儒家鲜明的人本情怀和民本意识，发展到当代，就是中国共产党人全心全意为人民服务的宗旨，就是习近平同志讲的以人民为中心的执政理念。共产党人必须是也只能是先难后获的仁者！

感悟

01

02

03

6.23 造物弄人

> 子曰:"知者乐水,仁者乐山;知者动,仁者静;知者乐,仁者寿。"

孔子说:"聪明人爱水,仁德者爱山;智慧者好动,仁德者好静;智慧者快乐,仁德者长寿。"

孔子这里所说的"智者"和"仁者"都是有修养的"君子"。这种人格取向,意味着自然环境对人格的塑造力,不同人格会有不同的性格趋向,会有不同的生命规格和质量。

孔子对不同地域人格差异的判断,为其后2000多年的历史所证明。一方水土一方人,一种文化一种人。比如中原文化的淳厚、楚文化的浪漫、草原文化的雄浑、燕赵文化的悲壮、江南文化的清灵,这些本来就有地域色彩,对生于斯长于斯的生民性格的确有深远而鲜明的塑造力。江南多才子,应该与其山水文化分不开。近代以来,岭南常开风气之先,与其临近大海、毗邻港澳不无关系。

社会环境对人的性格影响就更大更深更显著了。社会转型期大众文化结构发生了颠覆性的变化:一是人们对金钱的迷恋颠覆了传统伦理,在金钱面前人情淡薄、亲情冷漠、人伦疏离。二是对权力的崇拜颠覆了原有的价值根本,原本追求真理、追求进步、追求光明的一代又一代知识分子尤其是教师,很多人"放下了"尊严,很多人"扭曲了"人性。三是理性精神的缺失，中国有世界上规模最大、态度最好、品类最齐、生意最旺的洗头业、洗澡业，这些大众消费文化的背后是民众在追求在享受在满足于浅层次的感官刺激。四是学习能力和创新能力的缺失，教育没有教会学习，社会没有倡导深度学习，年人均阅读经典著作（不算教科书）不到一本书，全社会成为手机控，热衷于看短信、刷微信、玩游戏，整体缺乏深度学习的能力。五是极端个人主义泛滥，长达12年的连一分半分都锱铢必较的教育，"各人自扫门前雪，休管他人瓦上霜"的利己主义延续，导致人们颠覆了人伦，抛弃了敬天爱人的思想、天人合一的理念、民胞物与的情怀、给宇宙以道德终极关怀的智慧。雾霾表面上来源于煤炭燃烧、汽车尾气等，但本质上来源于人心。社会乱象皆由心生，心中无梦想、无理想、无信仰、无底线，社会生态自然就乱象丛生。这种社会生态，正在影响着一代又一代年轻人。正本清源，以优秀传统文化养护师生的心灵、养护国人的灵魂，重建民族的精神家园，是中华民族伟大复兴的必由之路！

6.24 先王之道

> 子曰:"齐一变,至于鲁;鲁一变,至于道。"

孔子说:"齐国一变革,就可以达到鲁国的境界;鲁国一改变,就可以达到理想的境界了。"

齐国是周朝开国功臣姜太公的封地,曾经被周公判断为"霸者之迹",理由是姜太公在国家治理过程中行霸道。鲁国是周王室嫡亲伯禽的封地,曾经被周公判断为"王者之迹",理由是伯禽在国家治理中行王道(仁道)。

此处所讲的"道"是治国安邦的最高境界——国富而民好礼。在春秋时期,齐国的封建经济发展较早,而且实行了一些改革,成为当时最富强的诸侯国家。与齐国相比,鲁国封建经济的发展比较缓慢,但意识形态和上层建筑保存得比较完备,所以孔子说,齐国改变就能达到鲁国的水平,而鲁国再一改变,就能达到先王之道。

孔子的治国理想,并不是对西周的无限眷恋,而是一种超越,即综合齐国的经济实力和鲁国的文化实力,实现软实力与硬实力的协调发展。中国目前经济总量已经位居世界第二,但是人均GDP与发达国家相比仍处于落后状态,没有骄傲的资本,也还不到骄傲的时候;况且,文化软实力的发展因为转型过程的曲折与漫长,面对"富"却"不好礼"的现状,重建伦理,重建价值,重建规范,重建信仰,重建理性,任重道远!文化复兴,匹夫有责!

6.25 沉重叹息

子曰:"觚①不觚,觚哉?觚哉?"

孔子说:"觚已不再像觚了,这是觚?这是觚吗?"

孔子借对礼器形式改变,浩叹社会秩序的破坏!体现了孔子见微知著的洞察力,从礼器形式的改变,预见社会还会继续往无序方向发展。圣人的感叹没有像常人那样直白:这还是世道吗?这是什么世道啊?世道向何方?

孔子所处的时代,面临着500年未有之变局,孔子成为中国文化的托梦人,以夫子为木铎,引领中国走过了辉煌的2500多年!成就了汉唐盛世和中华文明!今天,中华民族的伟大复兴,也面临着千年大变局,民族的复兴在于文化的复兴,文化的复兴关键在于伦理重建、价值重建、理性重建、精神家园重建!这是13亿中国人共同的使命!谁又是当今中国文化的托梦人呢?

---

①觚(gū):古代盛酒的器具,是一种重要的礼器。

6.26　珍惜生命

> 宰我问曰："仁①者，虽告之曰：'井有仁焉。'其从之也？"子曰："何为其然也？君子可逝②也，不可陷③也；可欺也，不可罔也。"

宰我问道："如果有人告诉仁者，井里掉进了有仁德的人，那么他会跟着下去吗？"孔子说："为什么他要这样做呢？君子可到井边救人，却不可陷入井中；君子可能被欺骗，但不可能那么盲目。"

仁者不等同于现在的老实人，老实人常常被欺负、被愚弄，但仁是道德修养的最高境界，仁者必是智者，故孔子十分称道"愚不可及"者，认为那才是大智慧。"舍己为人"其实不符合儒家的价值标准，儒家提倡利他、助他，但不赞成舍己。所以，孔子反对"暴虎冯河"：徒手与老虎搏斗，徒步过深水河流，岂不是白白送死？生命对每个人都只有一次，每个人尤其是儒者必须完成自己的使命。假如尚未"闻道"即已把自己给弄没了，那是儒者的遗憾；上天赋予自己教化苍生的责任没有落实，就已离世，岂不是儒者的悲哀？

读到此章，写到此处，如冷水浇背，当头棒喝：生命宝贵，不仅属于深爱自己的人，还属于自己深爱的民众和民族。刘兰芝投河，那是殉情！

---

①仁：道德境界很高的人。②逝：往。指到井边去看并设法救之。③陷：陷入。

陆秀夫投海，那是殉国！王国维投湖，那是殉道！无数先烈，为了中华民族的生存和复兴，献出了生命，那是杀身成仁！孔子儒家有杀身成仁的选择，却没有殉情、殉国、殉道的选项！因为深爱，所以珍惜，还有很多事情需要仁者活着去努力！

感悟

01

02

03

6.27　博学尊礼

> 子曰:"君子博学于文,约①之以礼,亦可以弗畔②矣夫③。"

孔子说:"君子广泛地学习古代的文化典籍,再用礼来约束,也就可以不违背道了。"

在当下语境中理解这一章,学习的内容不仅是古代的典籍,更应当是古今中外适合自身发展需要或工作需要的学术,同时能够自觉地以礼来约束自己,可以不违背人道,可以不违背仁道,可以不违背天道,就可以成大事。

首先,教师必须博学于文。虽然高考制度尚未进行深度改革,社会、政府对教育的评价尚未达到科学化水平,中国基础教育依然在高考、中考、统考的重压之下,但是,教师应该是教育的自觉者,应该博学于文。例如叶圣陶、夏丏尊、李叔同、鲁迅、朱自清等一大批教育家,都曾经在中学任教,其知识储备的厚度、广度、深度,远非现在中学教师所能比拟,所以其教育教学能开风气之先。现在的语文教师,往往只熟悉课本或者延伸的些许读物,文史哲的基本修养都不够,知识储备缺乏厚度、缺乏深度,更缺乏自己的独立思想和主张,其教育教学无非是人云亦云,为追求高分,不敢越雷池半步,实在是可悲。

---

①约:约束。②畔:同"叛"。③矣夫:语气词,表示较强烈的感叹。

其次，教师必须约之以礼。教师必须是道德的自觉者。要求学生做到的，必须自己做出榜样，教师的人格磁场一旦承载着知识，就会形成教育场、文化场，就会产生无与伦比的教育力、感染力。儒家强调知识必须建立在道德之上，这个观点依然有现实意义。

其实为政者何尝不是如此？各行各业从业者又何尝不是如此？博学于文，约之以礼，有助于增加内涵，有助于拓宽视域，有助于拓展知识，有助于完善人格，有助于提高非权力因素的影响力、感召力、凝聚力！何乐而不为？

感悟

01

02

03

6.28 千古绯闻

> 子见南子①，子路不说②。夫子矢③之曰："予所否④者，天厌之！天厌之！"

孔子去见南子，子路不高兴。孔子发誓说："如果我做了不正当的事，让天厌弃我吧！让天厌弃我吧！"

这是千古绯闻。子路怀疑孔子与美丽而淫荡的卫国夫人南子有染，非常不满，于是给老师脸色看。绯闻发人深思：当代中国高校追求师生平等和教学民主，但再平等、再民主也没有达到学生敢于当面质疑老师有绯闻的地步吧。读此章方知孔子与学生道义相期。孔子的课堂，教育行为何其民主！师生关系何其平等！思想交流何其自由！将师生之距离拉开，始于汉代的"设帷讲学"，汉儒实为师道尊严的始作俑者。误导了中国学生和教育两千年，流毒至今尚未肃清！还有很多人热衷于师道尊严、跪拜之礼等伪儒学的规范。可悲！孔子之于学生如师、如父、如兄、如友！这种充满东方伦理的师生关系，有民主，有平等，有包容，有慈爱，有尊重，有激励，有批评，有争论！欧美课堂难望其项背，当代教育理应深情回望和理性回归！

---

①南子：卫国灵公的夫人，当时实际上左右着卫国政权，有不正当的行为。②说：同"悦"。③矢（shì）：同"誓"。④否：不对，不是，做了不正当的事。

6.29 中庸之德

> 子曰:"中庸①之为德也,其至矣乎!民鲜久矣。"

孔子说:"中庸作为一种道德,该是至高无上的境界吧。人们缺少这种道德已经很久了。"

在儒家语境中,中庸首先是道德范畴,是一种为人处世的高境界。中庸就是中道,就是乐而不淫、哀而不伤、不偏不倚,就是做人做事恰到好处,就是庖丁解牛"游刃有余"的境界。其次是方法论,中庸就是兼顾多元的思维方法,是最佳的社会问题解决方案!有人说,中庸就否定了斗争与转化,事实并非如此,中庸是一种科学的发展状态,斗争与转化是在人们看不见的情况下完成的。

从教育视域看,要解决教育回归精神本质的问题,可以在原生态儒家文化和西方核心价值观之间走中庸之道;要解决教育国际化问题,可以在本土情怀和国际视野之间走中庸之道;要解决教育均衡问题,可以在区域之间、东西部之间、内地和沿海之间走中庸之道,可以在需求侧和供给侧之间走中庸之道;要解决因材施教问题,可以在应试教育和全人格教育之间、全面发展和个性发展之间走中庸之道。这就是中庸的方法,也是中庸的境界。

---

①中庸:恰如其分成为常态,即所谓中庸。中,折中、调和,无过也无不及。庸,平常、常态。

6.30 立人达人

> 子贡曰:"如有博施于民而能济众①,何如?可谓仁乎?"子曰:"何事于仁?必也圣乎!尧、舜其犹病诸②!夫仁者,己欲立而立人,己欲达而达人。能近取譬③,可谓仁之方也已。"

> 子贡说:"假若有人能给老百姓很多好处又能周济大众,怎么样?算是仁人了吗?"孔子说:"岂止是仁人,简直是圣人了!就连尧、舜尚且担忧做不到这样呢!自己想要自立,也帮助别人自立;自己想要发展,也帮助别人发展。凡事能将心比心、推己及人,就算是实行仁的方法了。"

如果说"己所不欲,勿施于人"是"仁"的主张,那么"己欲立而立人,己欲达而达人"是实行"仁"的途径。这里折射出孔学的根本追求:以人为本,关注民生,重视民众利益,把民众是否受益作为衡量是否是仁人、是否是圣人的最重要的标准。这也正是今日每个儒者应有的责任感和使命感。读懂原生态儒学,关键看本质:哲学以人为本,政治以民为本,教育以生为本。人本思想、人道主义、人文精神是原始儒家的本质特征,也是鉴别儒家和伪儒家的试金石。

---

①施:给予。众:众人。②尧、舜:传说中上古时代的两位帝王,是孔子心目中的圣人。病:担忧。诸:"之于"的合音。③能近取譬:能就自身打比方,推己及人。

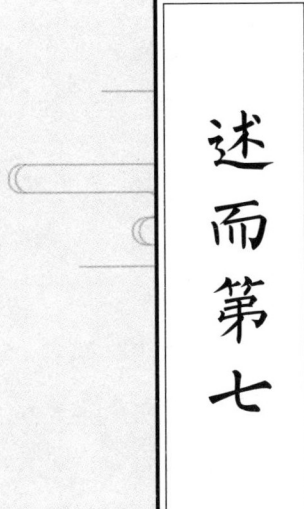

述而第七

7.1 述而且作

> 子曰:"述而不作①,信而好古,窃比于我老彭②。"

孔子说:"只阐述而不创作,相信和喜好古代文化,有人私下把我比作老彭。"

我认为孔子"述"而且"作",他的"作"就在于对春秋以前的文化做了一次有传承、有创造性的编撰整理工作,如果没有孔子的"作",就没有《诗经》,没有《尚书》,没有《易传》,没有《春秋》,也许我们的文明会中断,尤其是以人为本的人文精神会中断,中国后来历史的发展极有可能走上另外一种轨迹。

孔子的"信而好古",好的是理想化的"古"——古代文化的精华,"述"传承的也是古代文化的精华,并不是简单的"复古"。孔子所"述"主要在于周之"礼",但是"作"的却是"仁",包括仁心、仁道、仁义、仁政等,既有修身正心的内圣之道,也有以人为本、以民为本、为民谋福祉的外王之道。

孔子在人类文化的元典时代,奠定了中华民族的文化基石,阐发了东方伦理哲学精神,构建了中华民族的文化心理结构。孔子儒学基本精神在于《论语》,是中国价值体系的钢结构,是中华文明的底色,是中国之为中国、中国人之为中国人的标志性的文化基因。

---

①述:阐述。作:创作。②窃:私,私自,私下。老彭:人名。

7.2 诲人不倦

> 子曰:"默而识之①,学而不厌,诲②人不倦,何有于我哉?"

孔子说:"把所见所闻默默体悟于心,学习不觉厌倦,教诲别人而不知疲倦,除此之外我还有什么呢?"

"默而知之,学而不厌,诲人不倦"是教育者的生命状态,也是求道者的生命状态。这其中有悟道方法,有求道精神,有传道境界,浮世之中,能如是则可成教育大家。

孔子开平民教育先河、开民办教育先河、开素质教育先河、开审美教育先河、开因材施教先河、开全科教师先河、开教学相长先河、开学术独立先河,其道德之高尚、学养之深厚、知识之广博、思想之深邃无疑处于时代的制高点,尚且如此谦虚。读之敬意油然而生,也往往深深自责自己的浅薄、浮躁、激进!

---

①默而知之是一种体悟。识(zhì):记住。②诲:教诲。

7.3 夫子之忧

> 子曰:"德之不修,学之不讲①,闻义不能徙②,不善不能改,是吾忧也。"

孔子说:"品德不修养,学问不讲习和研究,听到道义不能靠近,有错误不改正,是我忧虑的事情。"

修养道德,研究学问,实践正义,改正错误,四者相辅相成,构成了儒家"内圣"的基本路径。孔子忧虑自己道德修养不够,忧虑自己学养不厚,忧虑自己尚未接近道义,忧虑自己错误没改正,这是儒家"反求诸己"的道德修养。

随着年龄的增长,我的忧虑也与日俱增:担心学术停滞不前,担心视界趋于狭小,担心能力不能提高,担心境界不能提升,担心"同俗自媚于众",担心老之将至而学业无成,担心自己要应付烦琐、无聊的程序空耗生命而事业无成!相比于孔子,虽不能焉,心向往之!

---

①讲:探究,研究。②徙(xǐ):迁移。此处指靠近、做到。

7.4 燕处超然

> 子之燕居①，申申②如也，夭夭③如也。

孔子在家闲居，仪态舒展，心情悠闲舒畅。

"申申如也，夭夭如也"，这是闲适，也是自在，更是自信。作为儒家学派开山立派的鼻祖，对学说自信，对使命自信，才有如此的生活情调和生命状态。孔子这种自信源于：一是有德润身，道德高尚；二是使命在身，天命感强烈；三是博学多闻，知识储备足够；四是能力超群，从小吏到大夫都做过且做得很好。假如没有这些资本，不可能有燕处超然的自信。

有些人不学无术，也不愿意提升自己，惶惶不可终日，老是琢磨如何取悦上司，取悦同事，经常担心自己哪些方面与上司意见相左，或者担心别人超过自己。主要精力不在提升和发展自己，所以其生命状态缺少了自信，缺少了从容，缺少了超然。

我生性愚钝，喜欢安静，数十年如一日，读书不辍，治学不辍，除此之外，身无长物。当如夫子燕处超然，给生活做减法，给心灵做减法，静心读书，尽心做事。不求轰轰烈烈，但求问心无愧！

---

①燕居：闲居。②申申：仪态舒展。③夭夭：心情悠闲舒畅。

7.5 死而后已

> 子曰:"甚矣吾衰也。久矣吾不复梦见周公①。"

孔子说:"我衰老得很厉害了,我好久没有梦见周公了。"

孔子是托古改制第一人。他所称道的尧、舜、禹、汤、文、武的道统是一种理想化的、孔子化的社会理想,简单理解孔子复古,无法解释他的思想对后世中华民族的深刻影响。"好古"的目的在于建立新文化,"复礼"的目的在于建立新秩序。即使生命即将结束,也仍然坚守自己的理想!孔子的感慨,使人感受到"知其不可而为之"的无奈,更感受到"死而后已"的责任感和使命感,后者是儒家的精髓。

深情回望孔子,深情回望先秦诸子,深情回望数千年优秀传统文化,目的当然不在于复古,而在于文化的复兴,在于伦理和价值观的重建和发展,在于发掘推动中华民族复兴的文化动力源泉!

---

①周公:姓姬名旦,文王的儿子,武王的弟弟,成王的叔父,鲁国国君的始祖,西周典章制度的制定者,孔子所崇拜的"圣人"。

7.6　素质教育

> 子曰:"志于道,据于德①,依于仁,游于艺②。"

孔子说:"以道为志向,以德为根据,以仁为依托,以艺为载体。"

此为孔门教育大纲。求道是一生的志向,修德是安身的基础,仁心是立命的根本,六艺的造诣是达成教育目标的载体。

当代中国人实施素质教育,其课程建构的完整性、科学性尚没有超出孔子的"六艺","六艺"包含了德、智、体、美、劳五育。礼,是与仁、道、德融合在一起进行的学科,是处理好人与人、人与群体、群体与群体、国家与国家关系的实践学说;乐,包括了音乐、美术、舞蹈,且兼容了文学,《诗经》当时都是由孔子"弦歌之",配乐进行教学;射,是军事教育,也是体育范畴;御,是劳动兼军事、体育教育;书,包括《尚书》等内容;数,包括高级的哲学《易经》和其他术数、算术之类。"樊迟问稼"不能证明孔子不重视劳动技术,只能说孔子的课程体系中没有把农夫、花匠口耳传授的劳动技能和经验纳入其体系,是时代特征,不是孔子教育的局限。

除了课程建构的完整性外,更可贵的是孔子的教育实践一直坚守和追求教育本真,其礼、乐、射、御、书、数并非单一的学科教学或技术训

---

①德:德者,得也。能把道融入人格才是德。②艺:指孔子教授的礼、乐、射、御、书、数六艺,是承载儒家价值观的课程体系。

练，而是重视德育实践和德行养成，重视仁道培育和灵魂养护，直指人心且敬畏生命。更为可贵的是，孔子的课程体系设置了全面发展的平台，却没有设置全面发展的教育目标。

全面发展作为教育理念、课程平台，宏观追求是对的，但如果把全面发展作为具体教学的目标，那就是一个伪命题。高考制度就是这个伪命题的逻辑中心点，逼迫学生从幼儿园开始瞄着15年后的高考，逼迫学生从小学一年级开始就边缘化非高考学科，长达12年的分分必争的总分排名，培养了数以千万计的红砖一样的"标准件"。在这种伪命题的"求证"过程中，贝多芬没有了，爱迪生没有了，爱因斯坦没有了，钱学森没有了，徐悲鸿没有了，华罗庚没有了，陈景润没有了，牺牲了无数人童年的阳光、幸福、回忆，牺牲了无数人的天赋潜能，牺牲了民族的创新力。

有人说，高考制度是中国目前最公平的制度，不能改革，不愿改革，不敢改革，担心改革会引发社会不稳定。未必如此吧，首先让高等教育与世界接轨，宽进严出；然后用维护高考制度的公平性的态度、决心、措施去维护高等学校"严出"的机制，取消高考，让大学自主招生，教育部考试中心和省级考试院要做的事情就是落实"宽进严出"，让特权无法干预高考一样无法干预学生毕业。如是，教授可以招收自己的得意学生，大学可以招收具有专业优势的优秀学生！如是，基础教育不再担心输在起跑线上，中国孩子也能像国外孩子一样，有快乐的童年，可以走进大自然，可以走进实验室，可以走进自己喜欢的艺术世界！生命可以歌唱，生命可以绽放，孩子的双眸里将会少很多忧郁，多很多阳光！

7.7 有教无类

> 子曰:"自行束脩①以上,吾未尝无诲焉。"

孔子说:"只要十五岁以上,我从来没有不教诲的。"

我少年时代只有春节才能吃肉,春秋时期的生活水平不会好于我少年时代,牵强地把"束脩"理解为"十条干肉",不仅玷污了孔子"有教无类"的情怀,且不能解释"一箪食,一瓢饮,在陋巷"的颜回去哪里弄十条干肉作为学费。

"有教有类"是中国教育三大绝症之一(第一绝症是迷失了精神活动本真,第二绝症是丢失了有教无类的情怀,第三绝症是丢掉了因材施教的传统)。教育公平是最本质的公平,是最基础的公平,是促进社会公平的助力器。遗憾的是,教育的不公平在基础教育阶段演绎得十分冷酷,尽管中央一直强调教育公平,但是一些地方政府出于种种考虑,以优势人群的需求为导向,人为制造重点高中、重点初中、重点小学。基础教育凸显公平性的改革,应该在教育的供给侧,政府应该给市民提供相对公平的基础教育,如是,才符合党的宗旨。

举目四顾,教育不公平无处不在。微观层面看,同在一所学校,同在一个年级,对重点班和非重点班的学生能够有教无类吗?对强势群体子女

---

① 束脩(xiū):多数学者解释为"十条干肉"。东汉儒学研究专家郑玄的解释是"束带修饰",是春秋时期15周岁男子举行成人礼的装束。

与弱势群体子女一样有教无类吗？再微观一点，作为教师，你同样喜欢有钱人子女和贫寒子女吗？你同样喜欢听话的孩子和顽皮的孩子吗？你同样喜欢成绩前十名的孩子和后十名的孩子吗？你同样喜欢容貌姣好的孩子和容貌相对平凡的孩子吗？你同样喜欢身心正常的孩子和身心有缺陷的孩子吗？

宏观层面看：学校之间的差距被政策性地不断强化，公平吗？地区之间的教育差距被相对财力不断强化，公平吗？城乡之间的教育差距被二元结构不断强化，公平吗？区域之间、学校之间、群体之间的教育差距依然在演绎马太效应：经济越发达的地区，教育投入越多，条件越来越好；经济越贫困的地区，教育投入越是不足，条件越是落后；越是所谓名校，社会关注度越高，资源配置越集中，师资力量越雄厚；越是薄弱学校，社会关注度越低，资源配置越少，师资力量越单薄；越是强势群体，家庭拥有的图书藏量越丰富，资讯条件越发达；越是弱势群体，家庭图书藏量越稀少，资讯条件越落后。

几年前，中国境内军官、士兵工资实现了同级别同标准。由此看来，国境之内基础教育教师工资、生均公用经费同标准有可操作性。退而求其次，各省以省城为标准，实现基础教育教师工资和学生生均教育经费的同标准更有可操作性。如是，则有教无类的情怀有望重建，有教无类的理想可能实现。对此，我有期待也有信心！

7.8 举一反三

> 子曰:"不愤①不启,不悱②不发。举一隅③不以三隅反,则不复④也。"

孔子说:"不到冥思苦想而依然迷茫时不指导,不到欲说不能、欲罢不忍时不启发。教给他一方面的知识,他不能推知其他相类似的知识,就暂时不讲授。"

启发式教育发端于孔子。在孔子儒家的教育行为中,老师是启发者,是诱导者,学生是发展的主体。如果举一隅而不能反三隅,就应当让学生去体会和消化,而不是放弃,因为孔子对"朽木不可雕也"的宰予也不曾放弃过。

启发式教育或启发式教学,如何才能成功呢?第一,优化原认知结构。能否举一隅而反三隅,用奥苏伯尔心理学来解释,学生原有认知结构中相关知识的清晰程度、有序程度、巩固程度有着决定性的作用,假如学生旧有相关知识模糊不清且无序,则不可能举一反三。第二,精心准备引导语。要让学生深受启发,甚至举一反三,除了在原认知结构中做好知识与能力的准备之外,第二个要素就是引导语言必须是具有启发性的。按照布鲁姆的教育质量观,引导语言的启发性属于教育质量的范畴。布鲁姆认

---

①愤:苦思冥想而仍不领会的样子。②悱(fěi):欲说不能、欲罢不忍的样子。③隅(yú):角落。④复:重复某种动作,指讲授。

为教育质量包括四个维度：如何向学生提供线索或指导；学生参与（外显与内隐）学习活动的程度；如何给予强化以吸引学生学习；如何有效反馈学习效果（尤其是班级授课制）。由此可见，启发式教学在布鲁姆教育质量观的四个维度中占有至少两个维度：如何提供线索和引导，这取决于教师的引导设计；学生参与学习活动的程度，"愤""悱"就是学生的参与状态。如果学生没有强烈的兴趣和深度的参与，启发式教学就会流于形式，甚至变成课堂闹剧。

感悟

01

02

03

7.9 贵在真诚

> 子食于有丧者之侧，未尝饱也。

孔子在有丧事的人旁边吃饭，不曾吃饱过。

近当代儒学研究专家如钱穆、杨伯峻、李泽厚等都认为，儒家起源于巫，起源于丧事，我不敢苟同。逻辑应该是这样的：先有儒家思想，后有儒家思想创始人。从这个意义上讲，孔子就是儒家思想的创始人。儒家思想的源头有两个：一是西周开国之君及周公姬旦等的社会治理实践，孔子对其社会治理进行了理论提升；二是孔子在对他生活的那个时期以前的经典文献如《尚书》《春秋》《诗经》等进行编撰整理的过程中，进行了二次提炼和再创造。而儒家思想的最完整的体现，则在孔子及其弟子的对话集《论语》之中。

由于儒家有重生死的传统，孔子作为德高望重者参与甚至是主持当地的丧事，那是自然而然的事情；这个传统一直流传到今天，我所在的湖北乡下，有人去世了，出来主持丧礼的必然是一村甚至几个村子中道德学问最高的长者，但是我们却不能因此断定儒家起源于巫、起源于丧事。儒家笃信"慎终追远，民德归厚"，慎重地对待死者，追怀先辈的高尚人格，这样民众道德便会趋于淳厚。追怀往者，如果不真心，不真诚，如何能使"民德归厚"呢？儒家重视伦理和礼仪，其主持治丧是道德追求，而不是职业谋生！

7.10 喜怒有常

> 子于是日哭，则不歌。

孔子在这一天为丧者哭泣，当日之内就不再唱歌。

原始儒家提倡真诚，反对虚伪，丧事期间哭泣过，当日就不再歌唱。孔子不再歌唱，为何呢？一则同情心使然，悲人之所悲，这是仁者的心态，也是仁者的必然；二则是发乎真诚，一个人既然真诚地哭过，若是立即转悲为喜，要么不真诚，要么就是喜怒无常的小人；三则可能有类似的礼仪约束，比如现在降半旗志哀，每逢重大天灾人祸则全国停止一切娱乐活动。

喜怒有常，真诚地表达悲伤，既合礼，也合理！

7.11　临事而惧

子谓颜渊曰："用之则行，舍之则藏①，惟我与尔有是夫。"
子路曰："子行三军②，则谁与③？"
子曰："暴虎冯河④，死而无悔者，吾不与也。必也临事而惧⑤，好谋而成者也。"

孔子对颜渊说："用我时就做事，不用我时就退隐，只有我和你才能这样吧。"

子路问孔子说："老师如统帅三军，打算和谁一起呢？"

孔子说："赤手空拳搏斗老虎，徒步涉水过河，死了都不会后悔的人，我不会和他一起共事。我要我的一定是遇事谨慎、善于谋划而能完成任务的人。"

孔子因材施教建立在识人之明的基础上，他太了解子路了，遗憾的是尚未等到孔子改变子路的性格，子路就不幸因"暴虎冯河"式的勇敢而牺牲，给孔子造成致命打击。

临事而惧，谋定而后动，成了古往今来儒将的共同标识。抗日战争时

---

①舍：舍弃，不用。藏：退隐。②三军：大国的军队。③与：动词，偕同。④暴虎：空拳赤手搏斗老虎。冯河：徒步过河。⑤临事而惧：遇事谨慎。惧，谨慎、警惕。

期的国民党将领李宗仁、白崇禧、薛岳和共产党将领徐向前、刘伯承、粟裕都是临事而惧的儒将,其共同风格就是通过整体战略构思,缜密的战役运作,精确的战术运用,将胜利的可能性提高到最高,将战役成本降低到最低。为将如此,为政又何尝不是如此呢?

感悟

01

02

03

7.12　欲哭无泪

> 子曰:"富而可求①也,虽执鞭之士②,吾亦为之。如不可求,从吾所好。"

孔子说:"如果财富可以通过正当途径获得,即使是市场的看门人我也愿意做。如果财富不能通过正当途径获得,那么还是去做我喜好的事。"

孔子重义并不排斥利,正所谓"君子爱财,取之有道"。君子爱财是本性,不失人格,不失道义,这样的财可以取;如果有失道义,还是应该保持本心本性,做自己喜欢的事情。

美国智库兰德公司曾做过一项调查,在中国,挑选了三所著名大学做无记名问卷,让大一新生在金钱、权力、真理、智慧、美五个选项中选择两项,少数学生选择智慧和美,大多数学生直奔权力、金钱而去,其中选择金钱的比例最高。

这才是中国教育最大的隐忧,也是中华民族最大的隐患;一个国家潜在的危险,往往不在经济,不在军事,不在科技,而在人的价值取向。

---

①富:发财。求:指符合道义而取得。②执鞭之士:市场守门人。

7.13 国之大事

> 子之所慎：齐①、战、疾②。

孔子严谨地对待斋戒、战争和疾病这三件事。

孔子高度重视斋戒、战争、传染病。斋戒事关每个人的心理健康和精神生活，让人心有所敬畏，有所信仰，有所归依，这是最重要的事情；战争胜负事关国家安危和民众的生命财产；传染病，在孔子所处的时代，直接威胁到千百万人的生命。由此，可以真实真切体会到，孔子儒家的人本哲学和民本思想之可贵！

2500多年过去了，现代中国最重要的事情，恐怕还是人民的信仰、国家的军事力量、人民的健康。对于一个国家来说，没有什么比人民的信仰更重要，没有什么比人民的价值坚守更重要，没有什么比全体人民心灵的归宿归依更重要；没有什么比价值迷失更可怕，没有什么比信仰缺失更可怕，没有什么比没有底线更可怕。解决这个问题，不是依靠斋戒，而是依靠教育。

对于中国这样一个大国来说，没有强大的军事实力，只不过是任人宰割的肥羊或者肥牛而已。宋代经济文化发展，处于当时世界的顶峰，但是，因为错误的军事路线和军事策略，结果先后败于西夏、辽金、蒙古，

---

①齐：同"斋"，斋戒。古人祭祀前沐浴更衣、禁荤、禁酒、禁房事，整洁身心以示虔诚。②疾：传染病。

两任皇帝被俘，最后一任跳海，一个辉煌的王朝如梦幻一样溃败幻灭了。大清帝国，在鸦片战争时期，腐朽的军事力量和腐朽的军事决策机制不能抵挡两万余人的八国联军，结果是皇族仓皇西逃，大臣东南互保，华丽的圆明园被火烧；甲午战争，中日两国海军力量基本持平，加上本土作战，海陆军整体战力优于日本，但是缺少敢战能战的军事将领，以侥幸的心理避战，结果全军覆没。当今世界，和平与发展是主旋律。可是，没有强大的军事力量就没有和平，没有能够战胜侵略者、围堵者的超强的军事力量就不可能有中华民族的持续发展，在此基础上，没有敢于战争的决心和勇气就不可能有中华民族的伟大复兴。

中国作为世界大国，人口众多。如今水资源污染十分严重，地质污染十分严重，大气污染十分严重，医药安全问题十分严峻，食品安全问题十分严峻；哪一件都会爆发类似于古代流行病、瘟疫一样的灾难，哪一样都有可能中断中华民族伟大复兴的进程。解决这些问题的关键何在？在人心，心有敬畏，心有归依，心有追求，心有底线，心有梦想，心有理想，心有信仰，这是关键。最重要的措施何在？在教育，让教育回归本真，让教育回归人伦，让教育回归人之为人，这是解决这些疑难杂症的逻辑起点。

7.14 审美教育

> 子在齐闻《韶》①，三月不知肉味，曰："不图为乐之至于斯也。"

孔子在齐国听到了《韶》乐，有很长时间尝不出肉的滋味，他说："想不到《韶》乐的美达到了如此的高度。"

本章讲的是孔子对音乐的鉴赏能力和痴迷程度，也是讲审美教育对人陶冶功能之强大。现代教育中的音乐、美术、舞蹈等相当于孔子时代"艺"的范畴，孔子对此高度重视，其教育智慧依然值得当代人学习。

10多年前，我深度访问澳大利亚10余所学校，发现澳大利亚中小学对音乐、美术、舞蹈的重视，丝毫不亚于我们对语文、数学、英语的重视。我向一所澳大利亚中学校长请教其原委，校长解释说："我们不时看到钢琴王子，但没有见过钢琴流氓；经常看到美术疯子，但没有见过美术痞子……"蔡元培先生曾经倡导以美育替代宗教，也是个不错的选择。遗憾的是，现代中国大陆教育实践中，音乐、美术等审美教育被严重边缘化，这不仅影响学生心智的发展（缺少艺术智能是不健全的智能结构），也影响健全人格的形成，实在是中国当代基础教育的严重失误。遗憾，高考制度不改革，教育者束手无策！

---

①《韶》：舜时古乐曲名。

7.15　互为知音

> 冉有曰："夫子为①卫君②乎？"子贡曰："诺③，吾将问之。"
>
> 入，曰："伯夷、叔齐何人也？"曰："古之贤人也。"曰："怨乎？"曰："求仁而得仁，又何怨？"
>
> 出，曰："夫子不为也。"

冉有问子贡说："老师会帮助卫国国君吗？"子贡说："好，我去问他。"

于是进去问孔子："伯夷、叔齐是什么样的人呢？"孔子说："古代的贤人。"子贡又问："他们有怨恨吗？"孔子说："他们求仁而得到了仁，为什么会怨呢？"

子贡出来答复冉有说："老师不会帮助卫君。"

卫国国君辄即位后，其父与其争夺主位，这件事恰好与伯夷、叔齐两兄弟互相让位形成鲜明对比。孔子赞扬伯夷、叔齐，而对卫出公父子相争自然不能赞同，由此，子贡判断孔子不会帮助卫国国君。孔门师生，道义相期，师生或如父子，或如兄弟，或如朋友，彼此可谓知音。这种师生关系，被汉代阴阳家董仲舒等伪儒异化，从此不再提倡，甚为遗憾！恩师刘鸣、郑永廷给予我的是慈父般的垂爱、眷顾、教诲，朱新秤给予我的是兄长的厚爱、教导、帮助，何其荣幸！

---

①为：帮助。②卫君：卫出公辄，卫灵公的孙子。他的父亲因谋杀南子而被卫灵公驱逐出国。卫灵公死后，公元前492年辄被立为国君，其父回国与他争位。③诺：答应。

7.16　浮云富贵

> 子曰:"饭疏食①饮水,曲肱②而枕之,乐亦在其中矣。不义而富且贵,于我如浮云。"

孔子说:"吃粗粮喝白水,弯着胳膊当枕头,乐在其中。用不正当的手段获取的富贵,对于我就像浮云。"

明儒王阳明认为:无所谓苦乐,全在于感受。你认为是苦才是苦,你认为是乐就是乐。这正是孔子提倡的"安贫乐道"境界的明代阐释。安贫乐道,才能有出息。当今之世,也许学历已经很难改变命运了,但是学习一定可以改变命运,学力一定可以改变命运,如果甘于寂寞,甘于暂时贫困,甘于求真求善,不断提升生命的品质,最终不仅可以摆脱贫困,也能创造人生的奇迹!

不义之财如浮云的价值取向,深深嵌入了中国知识分子的文化人格,也注入了中国普通老百姓的基因中。遗憾的是,在有些人身上这基因也突变或坏死了,不少国人在富贵面前已经没有底线了;曾几何时,金钱几乎成了至高无上的崇拜,多少人用权力去谋取金钱,用美色去谋取金钱,甚至出卖良知换取金钱等,整个价值体系被扭曲,所拥有财富的多少几乎成了判断人生成功与否的唯一标准。德教传统抛弃殆尽,这是过去数十年中国教育百病的根源!也是中国社会百病的根源!

---

①饭:吃,动词。疏食:粗粮。②曲肱(gōng):弯着胳膊。肱,胳膊,由肩至肘的部位。

7.17 五十学《易》

> 子曰:"加①我数年,五十以学《易》,可以无大过矣。"

孔子说:"给我几年时间,到五十岁学完《易》,可以不犯大错。"

孔子对《易经》传承的贡献,在于作了《易传》,对《易经》做了解释,相当于给《易经》装上翅膀,使其飞入寻常百姓家。《易经》是儒家重要的经典,有人甚至奉之为六经之首,我不敢苟同,无论如何,《论语》应该是儒家六经之首,因为《论语》所承载的以人为本的哲学、以民为本的理念、自强不息的精神、积极入世的传统、厚德载物的担当、天下为公的理想、尚中贵和的思维、博爱泛众的胸怀、勤劳简朴的性格、家庭中心的伦理、家国一体的追求、天人合一的境界,是中国人之为中国人、中国之为中国的标志性的文化基因。

《易经》作为重要的儒家经典,当然有其不可替代的价值。《易经》是农耕文明哲学思想的集大成者,充分展示了中国古代朴素的辩证法思想,构建了认识人类社会、大自然及万事万物乃至宇宙的理论体系。《易经》连接人和天,融通人道、天道、命运和哲学,里面有做人的方法、做事的方法、把握命运的方法等,孔子本人深深折服于《易经》的哲学智慧。

读这一章的最大收获:可以不做哲人,但是不可以不学哲学!

---

① 加(jiǎ):通"假"字,给予。

7.18 坚持雅言

> 子所雅言①，《诗》、《书》、执礼，皆雅言也。

孔子有时讲雅言，读《诗》、《书》和赞礼时，都用雅言。

孔子坚持用雅言教学和礼赞，令人钦佩。我生在湖北黄冈，不讲黄冈话。后来区划调整到武汉，也不讲武汉话。南下广州20多年，至今不会讲广州话。坚持用普通话教学和工作，或许有孔子的影响。

广东大多数地方电台、电视台讲粤语。对此，很多人有不同看法。改革开放之初，粤语席卷中华，是潮流；后来，香港人和澳门人以讲普通话为时尚，是潮流；再后来，学习普通话成为东南亚各国人的时尚，是潮流；如今，随着"一带一路"倡议的纵深推进，越来越多的外国人学讲普通话，也是潮流！一叶知秋，见微知著，或许我们该思考，改革开放的前沿阵地对粤语的坚持和坚守背后的文化意蕴！

根据宪法，当代的雅言——普通话，应该成为法定的工作语言和教学语言，如是，则官方影视媒体必须使用普通话，教育教学语言必须使用普通话。无论什么地区，无论什么民族，日常生活交流使用本民族的语言，当然是尊重文化多元的需要；但是教育教学必须坚持使用普通话，以普通话作为工作语言的岗位必须坚持使用普通话，官方媒体语言必须坚持使用普通话，这是对宪法的尊重，是国家统一的标志，是文化认同的载体，是国家认同的意志！

---

①雅言：周王朝的京畿之地在今陕西地区，以京畿之地的语音为标准的周王朝官话，当时被称作"雅言"，类似于今天我们所提倡讲的普通话。孔子平时谈话时用鲁国方言，但在诵读《诗》、《书》和赞礼时，则以周王朝的官话为准。

7.19　乐以忘忧

> 叶①公问孔子于子路，子路不对。子曰："女奚不曰：其为人也，发愤忘食，乐以忘忧，不知老之将至云尔②。"

叶公问子路孔子是个什么样的人，子路不回答他。孔子对子路说："你为什么不这样说：他这个人，发愤用功甚至忘了吃饭，乐观豁达甚至忘了忧愁，以致不知老了，如此而已。"

孔子作为终身学习思想的首创者、实践者，"发愤忘食，乐以忘忧，不知老之将至"是现实主义，更是乐观主义。

"发愤忘食"是求道的态度。现代中国人的价值追求却背离这种态度，用心做学问、真心做学问的学者越来越少，而整日忽悠，贩卖知识甚至良知的学者越来越多。

"乐以忘忧"是求道的境界，是悟道的境界。相比现代知识分子，很少有人能够视学术如生命，很少有人能够融学术入生命，很少有人把道作为人生的最高目标，这应该是中国人很少获得诺贝尔奖的一个重要原因。

"不知老之将至"是终身学习、终生求道、终生悟道的生命状态。我如今依然孜孜不倦追求生命的永恒价值，依然像青年时代一样，每晚恋恋不敢睡去，因为我深深知道，当我醒来的时候，昨天已经成为历史！也

---

①叶：旧读shè。②云：代词，如此之意。尔：同"耳"，而已，罢了。

许，工作的岗位有不经意的变动，但是数十年如一日读书的习惯不会变，数十年如一日治学不辍的坚持不会变，数十年如一日只争朝夕的生命状态不会变！

非常渴望"发愤忘食，乐以忘忧，不知老之将至"能成为每个中国人的人生态度和生命状态，如是，中国梦的实现屈指可待！

感悟

01

02

03

7.20　性非好古

> 子曰:"我非生而知之者,好古,敏以求之者也。"

孔子说:"我不是天生就有知识,是因为我热爱古代典籍文化,勤奋探求而得到了这些知识。"

这是孔子勉励学生的话,从中我们可以看出,孔子并不相信"生而知之",当学生们恭维他"天纵之圣",孔子也没有沾沾自喜,他依然相信勤奋好学可以改变命运。

我也相信勤奋好学改变命运。我出生在仅有12户人家的小山村,没有上过高中,初中毕业直接读湖北省麻城师范学校,17岁参加工作。一边工作,一边读书,专科函授,本科自学,硕士、博士均是在职时攻读。幼时曾经有过做总理的梦想,这个梦想显然此生无法实现,但是却成为我好学不倦的原初动力。26岁担任中学校长,那时才明白,教育是我此生的归宿。数十年来,几乎没有一个晚上不读书,没有一个双休日不读书,没有一个长假不读书。别人相信我的时候,我在读书;别人怀疑我的时候,我在读书;别人传我谣言的时候,我依然在读书。阅读是我的生活方式,也是我的生命状态。书里有一个宁静的世界,书里有一个幸福的精神家园!

正因为如此,我时常提醒每一位可以引以为知己的校长:有所为有所不为,把主要精力集中在学习和工作中。尤其是业余时间,尽量少一些应酬和忽悠,多一些学习,多一些研究,多一些追求。读书真的很快乐,读书真的很享受!

7.21 怪力乱神

> 子不语怪、力、乱、神。

孔子不谈论怪异、暴力、叛乱、鬼神。

孔子是伦理学家、教育家、思想家，不语怪力乱神，那是因为要对受教育者负责任。教育者多言怪异，则学生或恐多行事古怪；教育者多言暴力，则学生难免有暴力倾向；教育者多言叛乱，则学生多叛乱之心；教育者多言鬼神，则学生必多迷信鬼神。

当今的色情、暴力，荒诞的动画、漫画，以及西方节日的疯狂宣传，何尝不是影视媒体多年"教育"的"成果"？所以，人人读《论语》很有必要。

7.22 必有我师

> 子曰:"三人行,必有我师焉。择其善者而从之,其不善者而改之。"

> 孔子说:"几个人同行,其中必有人值得我师从。选择优点向他学习,他若有不足之处则我引以为鉴,改掉自己的缺点。"

孔子的"三人行,必有我师焉"这句话,对后世知识分子产生了无与伦比的深刻影响,对中国人的国民性格也产生了深远影响,中国人的谦虚与自信往往令西方友人难以辨别。这里也有儒家内省和内圣的功夫,有"反求诸己"的方法。

这一则可以与"吾日三省吾身"结合起来读,有助于正确理解"无友不如己者"。用心研读这一章,可以体悟至少三个结论:一是儒家的谦虚正是儒家包容的具体形态,因为谦虚,才有孔子问道老子,才有孔子学琴于师襄子,才有儒学的流变与发展;二是儒家的谦虚是"内圣"的具体方法,只有谦虚才能知道自己的不足,才能学到别人的长处,目的是"择其善者而从之,其不善者而改之",才能使自己的道德修养不断提升;三是儒家的谦虚发自内心,发乎真诚,发端于本心本性。虚怀若谷的人文精神,正是如今援西入儒的伦理基础。

7.23　自负天命

> 子曰："天生德于予，桓魋①其如予何？"

孔子说："上天把德赋予了我，桓魋能把我怎么样？"

公元前492年，孔子从卫国去陈国时经过宋国。桓魋带兵欲加害孔子。当时孔子正与弟子们在大树下演习周礼的仪式，桓魋砍倒大树，而且要杀孔子，孔子在包围之中，气定神闲，弹琴高歌，子路百思不得其解，问孔子何以如此镇定，孔子讲了本章这句话。孔子认为，自己身负天命，命运由天作主，这是儒家的自信和自负。

孔子的自信当然有理由：一则孔子对天命有独特体认，自身崇高的理想和历史使命感使其充溢了压倒一切的浩然正气，正气产生了征服一切的力量；二则孔子精通六艺，也精通武艺，孔子不仅身高1.9米以上，而且孔武有力，梁启超先生就称赞孔子是中国武士道第一人，孔子在外交场合折冲樽俎，维护国家利益，大智大勇，也源于自己精通武艺的自信。所以，我常常讲，中国原始儒学并不缺乏勇敢的要素；也常常提倡，社会主义核心价值观中要增加"勇敢"二字。

既然上苍选择我们从事教育事业，我们就要兢兢业业做好，不受世俗左右，不受流俗冲击，走自己的路，让别人说去吧。作为教育工作者，这种自负还是应该有的。

---

① 桓魋（tuí）：宋国主管军事行政的官，宋桓公的后代。

7.24 师生一体

> 子曰:"二三子①以我为隐乎?吾无隐乎尔。吾无行而不与二三子者,是丘也。"

孔子说:"你们以为我对你们有什么隐瞒吗?我没有隐瞒。我所有的行动都向你们公开,这就是我孔丘的为人。"

孔子为坦诚君子,后世伪儒者却认为有所谓"孔门心法"。孔子的学生中有"二三子"怀疑老师有什么心法没有公开,只传授给颜渊等少数人,孔子这段话有澄清是非的意图。

这也表明了孔子的教育是一种开放式教育,是一种全人格教育,道义相期,人格影响,共同进步。孔子开"教学相长"的先河,在中国教育史上有着独特的地位和价值。但是中国历代教科书对于"教学相长"解释有失偏颇,普遍的说法是"教学双方相互促进"。其实,把孔子的教育实践看作一个整体结构,就会发现孔子的教学相长不是那么简单。随着年龄的增长,孔子读书越来越多,学养越来越厚,学术思想越来越深邃,道德越来越高尚,人格越来越完美,亲和力凝聚力越来越强大——就算是"累然如丧家之狗",也有那么多的学生不离不弃地忠贞追随,他去世之后子贡等学生自觉守孝三年。更为可贵的是,很多学生在很多领域,成功超越孔

---

①二三子:这里指孔子的部分学生。

子，比如子贡在商业、外交上的成就，都超越了孔子。孔子与学生成为心心相印、道义相期、相互激励的共同生命体和成长体。

有人说："老师要给学生一碗水，自己要有一桶水。"够吗？当然不够。又说："老师要给学生一碗水，自己要有一河水。"够吗？当然不够。老师至少是大海，学生才能自游、畅游、远游，学生才能"直挂云帆济沧海"！如果老师的学识、能力、道德、人格有幸成为一个有磁场的"宇宙"，学生就可以飞向太空，翱翔"宇宙"！民国时期的夏丏尊、朱自清、鲁迅、李叔同等大师，如孔门教育一样与学生实现了真正的"教学相长"！

实现教学相长，最重要的条件是师生之间能够形成生命的磁场，能够彼此互信、心心相印、相互激励。前提是师生之间亦师亦友亦兄弟的超越金钱权势的道义相期。可惜，汉代阴阳家董仲舒将孔门这种师生关系异化为"下帷讲学"，从此师生空间距离加大，心理距离加大，感情距离加大，思想距离加大，流毒至今未肃清。而今，却出现了相反的趋势：很多人小学教一辈子，知识储备相当于初中；很多人初中教一辈子，知识储备相当于高中；很多人高中教一辈子，解题能力甚至不如高三的优秀学生！实在是不幸！回望孔子，回望民国大师，我们应该得到"教学相长"的另一种解释和启发！

7.25　文行忠信

> 子以四教：文①、行②、忠、信。

孔子以文、行、忠、信四项内容教授学生。

孔子是人类历史上最杰出的教育家，孔子的教育是全人格教育，也是全文化教育，也就是我们今天一直在提倡的素质教育。孔子课程的框架结构应该以"六经"或"六艺"来描述，孔子整理的文化课程的教材体系包括《诗》《书》《礼》《乐》《易》《春秋》，实践课程包括礼、乐、射、御、书、数，从理论到实践，涵盖了德智体美劳的全部范畴。

此章讲的"文、行、忠、信"显然属于德行类，属于人之为人的精神范畴。"文"是广义的文章、文学、文艺、文献、典籍；"行"是实践，是动手，也是道德实践，更是社会实践；"忠"是对人、对事恪尽职守，尽职尽责；"信"是真实、诚实、守信。孔子的课程设计和教育实践，坚持把德行放在首位，非常值得当代教育者学习。

当代教育最大的弊端，就是背离了精神活动的本质，忽视了德行教育，忽视了心灵养护，忽视了精神建构。中小学教育不幸沦为技能、技巧、智能培训，高等教育沦为职业技术培训，且培训脱离社会；教育的极端功利性，注定了培养的是一批又一批缺少情怀、缺失信仰且没有明确的价值坚守的人才。这样的教育不能承担民族复兴的使命！

---

①文：文献、文学等。②行：指德行，也指社会实践方面的内容。

7.26　人贵有恒

> 子曰："圣人吾不得而见之矣。得见君子者，斯①可矣。"
> 子曰："善人，吾不得而见之矣。得见有恒②者，斯可矣。亡而为有，虚而为盈，约③而为泰④，难乎有恒矣。"

孔子说："圣人我是看不到的，能够看到君子就可以了。"孔子又说："完美的人我是看不到的，能看到有恒心的人就可以了。因为没有变为拥有，空虚变为充实，穷困变为富是是很常见的，很难看到什么永恒的事物。"

圣人，具有修乎至德、达乎至道、通乎神明的理想化的人格；善人，是宅心仁厚、心性善良、爱护百姓、追求人格完善的贤者；有恒者，是守候仁心、守候仁道、守候善道、力行善道，"不知老之将至"者。孔子看来，有恒者就是君子。

李泽厚先生认为这一章是对为政者说的，孔子所谓的"圣人"几乎都是上古为政者，如尧、舜、周公等；如此说来，此章针对为政者而言，就不足为奇了。言下之意就是为政者没有圣人，有君子就不错了；为政者没有完美的人，有持之以恒为民谋利者就不错了；为政者没有装作拥有，空虚装作充实，贫穷装作富裕，这种弄虚作假的行为终究不长久。

---

①斯：就。②恒：恒心。③约：穷困。④泰：富足。

7.27 民胞物与

> 子钓而不纲①,弋②不射宿②。

孔子只用钓竿钓鱼,而不用绳网捕鱼。只射飞鸟,不射巢中歇宿的鸟。

中国先民很早就有环保和动物保护意识。周公时代对捕猎已有约束,春季禽兽处于繁殖期,不许捕猎,捕猎的时期一般在秋冬之际。儒家不仅将仁心推己及人,也推己及物;如果坚持这种理念和心态善待自然,我们也不至于使地球落到即将毁灭的程度。

孔子是环保自觉者。想吃鱼,就去钓鱼,而不用间隔太密的网,避免把小鱼捞起来吃掉;想吃飞禽,但是不能射杀归巢的鸟,既有慈爱,更有节约。孟子继承了这种"推恩"原则,提出了"推恩及禽兽"的主张,发展到张载"民胞物与"的生态情怀。"天人合一"是中国传统伦理长期追求的处理人与天、自然的关系的理想境界,这正是当今世界十分稀缺的精神资源。

由仁心延伸到仁政,就是反对竭泽而渔,反对横征暴敛,就是善待人民,善待自然。当今世界,很多国家和地区不仅竭泽而渔,而且透支自然,为了眼前利益,可以牺牲环境,可以牺牲几代人甚至几十代人赖以生存的自然资源。

人心变冷,地球会变暖;人心变暖,地球会变"冷"!

---

①纲:绳子结成的密网。②弋(yì):用带绳子的箭射鸟。③宿:指归巢的鸟儿。

7.28　自知之明

> 子曰:"盖有不知①而作之者,我无是也。多闻,择其善者而从之,多见而识之。知之次也。"

孔子说:"大概有人什么都不懂却冒充内行去做,我没有这样做过。多听,选择好的学习;多看而不断积累。这就是人变得智慧的过程。"

青年时候常听到这样的口头禅:"革命干部一块砖,哪里需要哪里搬。"目睹了很多优秀干部,发扬传统,走群众路线,从群众中来,到群众中去,礼贤下士,不耻下问,很快掌握情况,在充分调研的基础上,提出了自己的思想、思路、策略,科学有效地推动一个领域的工作上新台阶。

如今,不少干部上任伊始,不调查研究,不深入思考,不懂装懂,走马观花式的视察,信口开河式的拍板,飞扬跋扈,盛气凌人。最可怕的是,这些人还要逼着下级表态,证明自己的"拍板"是正确的、可行的、科学的。于是一帮人格不独立的、浑身没有骨头的人就曲意逢迎、阿谀奉承,就这样一个又一个匪夷所思的决策就形成了。这些人为官一任,祸害一方。普通的政务乱决策,损失的是纳税人的钱和政府的公信力,如果在教育行业碰到主政者不懂装懂、装腔作势,将贻害子孙,受伤害最深的是下一代,是国家和民族!慎之!又慎之!

---

①识(zhì):记住,引申为积累。

7.29　功在教化

> 互乡①难与言，童子见，门人惑。子曰："与其进也②，不与其退③也，唯何甚？人洁己④以进，与其洁也，不保其往⑤也。"

很难与互乡那个地方的人沟通，来自那里的一个孩子被孔子接见，学生们不解。孔子说："我是赞许他的进步，不是赞许他的倒退，何必大惊小怪呢？人家改正错误以求进步，我们肯定他的进步，不要死抓住他的过去不放。"

此章可见孔子的诲人不倦和宽容精神。韩愈被贬谪到潮州后大兴教化，惠及后人千年。《潮州韩文公庙碑》是苏轼于元祐七年（1092）三月，应潮州知州王涤的请求，替潮州重新修建的韩愈庙所撰写的碑文。其中写道："匹夫而为百世师，一言而为天下法。"又云："始潮人未知学，公命进士赵德为之师。自是潮之士，皆笃于文行，延及齐民，至于今，号称易治。信乎孔子之言：'君子学道则爱人，小人学道则易使也。'"由是可知，要改变今天的社会风俗，还需要从教育着手，需要从传统文化教育着手，方能"为天地立心，为生民立命，为往圣继绝学，为万世开太平。"

---

①互乡：地名。②与：赞许。进：进步。③退：退步。④洁己：洁身自好，努力修养成为有德之人。⑤保：保守，抓住。往：过去。

7.30 求仁得仁

> 子曰:"仁远乎哉?我欲仁,斯仁至矣。"

孔子说:"仁难道离我们很远吗?只要我想要做到仁,仁就到了。"

儒家是伦理哲学,也是人本哲学,非神本哲学,强调依靠人的自身努力,可以达到提升自我、完善自我的目标。仁是《论语》所承载的最重要的价值,可以从如下几个维度来理解。首先,仁是善良。在孔子看来,仁道来自仁心,仁心来自本心本性,发乎真诚,所以,教育的最重要责任是恢复和守护本心本性,也就是王阳明先生说的"致良知"。其次,仁是慈爱。恻隐之心是仁,泛爱众也是仁,恻隐之心或许源自本性,但是泛爱众却需要后天情感体验和积累,尤其是爱人及物、推恩及禽兽的"民胞物与"的情怀,更需要情景体会,需要生命感悟。第三,仁是包容。包容不同类的思想和主张,包容他人的缺点。做教育的,尤其要包容差异。因为人格特质差异的存在,人的素质并不能量化,不能用考卷上的分数对生命的质量做定性评价,那是会害死人的。第四,仁是责任。儒家强调"仁以为己任",所以追求仁道、实现王道就"任重而道远"。仁者爱人,爱人就有责任,爱人就必须承担起以苍生为念的历史责任和使命。

仁是目的也是过程。将仁作为个人修养的终极目标,是因为成年人受到世俗的尘染,想复性如赤子,的确不容易。但是,仁作为过程,却是每个人都可以感受和追求的,求仁得仁的意思是当你追求仁,这一刻就恢复了仁心,但是未必有恒心坚持下去,这还需要一个努力实现的过程。

7.31 闻过则喜

> 陈司败①问："昭公②知礼乎？"孔子曰："知礼。"
> 孔子退，揖巫马期③而进之曰："吾闻君子不党④，君子亦党乎？君取⑤于吴，为同姓⑥，谓之吴孟子⑦。君而知礼，孰不知礼？"
> 巫马期以告。子曰："丘也幸，苟有过，人必知之。"

陈司败问孔子："鲁昭公知道礼吗？"孔子回答："知道礼。"

孔子出来后，陈司败向巫马期作揖，请他走近自己，说："我听说，君子是没有偏私的。然而君子怎么还包庇别人呢？鲁昭公在吴国娶了一个同为姬姓的女子，称她为吴孟子。如果鲁国国君算是知礼，还有谁不知礼呢？"

巫马期把这番话告诉了孔子。孔子说："我真是幸运。如果有错，人家一定会知道。"

儒家主张"过而改之，善莫大焉"，所以，"闻过则喜"从来都会被视作优秀品质。鲁昭公娶同姓女子为夫人，违反了礼的规定，而孔子却说

---

①陈司败：陈国主管司法的官。②昭公：鲁国的君主，名裯。③揖：作揖，行拱手礼。巫马期：姓巫马，名施，字子期，孔子的学生，比孔子小30岁。④党：偏袒、包庇。⑤取：同"娶"。⑥为同姓：鲁国和吴国的国君同姓姬。周礼规定同姓不婚，昭公娶同姓女，违礼。⑦吴孟子：鲁昭公夫人。春秋时代国君夫人的称号。

他知道礼。孔子并非存心包庇，因为面对陈国官员问本国国君是否知礼，符合礼的回答只能是外交辞令"知礼"。但是孔子心里明白，这只是"为尊者讳"，并非事实。可贵的是孔子并不掩盖这个错误，而是敢于承认错误。子贡曰："君子之过也，如日月之食焉。过也，人皆见之；更也，人皆仰之。"

从这章中，可以学习儒家对待自身错误的正确态度和方法。另外，何以2000多年前鲁国礼制规定近亲不能通婚，竟然与现代优生学的原理契合？此乃礼制契合天道。

7.32 音乐熏陶

> 子与人歌而善,必使反之,而后和之。

孔子与别人一起唱歌,如果唱得好,一定要请他再唱一遍,然后自己又和他一起唱。

孔子重视乐教,反复歌唱,酝酿真情,进入境界,感动自己,然后才能感动学生。2500多年前孔子开创乐教先河,并且广泛运用于教育教学,尤其是将《诗经》300多篇都"弦歌之",教学生歌唱,这样的课堂是美的课堂,是艺术的课堂,是沁人心脾的课堂。

儒家乐教传统的前瞻性、科学性,逐步为科学家所证实。最早是印度安纳马莱大学植物系教授辛格博士用录音机对着一组凤仙花,播放类似琵琶的音乐;另外一组凤仙花,得到完全相同的水和养分,但没有播放音乐。结果一个月以后,"听"音乐的凤仙花比没有"听"音乐的凤仙花多出72%的叶子,超出20%的高度。辛格博士进一步给稻谷做实验,结果播放音乐的稻田比没有播放音乐的稻田高出25%—60%的产量。美国和加拿大的科学家也纷纷参与这个实验,其中美国丹佛大学研究员多萝茜·雷塔拉克太太所做的实验影响最大。她将相同植物种植在不同温室里,每个温室定期播放不同的音乐,结果播放欧洲古典音乐的一组,植物长势最为茂盛,几乎都像向日葵一样朝着音乐来源生长,尤其是播放巴赫名曲的温室内的植物,向音乐源的倾斜度居然达到了60%,有的植物甚至直接环绕着扩音器生长。这个实验的结果是,欧洲古典音乐对植物生长的促进效果最好,其次是印度音乐,再次是爵士音乐,而摇滚乐最差——植物两周后枯萎死亡。

　　无限感慨,遗憾的是这种乐教传统在当代教育体制中被边缘化或者功利化。呜呼,无语!

感悟

01

02

03

7.33　躬行君子

> 子曰："文，莫①吾犹人也。躬行君子，则吾未之有得。"

孔子说："对文献典籍的研究，大约我和别人差不多。但是像君子一样身体力行，我还没有做得很好。"

孔子非常重视实践。《论语》开篇说："学而时习之，不亦说乎？"强调的是学习与实践融合统一，才能达到理想的境界。说王阳明是"知行合一"哲学思想的原创，不如说是对孔子思想的传承。儒家一脉相承的"知行合一"并不是简单的言行一致，也不是兑现承诺的践约，而是植根于心，见之于行，行为自觉，是一种经历认同、实践、自觉三个阶段的道德成长过程。读此章，我们可以清楚地知道，宋儒"无事袖手谈心性，临危一死报君王"绝不是儒家的风格，因为儒家不主张袖手旁观，而是主张积极入世，躬身入局，造福社会。

---

①莫：约莫、大概、差不多。

7.34 圣仁可为

> 子曰:"若圣与仁,则吾岂敢?抑①为之②不厌,诲人不倦,则可谓云尔已矣。"公西华曰:"正唯弟子不能学也。"

孔子说:"如果说到圣与仁,那我怎么敢当。不过向圣与仁的方向努力而不厌倦,教诲别人不觉疲倦,则可以这样说的啊。"公西华说:"这正是我们没学到的精神呀。"

孔子并不认为自己达到了圣人和仁人的境界,但可贵的是执着地追求成为圣人与仁人。儒家并不追求表面的逻辑一致,所以在不同的语境中,往往对"仁"有不同的理解,比如前面说"仁远乎哉?我欲仁,斯仁至矣",此处又讲"若圣与仁,则吾岂敢",看似矛盾,实则不然。前者说"仁"发自本性,源自本心,指的是刹那间的"仁"。后者说要达到"圣"与"仁"的永久境界,则言不敢当,只是不知疲倦地追求圣与仁境界。前者是短暂的"仁",后者是永恒的"仁",二者境界并不一样,所以不矛盾,短暂的"仁"一念间即可达到,但是要保持恒久的"仁心",需要坚持不懈地努力。

---

①抑:转折语气词,只不过。②之:指圣与仁。

7.35 唯心唯物

> 子疾病①，子路请祷②。子曰："有诸③？"子路对曰："有之。《诔》④曰：'祷尔于上下神祇⑤。'"子曰："丘之祷久矣。"

孔子生了很严重的病，子路请向天地神灵祈祷。孔子说："有这回事吗？"子路说："有的。《诔》文上说：'为你向天地神灵祈祷。'"孔子说："我祈祷很久了。"

孔子言谈中，从来没有涉及鬼神是否存在的问题，只是客观表达，没有回答。事实上孔子相信天命，否则怎么会有"泰山其颓乎！梁木其坏乎！哲人其萎乎！"的生命感叹？生命现象是教育和伦理学都无法回避的问题，王阳明在贵州龙场经历过一次死亡又活过来的生命体验，提出了"死亡只是生命的过程，而不是生命的结束"的命题。这个命题在伦理哲学上的重大价值在于告诫活着的人：及时行乐、苟且偷生是错误的，每一个活着的人，不仅对活着的自己负责任，而且要对永远的生命——灵魂负责任！

因此，从教育与伦理视域看，相信灵魂存在，相信生命永恒，未必是一件坏事。国外把宗教引入课堂，引入教育，也未必没有道理。

---

①疾病：重病。疾，生病。病，重病。②请祷：向鬼神祈祷。③有诸：有这样的事吗？④《诔（lěi）》：祈祷文。⑤神祇（qí）：天神为神，地神为祇。

7.36　奢则不逊

子曰:"奢则不孙①,俭则固②。与其不孙也,宁固。"

孔子说:"奢侈了往往不恭敬,过分节俭了往往简陋。与其不恭敬,宁可简陋。"

孔子对人性的洞悉不能不叫人佩服,骄奢淫逸,往往就走向傲慢。过于节俭,往往显得简陋寒酸。

读了本章,不难理解为什么有些"富二代"如此傲慢,为什么有些"官二代"如此猖狂,也不难理解为什么有些确有冤屈的上访者几十年如一日的执着。这些社会现象很容易从儒家伦理哲学中找到解释和答案。富贵往往不过三代,那是骄奢淫逸所致。诚如孔子所言"富而不骄",定会福泽绵绵。

读《论语》不是为了背诵,而是为了实践,为了内心的仁厚、柔软,为了内心的充实与丰富,为了内心的成熟与强大,为了人格的完善与完美,为了一生的光明磊落和问心无愧。对《论语》的智慧,相信、坚守、坚持、知行合一,那么人生将十分精彩,家庭将十分兴旺,事业将必然辉煌;当《论语》成为国人案头、床头、心头的经典的时候,我们离民族的伟大复兴就已经不算遥远了!

---

①孙:同"逊",恭顺。②固:简陋。

7.37 君子坦荡

> 子曰:"君子坦荡荡①,小人长戚戚②。"

孔子说:"君子永远襟怀坦荡,小人常常忧郁抱怨。"

君子之所以坦荡,因为君子"藏器于身,伺机而动",有资本方能有自信。如今官场,有些人除了做官,什么都不会,所以每天诚惶诚恐,唯恐领导不高兴,唯恐领导不信任,唯恐拂逆领导,生活在惶惶不可终日的高压之下,要么转化压力去欺压下级和群众,要么患上抑郁症。

我时常告诉知己的校长朋友,不必用心讨好领导,只需用心做人,用心做事,用心读书,用心研究,用心谋自己提升,用心谋教师发展,更用心谋事业发展。如是,则可以"坦荡荡"。我之所以坚持做学问,坚持真做学问和做真学问,一则是事业发展需要,二则是个人立命需要,虽不敢以君子自居,但也不至于"小人长戚戚"。

---

①坦荡荡:心胸宽广、开阔、容忍。②长戚戚:经常忧愁、抱怨的样子。

7.38 君子气质

> 子温而厉,威而不猛,恭而安。

孔子温和而严厉,威严而不凶猛,庄重而安详。

"温而厉,威而不猛,恭而安"符合中庸之道,是君子境界。儒家强调修身,但是必须从修心开始。"相由心生"讲的就是通过正心而修身,进而改变人的骨相气质,心善而逐步面善,心中充满自信,气质中才有自信。"腹有诗书气自华",强调的也是修心可以改变气质。此章应与《论语·子张第十九》中"君子有三变:望之俨然,即之也温,听其言也厉"结合起来读,领会儒家修心、修身之学,体会儒家所倡导的君子形象、君子气质、君子风度。既然"人皆可以为尧舜",那么,师皆可以为孔孟、人皆可以为君子自然不成问题。

泰伯第八

8.1 政治形态

> 子曰:"泰伯①,其可谓至德也已矣。三以天下让,民无得而称焉。"

孔子说:"泰伯可以说是品德最高尚的人啊,几次把王位让给季历,百姓们找不到合适的词句来称赞他。"

传说中,中国上古周族领袖古公亶父因为三子季历的儿子姬昌有圣德,便有心传位给季历,但按照礼制应该传位给季历的兄长才对,于是很为难。长子泰伯知道后便与二弟仲雍一起避居到吴,以便父亲能够如愿。古公亶父死后,泰伯为把君位让给季历,宁可不回来奔丧,后来又断发文身,表示终身不返,后季历传给姬昌,即后世所称的周文王。周文王之子周武王,灭了殷商,统一了天下。这一历史事件在孔子看来,值得推崇。周朝开创贤人政治,即德治或者叫作礼治,经历几代人的努力,到武王伐纣拥有天下,以礼治国,拥有800年历史,成为中国历史上最长的朝代,足以证明德治、礼治、民治有其无可否认的合理性;秦国开创法治,经过几代君王努力,到秦始皇取得天下,单纯以法治国,仅仅拥有15年的历史。礼治(以德治为主辅之以法治)显然优于单纯法治。

美国人的休克疗法,几乎打断了俄罗斯的民族脊梁,但是强人普京却

---

①泰伯:周朝始祖古公亶(dàn)父的长子。

能使俄罗斯重振雄风，这是民主政治的功劳还是强人政治的成功呢？民主如果沦为民粹主义的陷阱，那是悲哀；民主如果沦为金融寡头的幌子，那是悲剧；权力如果用来为民谋福祉，如果有利于民族崛起，那是幸运。若非普京的强人政治或强权政治，被打断脊梁骨的俄罗斯恐怕现在还趴在地上动弹不得。

历史发展到今天，社会资讯十分发达，或许德治、法治、民治的结合是最佳的社会形态。有人批评德治，有人批评法治，有人认为必须德治兼法治；或许德治、法治、民治有机结合才是最佳的社会政治形态，因为这种选择符合"中庸之道"。

8.2 礼为准绳

> 子曰:"恭而无礼则劳①,慎而无礼则葸②,勇而无礼则乱,直而无礼则绞③。君子笃④于亲,则民兴于仁,故旧⑤不遗,则民不偷⑥。"

孔子说:"恭敬而有失礼的分寸,则会辛劳无功;谨慎而有失礼的分寸,则会畏缩拘谨;勇猛而有失礼的分寸,则会发生动乱;直率而有失礼的分寸,则会尖酸刻薄。在上位者厚待身边的人,则民风趋向淳厚,百姓走向仁德;不遗弃老友,民众就不会冷漠。"

这一章,再次显示孔子儒家哲学实践理性的特征,这种跨越时空的结论,若非源于实践,如何能够如此准确深刻?一味恭敬甚至突破礼的极限和分寸,效果适得其反,别人不会尊重你,甚至更多的时候自取其辱;一味地谨慎,甚至突破礼的极限和分寸,人就会变得畏首畏尾,不敢作为;一味地勇猛,甚至突破礼的制约,就会出现背叛甚至叛乱;一味地直率,甚至突破礼的制约,缺少了对人的尊重,人就会变得尖酸刻薄:何其生动,何其深刻,何其准确。

作为地方主官,或者作为校长,或者作为教师,善待能够亲近你的

---

①劳:辛劳,劳苦。②葸(xǐ):拘谨,畏惧的样子。③绞(jiǎo):说话尖刻,出口伤人。④笃:厚待、真诚。⑤故旧:故交,老友。⑥偷:淡薄。

人，这种善良与慈爱作为能量，就可以像蝴蝶效应一样，向周边不断辐射，辖内、治内、校内的人们，往往也会变得淳朴仁厚，民风其实就是这样变得淳厚的。为政者率先垂范，礼遇故交（前提是不能用公款和公权力），民众自然以之为榜样，人与人之间自然不会冷漠。

数十年人生历程，我目睹不少学界朋友，学问做得越深，越谦和，如我的恩师刘鸣、郑永廷、朱新秤等，都属于这种让社会和学生觉得高山仰止的楷模。也目睹很多优秀共产党员干部，官位越高，待人越平易近人，这样的官往往晚景超然，夕阳无限好。的确也有少数官僚，官位稍微有变，对老师、对长者、对朋友态度立即一百八十度转弯，由谦虚甚至谦卑变得目中无人，骄横无比，满身暴戾，不要说礼遇故旧，就是对自己有提携之恩的人也不屑一顾；这样的官，晚景往往很差，或者基本都进了牢房。

态度决定命运，修身决定人生！孔子儒家的修心修身，影响亲戚朋友，影响邻居故旧，从而影响社会，这个路径时至今日依然是正确的。中国旧时以吏为师的传统，发展到今天就是中共党员干部必须是普通群众的榜样和楷模。这是时代的进步！

8.3 如临深渊

> 曾子有疾，召门弟子曰："启予足！启予手！《诗》云：'战战兢兢，如临深渊，如履薄冰。'①而今而后，吾知免②夫！小子③！"

曾子生病，把学生召集到身边说："抬起我的脚！抬起我的手！《诗经》说：'小心谨慎呀，好像站在深渊旁边，好像踩在薄冰上面。'从今以后，我知道如何避免错误了！弟子们！"

有学者说，《孝经》曾经记载孔子对曾参说过："身体发肤，受之父母，不敢毁伤，孝之始也。"此说不可信，因为《孝经》并非孔子或其弟子及再传弟子的作品，从其文风考究，大约属于汉代的作品，是汉朝"以孝治天下"的附会之作。我坚决反对用《孝经》作为当代儿童的德育教材，因为它背离了孔子儒学的人本哲学和人道情怀。以这一章来证明孔子说过"身体发肤，受之父母，不敢毁伤，孝之始也"证据不足。以平常心读此章，属于典型的启发式教学，由避免身体受伤，延伸到如何避免犯错误：以"战战兢兢，如履薄冰"的谨慎持重对待事业，对待学术，对待人生。

---

① "《诗》云"以下三句引自《诗经·小雅·小旻》。②免：指身体免于损伤。③小子：对弟子的称呼。

现实中，大言不惭者比比皆是，对没有研究过的领域随意大放厥词，哪有"战战兢兢，如临深渊，如履薄冰"的持重？信口开河者大有人在，没有调查研究随意指手画脚，哪有"战战兢兢，如临深渊，如履薄冰"的慎重？学术错误，误导苍生！决策错误，戕害百姓！

感悟

01

02

03

8.4 君子三贵

> 曾子有疾，孟敬子问①之。曾子言曰："鸟之将死，其鸣也哀；人之将死，其言也善。君子所贵乎道者三：动容貌②，斯远暴慢③矣；正颜色④，斯近信矣；出辞气⑤，斯远鄙倍⑥矣。笾豆之事⑦，则有司存⑧。"

曾子生病了，孟敬子去看望他。曾子对他说："鸟将死，叫声充满悲哀；人将死，话语充满善意。君子所重视的道有三个方面：容貌庄重可以远离粗暴放肆；脸色正义可以接近诚信；说话辞严气正可以远离粗俗悖理。至于祭祀和礼节仪式，自有主管官吏来负责。"

曾子与孟敬子在政治立场上是对立的。曾子在临死以前，还在试图改变孟敬子，所以他说："人之将死，其言也善。"这一方面表明他自己对孟敬子没有恶意，同时也告诉孟敬子作为君子应当重视的三个方面。曾子的劝诫，乃肺腑之言。

我们记住"鸟之将死，其鸣也哀；人之将死，其言也善"，更重要的要记住曾子说的君子之道：一是容貌庄重，以远粗慢；二是脸色正义，以

---

①孟敬子：鲁国大夫孟孙捷。问：探视。②动容貌：内心感动而见于容貌。③暴慢：粗暴、放肆。④正颜色：使脸色庄重严肃。⑤出辞气：出言（说话）辞严气正。⑥鄙倍：鄙，粗野。倍同"背"，悖理。⑦笾（biān）豆之事：笾和豆都是祭祀和典礼中用的器具。⑧有司：主管官吏，这里指主管祭祀、礼仪的官吏。

近诚信；三是辞严气正，远离鄙俗。曾子的劝勉，再次证明孔子儒家伦理的实践理性特征：儒家修行，皆在生活！《论语》是建立在充分的政治实践和伦理实践基础上的哲学，其逻辑起点源于人的伦理实践，《论语》的伦理价值的可靠性很高，可惜很多人数十年不知珍惜，甚至弃之如敝屣，让人百思不得其解！

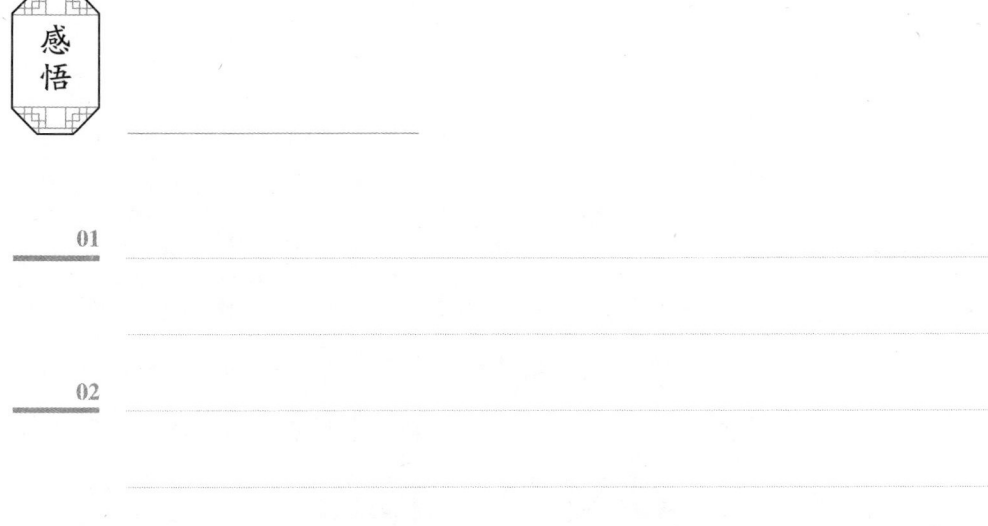

8.5 犯而不校

> 曾子曰："以能问于不能，以多问于寡，有若无，实若虚，犯而不校①。昔者吾友尝从事于斯矣。"

曾子说："能力强的向能力弱的请教，博学者向知识贫乏者请教，有学问却不自满，有实力却很谦虚，被人顶撞冒犯却也不计较。从前我的朋友曾经做到这样。"

尺有所短，寸有所长。能力强者有薄弱环节，知识渊博者也有盲区，比如孔丘种菜不如老农、种花不如老圃，可贵的是他虚怀若谷，向老子请教道、向襄子学音乐、向太庙员工请教礼仪，这也许是孔子脱俗成圣的根本原因吧！没有什么人生而知之，术业有专攻，三人行必有我师，以能问于不能，以多问于寡，造诣很深却能虚怀若谷，何愁人生和学术不能进步？

犯而不校更是难能可贵，现代独生子女唯我独尊，很多人在分歧与争执中睚眦必报，不肯原谅别人，也无法解放自己。当前教育面临教师是独生子女、学生是独生子女、家长也是独生子女的"三独"问题，学会相处、学会交流、学会包容、学会谅解、学会放下尤为重要，否则师生关系紧张，同学关系紧张，亲子关系紧张，教育无法形成合力。当然，犯而不校，应该有底线。对于个人来说，以不侮辱人格为底线，对于国家来说，

---

①校（jiào）：同"较"，计较。

以不侮辱国格为底线；否则，坚决反击！山东人于欢，面对黑势力侮辱自己的母亲，奋起反击，很多人同情和原谅！在钓鱼岛和中印领土问题上，中国政府强硬反击，人民都支持！

感悟

01

02

03

8.6 大节不夺

> 曾子曰:"可以托六尺之孤①,可以寄百里之命②,临大节而不可夺也。君子人与?君子人也。"

曾子说:"可以把年幼的君主托付给他,可以把国家的政权托付给他,即使面临生死存亡也不改变志向。这样的人是君子吗?是君子啊。"

大节不夺,是对君子的期待,是儒家的理想人格,也是现代为政者应有的人格追求。儒者周公姬旦,负有托孤之重,辅佐年幼的成王,让周王室走向平稳,等成王成年即主动交出权力,最终不负使命,真君子!诸葛亮接受刘备白帝城托孤,毕生奉献于汉室兴复,"鞠躬尽瘁,死而后已",真君子!韩愈为民请命,苦谏皇帝放弃偏执地信仰佛教,尊重儒学,关注民生,被贬潮州,却不忘初心,教化百姓,时至今日韩文公影响依然存在,真君子!范仲淹一介书生,"先天下之忧而忧,后天下之乐而乐",镇守西边,让西夏人胆寒不敢犯境,为大宋赢得与西夏的20年和平,真君子!国难当头,文天祥受尽酷刑,坚贞不屈,宁死不降,真君子!王阳明胸怀兵甲百万,以数万地方部队,平定宁王朱宸濠数十万叛军,真君子!

数十年如一日,读书不知疲倦,治学不知止境,做事不求名利。融学

---

① 托六尺之孤:受君主临终嘱托辅佐幼君。死去父亲的孩子叫孤。六尺一般指15岁以下,七尺指成年。②寄:寄托、委托。百里之命:指掌握国家政权和命运。

习入生活，融学习入工作，使学习成为生活方式，成为工作方法，成为生命状态。在权力面前不迷恋，在名利面前不执着，在原则面前不糊涂。如此，则"可以托六尺之孤，可以寄百里之命，临大节而不可夺也"。知行合一，践行儒家哲学，可成真君子！

感悟

01

02

03

8.7 任重道远

> 曾子曰:"士不可以不弘毅,任重而道远。仁以为己任,不亦重乎?死而后已,不亦远乎?"

曾子说:"士人不可以不弘大刚毅,因为责任重大而道路遥远。以实现仁道作为自己的责任,难道还不重大吗?奋斗终生,死而后已,难道道路还不遥远吗?"

读曾子"士不可以不弘毅,任重而道远",感慨良深。

一是感慨培育人格之难。培育健全人格或成就伟大事业,需要一辈子执着,而临难变节往往在一念之间。汪精卫刺杀摄政王时曾有"引刀成一快,不负少年头"的豪迈,后来却成了遗臭万年的头号汉奸。

二是感慨读书人"士人"比例之小。什么是"士"?很多人把读书人等同于"士",其实不然。"士"在儒家语境中是指那些笃信人本哲学、倡导民本政治、有以天下为己任的使命感与担当精神、给宇宙以道德的终极关怀的读书人;如此,则当代读书人中"士"的比例真的不算很高。当代中国有没有"士"?答案是肯定的。我不赞成那些"民国之后再无士人"的说法,那些数十年隐姓埋名,为两弹一星、宇宙飞船、太空站、战略核潜艇、航空母舰、教育事业默默奉献一辈子而无怨无悔的专家、学者、教师,他们是当之无愧的"士"。

但是,那些生活在繁华红尘之中的读书人中,称得上"士"的真的不多。很多读书人埋怨没有好的政策、好的机制，未必如此，更多人堕落是因为内心缺乏价值的坚守。在我的生命历程中，我见过父辈那一群读书人，忠于国家、忠于人民、忠于事业，虽然历经苦难但是忠心不改。他们中的很多人算得上是"士"，虽然他们的学历、职称并不高，甚至没有职称，但是他们有良心，有至死不悔的爱国忠心。20世纪80年代的读书人，无论社会对他们的态度如何，无论自己的政治待遇好坏，无论自己的经济报酬多少，也无论是在政界、大学、国企，还是在商海，90%以上都有为中华民族伟大复兴而奉献的风骨，他们当中很多人是"士"。不知道从何时起，不少读书人没有了家国情怀，没有了"民胞物与"，没有了给宇宙以道德的终极关怀的抱负，眼睛盯着权力和金钱，心里想的是权力和金钱，行动中追求甚至骗取的是权力和金钱。当今社会中如果有不为金钱和权势所动摇，写出藏之名山、传之后世的作品，或者如屠呦呦一样研究出石破天惊的科学成果的人，那也依然是"士"。

"士"的确值得尊重，值得敬仰。屈原因为奸佞误国，山河破碎，投汨罗江以殉国；国之良士，值得敬重。嵇康不屈服于权贵，慷慨赴死而从容弹奏《广陵散》；国之良士，值得敬重。陈天华苦于国人愚昧，面对列强环视朝不保夕而不觉醒，期待以自己年轻生命，唤醒"铁屋子"中沉睡不醒的国人；国之良士，值得敬重。抗战期间，国家民族到了生死存亡的关键时期，陈寅恪、赵忠尧、华罗庚等一大批知识分子，以飞蛾扑火的勇气回到祖国的怀抱，与风雨飘摇的祖国同生共死；国之良士，值得敬重。读这些人的传记和史实，我常常怆然泪下！中华民族到了转型的关键时期，迫切需要士人精神的回归！需要一代又一代知识分子坚守仁道，坚持真理，积极入世，只争朝夕！

8.8　全人教育

> 子曰："兴于《诗》，立于礼，成于乐。"

孔子说："《诗经》使人振奋，礼帮助立身，乐帮助成就完美人格。"

孔子开全人格教育之先河。在孔子的课程体系中，《诗经》很重要，"可以兴，可以观，可以群，可以怨；迩之事父，远之事君"——翻译成为白话文："可以振奋精神，可以学会体察民情了解社会，可以学会与他人交往，可以学会批评社会。"《诗经》涵盖了语言教育、文学教育、伦理教育、爱情教育、生命教育、政治教育等丰富内容。学生通过对《诗经》的学习，也就是通过"诗教"，陶冶性情且振奋精神，识花鸟虫鱼且从中了解社会，学会与不同的人相处，学会以文学的方式批评现实。

"礼"是行为规范，是交往原则，是道德规范，是文化约束力，是人立足于群体、自立于人世的基础；不知礼，不行礼，则不仅人格难独立，也很难自立于世界。

"乐"包括音乐、舞蹈、美术等艺术教育内容，在孔子看来，只有系统接受了"乐"的熏陶，人的性格才算成熟，也就是说，审美教育让人格趋于稳定和成熟。这也是人类教育史上不可多得的重大发现，现代人类文明已然证明孔子这个观点是正确的，没有审美教育的参与，人类几乎长期徘徊于野蛮的沙漠之中,而无法进入文明的绿洲!

　　由此章可知,孔子课程内容虽然包括六经或六艺,但是最重要的,处于基础性地位的是诗、礼、乐,因为这三种载体将思想、理念、追求植根于心,内化为素质,内化为气质,成为人格特征。

感悟

01

02

03

8.9 功在教化

> 子曰:"民可,使由之;不可,使知之。"

孔子说:"老百姓过得很好,就顺其自然,让他们在自然中快乐地生活;如果过得不好或做得不好,就应该通过教育让他们增长知识和智慧!"

过去很多学者把这句话翻译为"老百姓可以随意驱使,不用让他们知道为什么",并由此推断孔子主张愚民政策,维护统治阶级和既得利益者。我们只要拉开历史的"长焦镜头",就不难发现,这种理解大谬不然。孔子如果主张愚民,他又为何要开民办教育先河?为何要开平民教育先河?为何要把教育从宫廷转移到民间?为何要招收类似于颜回这样穷得叮当响的学生?孔子是开启民智的自觉者。

孔子的教育行为是用教育改变人心,用教育改变人生,用教育改变社会。孔门七十二贤人绝大多数因为接受教育实现了从贫民到士甚至到大夫的"土鸡变凤凰"的人生"涅槃",还有些优秀弟子用儒学改变了社会,他怎么可能主张愚民政策呢?!孔子是以教育改良社会的实践者和力行者,也是挑战既得利益集团的实践者和自觉者!儒家以教为政的传统始于孔子,此章强调了教育的社会功能。说孔子主张愚民的,其实根本没有读懂孔子。

8.10 动乱之源

> 子曰:"好勇疾①贫,乱也。人而不仁,疾之已甚②,乱也。"

孔子说:"喜好勇敢又痛恨贫穷,是祸害。对不仁之人过于痛恨,也是一种祸害。"

2000多年的王朝更替规律,证明了孔子这句话是正确的。中国历史上的几次大规模的农民起义,或多或少与贫穷有关。占山为王,基本上发生在贫穷的偏远地区。大城黑帮,其主体成员基本上也是穷人。如果大家都富裕了,谁去当土匪或黑帮?陈胜虽说是农民领袖,但是属于典型的"不仁之人",死于马夫之手,因其为人不宽厚。秦朝严刑峻法,把人民逼上绝路,他们造反是必然的。孔子不仅对人性有非凡的洞察力,对社会演变规律也有非凡的洞察力。

改革开放数十年来,改革红利充分释放,但是经济以外的体制改革相对滞后,社会矛盾积压堆叠,已经成为不容忽视的社会问题,用发展来解决前进中的问题是暂缓之策,用深化改革来解决目前的矛盾堆叠才是高瞻远瞩的战略之举!

---

①疾:恨。②已甚:太过分。已,太。

8.11 致命弱点

> 子曰:"如有周公之才之美,使骄且吝,其余不足观也已。"

孔子说:"就算有周公的才能和美德,假如骄傲自大而吝啬,其他方面就不值得看了。"

上位者如果骄狂傲慢,势必虐待下属和百姓;如果吝啬,势必对下属和百姓刻薄寡恩,势必不能施惠于民,势必与民争利。即使其余的方面有诸多可取之处,也不足道。以此为标准来衡量现代人,绝不过时;以此为标准来评价教师之优劣,不失公允;以此为标准来评判官员好坏,依然有效。儒家认为骄狂、傲慢、吝啬的背后,是内心缺乏仁。孔子说"其余不足观也已"的意思是:内心不仁厚是最致命的弱点,其他都不值一提。仁是儒家最高的道德标准和价值标准,也是人发展的最高境界,同时应该是教育的本质追求,是社会发展的理想形态。如果人生不幸遇到骄傲自大、刻薄寡恩的领导,做下属的真的应当"三十六计"走为上策!

8.12　以退为进

> 子曰："三年学，不至于榖①，不易得也。"

孔子说："学了多年，心志还没有转向做官，非常难得啊。"

有的学者认为本章应译为："学了三年，还不能做官，这比较少见。"这显然属于望文生义，就像有人把"学而优则仕"惯性翻译成为"学习好了才能做官"一样。孔子主张"学而优则仕"，学有余力则应该做官，造福于社会。儒家重视道德，重视道义，重视学养，重视能力，学习多年还没有去追求俸禄，那是因为自觉道德修养还不够，功力未到，应该继续修炼。

现在社会日益浮躁，专心学术者少之又少。如果真有这种人，他一定会有机会实现自己的理想，或者能够推行自己的学术主张。事实上，只要不是书呆子，学习一定能够使自己成熟，一定能够成就自己。经常听到年轻人抱怨，自己才高八斗，却总不能出人头地。对那些凭关系"进步"的人，十分鄙夷甚至于愤慨。我认为大可不必，只要还有口饭吃，就应当选择静下心来做学问，"君子藏器于身"，方能"待时而动"。再昏庸的领导，也要用贤人能人，除非他不要事业；再昏庸的企业主，也要用贤人能人，除非他不要企业。

---

①不至于榖（gǔ）：心志没有转向做官。榖，古代以榖米作为官吏的俸禄，这里用"榖"字代表做官。

基于这种认识，我在相对闲适的阶段，总是选择以退为进，集中精力做学问。除了从教育视域重注《论语》《孟子》《大学》《中庸》《诗经》之外，还有三件事很想做：一是重新选编一本诗歌总集，从《诗经》开始，到舒婷结束，自己精选，自己作注，自己撰写鉴赏文章；二是从《左传》开始，到刘再复结束，选编一本新的散文总集，自己作注，自己撰写鉴赏文章；三是用诗性的语言，散文的笔法，小说的结构，写一本能与《平凡的世界》比肩的长篇小说。能完成这几件事，虽死而无憾！

《易经》云："天行健，君子以自强不息。"我深以为然，当能力不胜任位置的时候，等待着你的必然是失败或不如意。当德行不够高尚的时候，就算是给你很高的位置，那也只是危楼入云，随时会轰然坍塌。鲁迅先生把别人喝咖啡的时间都用来写作，我则选择白天高效率工作，夜晚读书著述，双休日和长假足不出户，默默地走自己的路！毕竟人生如此短暂，要做的事情却如此之多。

单纯从学术层面思考，如果知识分子读书做学问不"为稻粱谋"，那是民族之大幸也！儒家学术传承，需要这种求道者！中华民族复兴，更需要这种求道者！

8.13　进退由道

> 子曰："笃信好学，守死善道，危邦不入，乱邦不居。天下有道则见①，无道则隐。邦有道，贫且贱焉，耻也；邦无道，富且贵焉，耻也。"

孔子说："坚定信念，热爱学习，坚守正道，不入政局混乱的国家，不居社会动乱的国家。天下有道就出来做官，天下无道就选择隐居。国家有道而自己贫贱，是耻辱；国家无道而自己富贵，也是耻辱。"

儒家提倡慎独，讲究独善其身，维持人格独立，不随波逐流，不同俗自媚于众，不丧失自己的本心。所以，不去政局混乱的国家，不定居社会动乱的国家。天下有道就从政，天下无道就隐居。儒家的"隐"不同于道家的"隐"；道家的"隐"属于消极行为；儒家的"隐"则是以退为进，或者磨砺以须，修炼自己，用心做学问，以思想影响这个世界，或者以教为政，用教育改变人心，用教育改变社会。

幸逢千年之大变局，中华民族正在走向复兴，知识分子无须迷茫，无须徘徊，无须焦虑，应当从对权力和金钱的崇拜中挣脱出来，有所为有所不为。一要修身为本。坚守本心，独善其身，出淤泥而不染，有此前提，如有机会为官一任，造福一方，何乐而不为？二要恪守学术操守。视学术

---

① 见：同"现"。

为生命，融学术入生命，以真学术真思想引导学生，引导社会进步。三要守护良知。有益于国家、民族、人民的事要主动做，自觉做；无益于身心、社会、国家的事情坚决不做，切不可当出卖灵魂、出卖人格、贩卖知识的伪知识分子。这就是儒家的入世情怀，这就是儒家的经世致用。

感悟

01

02

03

8.14 善于担当

> 子曰:"不在其位,不谋其政。"

孔子说:"不在那个职位上,就不随便谋划那个职位上的事。"

孔子原意:不在某个岗位或行业,就不要轻易谋划某个岗位或行业的事情。理由很简单:没有调查研究,就没有发言权。以教育为例,很多地方的教育政策既不跟党走,也不遵循科学规律,而是跟"网"走。本来正确的决策,网络一炒作,为了避免麻烦,只好调整。我从事教育30多年,经常要面对不可理喻的质疑,做对牛弹琴式的解释,真的很累。并非人人都是教育家,但人人都可以是教育评论家。对教育一知半解者,却常常左右教育走向,真是悲哀!

但是,当人们面对过分西化的教育生态、曾经恶化的自然生态,曾经颓废的文化生态,不在其位,能不谋其政吗?年轻一代,不在其位,能不谋其政吗?天下士人不在其位,能不谋其政吗?当然不能!诚如顾炎武所言:"天下兴亡,匹夫有责。"何况教育事关千家万户的福祉,事关下一代的健康成长,事关中华民族的伟大复兴!在不在其位,都要思考和谋划,只是不要简单粗暴。不在其位而欲谋其政,则需要学习,需要调查,需要研究。敢于担当,也要善于担当,才符合儒家精神。如果片面理解孔子这句话的意思,甚至借用这句话来推卸知识分子的社会责任,或作为良知泯灭的借口,真是不幸!

8.15 审美教育

> 子曰:"师挚之始①,《关雎》之乱②,洋洋乎盈耳哉。"

孔子说:"从太师挚演奏的序曲开始,到最后演奏《关雎》作为结尾,丰富而优美的音乐在我耳边回荡。"

孔子在赞美《关雎》的美妙音乐,我在思考如何加强审美教育。宗教信仰在不少人心目中沦为求财求色求发达的工具,对他们来说甚至祖宗崇拜也并非出于感恩,变得十分世俗和功利,目的只在于祈祷祖辈发力发威荫护后辈。当灵魂无归依,精神无寄托之时,以艺术陶冶净化灵魂,这是不错的选择,也是没有办法的选择。非常遗憾,重视美育的学校并不太多,中小学音乐美术基本被边缘化,大学艺术课边缘化更严重。

中国基础教育文化课教学的扎实程度(权且不论这种扎实是否属于高质量)世界第一,应试教育的水准世界第一。今后的教育实践中,谁能够在道德教育方面有所突破,让德育首位落实到位,谁就是当之无愧的教育家!谁能够在艺术教育上有所作为,让艺术陪伴学生一生,让艺术陶铸性情和灵魂,谁就是当之无愧的教育家!我期望艺术教育与语言、文学、文化、道德教育深度融合,如果高考制度暂时无法深度改革,不妨把美育和德育作为当下教育教学改革的突破口。

---

①师挚之始:师挚是鲁国的太师。"始"是乐曲的序曲。古代奏乐开端叫"升歌",由太师挚演奏,所以说是"师挚之始"。②《关雎》之乱:"乱"是乐曲的终了。合奏时奏《关雎》乐章,叫"《关雎》之乱"。

8.16　圣人无奈

> 子曰："狂①而不直，侗而不愿②，悾悾③而不信，吾不知之矣。"

孔子说："激进而不正直，无知而不淳朴，貌似诚恳而不守信用，我真不知道这种人该怎么教育。"

"狂而不直，侗而不愿，悾悾而不信"都是性格中的极端方向：狂妄也罢了，偏偏又不正直；无知也就罢了，偏偏又不谨慎——可谓无知无畏；貌似忠厚也就罢了，偏偏没有诚信，不可信赖。上述情况都属于人格分裂，孔子不知道如何教育，不足为怪！放在2500多年后的今天，我们也无可奈何！

红尘之中，人格分裂症患者比例非常之高。太多的人习惯对上一个面具，对下又一个面具；人前一个面具，人后又一个面具；面对强势者一个面具，面对弱势者又一个面具；一会儿奴颜婢膝，一会儿颐指气使；一会儿谦和乃至谦卑，一会儿自大乃至狂妄；一会儿风度翩翩，气度不凡，一会儿市井气息，俗不可耐！造成这种高比例的人格分裂，或许有社会的原因，或许有文化的基因，毋庸置疑，教育缺失灵魂养护，教育迷失精神活

---

①狂：豪迈、激进。②侗（tóng）：幼稚无知。愿：谨慎、淳朴。③悾（kōng）悾：诚恳的样子。

动的本真，教育缺失了情感、态度、价值观是最根本的原因。教育能改变命运，教育也有无能为力、无可奈何的时候，但是，教育者不能放弃希望，不能放弃信仰，不能放弃责任，不能放弃理想！当明天的太阳出来的时候，世界依然充满光明和希望！

感悟

01

02

03

8.17　学习人生

> 子曰："学如不及①，犹恐失之。"

孔子说："学习赶不上时代发展，恐怕会被时代遗弃。"

我把孔子说的这句话翻译为：学习赶不上时代，恐怕就会被时代抛弃。主要根据是回到《说文解字》中，重新品味"及"的含义，许慎认为"及，逮也"；汤可敬先生解释为"追上"。于是我有充足的理由判断：孔子是从社会学角度阐述学习的重要性。虽然孔子的时代，文化学习或许没有现在信息时代、量子时代的学习那么紧迫，但是学习依然是跟上时代、超越自我、出类拔萃的唯一途径。至于"犹恐失之"，可以理解为：非常担心失掉积极入世的各种机会，也就是成为时代的落伍者。

我自己也曾经把这句话意译为：学习如果不及时掌握，恐怕会很快遗忘。这是从教育心理学的视域理解的。孔子的观点，契合了艾宾浩斯遗忘曲线的理论，遗忘的规律是先快后慢，当学习的知识、技能、技巧尚未形成动力定型，是很容易被遗忘的。这种解读，也可以用奥苏伯尔认知心理学来阐释，学习的内容如果不及时学习，就无法形成下一轮次学习的知识准备，元认知结构中知识的清晰、牢固、有序的程度决定了新的相关知识学习的效度，孔子似乎在强调知识与能力掌握的程度和火候。这种解读，

---

① 及：逮也，追上。

还可用布鲁姆教育质量观加深理解。在引导（教师的引导语言、手段、技巧）、参与（学生主动参与的程度、兴趣、热情）、强化（巩固程度）、反馈矫正四个维度的教育质量标准中，强化是非常重要的维度，没有强化就没有质量。

两种理解孰是孰非，由读者取舍！

感悟

01

02

03

8.18 德才匹配

子曰:"巍巍①乎,舜、禹②之有天下也而不与③焉。"

孔子说:"多么崇高啊,舜禹得到天下,自己并未追求帝位。"

借古讽今,孔子所处时代弑君篡位成风,孔子反感,却无力阻止,更无力回天。所以,缅怀舜、禹,赞美原始时代的禅让体制,赞扬权力的和平交接。权力的和平交接,在现代已经成为常态,但是在中国漫长的历史长河中,几乎每一次的权力交接都充满了暴力和血腥,甚至出现"白骨露于野,千里无鸡鸣"的悲剧!

事实上,人生的发展遵循着德才匹配原则,德胜于才的人生可能是平淡的,才胜于德的人生可能是波折的,德才不胜的人生可能是平庸的,德高才俊的人生可能是精彩的。有天赋的因素,有命运的因素,有努力的因素。努力的方向是加强自身的修为,努力为时代谋发展,努力为大众谋福祉,而不是不择手段地追求自己位置的"进步"。如果德才不配,又不择手段追求"进步",结局恐怕不是平庸、平安,而是失去自由甚至生命!很多贪官的凄惨结局,已经证明了这是一条颠扑不破的真理!

---

①巍巍:崇高、高大。②舜、禹:禹是夏朝第一个国君。传说尧禅位给舜,舜禅位给禹。③与:参与,引申为追求。

8.19　效法天道

> 子曰："大哉，尧①之为君也。巍巍乎，唯天为大，唯尧则②之。荡荡③乎，民无能名④焉。巍巍乎，其有成功也。焕⑤乎，其有文章⑥。"

孔子说："伟大啊，尧作为君主。崇高啊，天最高大，尧效法天的高大。浩瀚啊，百姓们无法表达他的恩泽。伟大啊，他所建立的功绩。光辉啊，他所建立的礼乐法度。"

孔子再传弟子、孔子之孙子思评价孔子："祖述尧舜，宪章文武。"孔子怀着崇敬的心情，高度评价圣君尧的德行功业，既有对古人的向往，也有对现实的不满，还有对未来的期待。"天何言哉，四时行焉，百物生焉"，尧之可贵在于"则天"，效法天道，用于政道，施与人道，造福百姓。虽然尧舜的故事都是传说，没有文字可考，但是并没有听说他们如何折腾百姓。尧之成功也在于效法天道，他的功业，他的口碑，他的文化建树等，都是效法天道的成果。这对今天的社会治理和各项管理依然有借鉴意义。

---

①尧：古代的圣明君主。②则：效法。③荡荡：广大。④名：形容，称赞。⑤焕：光辉。⑥文章：礼乐法度。

8.20 民治人治

> 舜有臣五人①而天下治。武王曰:"予有乱臣②十人。"孔子曰:"才难,不其然乎?唐虞之际③,于斯④为盛,有妇人焉⑤,九人而已。三分天下有其二⑥,以服事殷。周之德,其可谓至德也已矣。"

舜有五位贤臣,而天下被治理好。周武王也说过:"我有十个具备治理国家才能的贤臣。"孔子说:"人才难得,难道不是这样吗?尧舜以来,周武王时期人才最盛,贤臣中还有妇人,男的实际上有九人。天下九州,文王拥有三分之二,仍然侍奉殷朝。周朝的德可算是最高境界了。"

孔子推崇原始氏族社会阶段的"公天下"的社会体制,从孔子重建民本思想、倡导民本政治、实践生本教育的路径看,孔子骨子里是民主主义者,而绝不是专制主义的始作俑者。原始氏族体制认真考究起来,既不是完全的专制,也不是完全的民主,而是专制民主的折中,是人治和民治的结合。

天下之治,关键在人。古今皆然:周文王渭水之滨礼姜尚而得天下;刘邦有"运筹帷幄之中,决胜千里之外"的张良,有"镇国家,抚百姓,

---

①舜有臣五人:传说是禹、稷(jì)、契(qì)、皋(gāo)陶(yáo)、伯益五人。②乱臣:即"治乱之臣"、治国之臣。③唐虞之际:史学家把尧在位的时代叫唐,把舜在位的时代叫虞。④斯:指周武王时期。⑤有妇人焉:指武王的乱臣十人中有妇人,即武王之妻邑姜。⑥三分天下有其二:《逸周书·程典解》记载:"文王合六州之侯,奉勤于商。"相传当时天下分为九州,文王得六州,是为三分之二。

给馈饷，不绝粮道"的萧何，有"连百万之军，攻必克，战必胜"的韩信，从而得天下；曹操聚天下英才得天下。反之不然：成汤数百年基业，毁在商纣王弃贤臣不用；项羽英雄盖世，百万军中取上将首级如探囊取物，可惜连一个智者范增都不肯重用，江山易手，自刎乌江，结局必然。国外亦如是：林肯重用格兰特将军，获得南北战争的胜利，奠定美利坚民主政权的基础；普京总统让打断脊梁骨的俄罗斯重振雄风，而叶利钦却让庞大的苏联共和国大厦轰然坍塌。

我强调人才的重要性，不是推崇人治，更不是反对民治。恰恰相反，民治、人治本质上是统一的，甚至是同一的。民治的特点是充分发挥所有民众的主人翁精神和聪明才智，让所有人才各有其位，各尽所能，各显其才；但是，民治不是极端民主，不是极端个人主义，不是极端自由主义，而是法治基础上的民主，是能够充分代表人民和充分体现人民意志的民主，是当政者全心全意为人民服务的民主。

中国教育事业的成败，关键在于人才。中国要解决当前诸多困难，关键在于人才。中华民族的复兴，关键在于人才。阶层固化、利益固化、人才通道固化的机制以及比这恐怖千倍的"劣币"驱逐"良币"的人才逆淘汰的人治，恐怕造就的不是人才，而是成千上万的奴才。不改革，死路一条。

每次读到这一章，我也感慨，假如早期信仰马克思主义的张国焘读懂了"三分天下有其二，以服事殷"这一句，就不会犯拥兵自重、另立中央，甚至用枪指挥党的错误吧。

8.21 领袖风采

> 子曰:"禹,吾无间①然矣。菲饮食而致②孝乎鬼神,恶衣服而致美乎黻冕③,卑宫室而尽力乎沟洫④。禹,吾无间然矣。"

孔子说:"禹,我没有什么可挑剔。饮食很简单,而尽力祀奉祖先,平时衣着简朴,而祭祀时华美庄重。宫室很低矮,而致力于修治水利事宜。对于禹,我确实找不到毛病啊。"

饮食简单,祭祀祖先却丰盛。衣着简单,祭祀却华美庄重。住房低矮,却致力于兴修水利。孔子所描绘的大禹,我们似曾相识,就是中国共产党领袖在革命和建设时期的形象,令人肃然起敬。毋庸讳言,腐败曾经对中国共产党的形象造成过负面影响,但是,时至今日,重拳反腐,已经重建了人民群众对党和政府的信任。我不能接受一些所谓"公共知识分子"一味地抹黑中国历史,抹黑中国共产党历史,抹黑中共党员干部的拙劣行径。作为中共基层党工委书记,我见证了中共党员干部在群众利益面前的身先士卒和奋不顾身:当山体滑坡的时候,最先出现在危险地方的是党员干部!当火灾发生的时候,最先出现在现场的也是党员干部!当洪水即将冲垮江湖河堤的时候,率先出现在现场的依然是党员干部,甚至还有

---

①间:空隙。此处作动词用。②菲:菲薄,不丰厚。致:致力、努力。③黻(fú):祭祀时穿的礼服。冕(miǎn):这里指祭祀时戴的帽子。④卑:低矮。洫(xù):沟渠。

手无缚鸡之力的广大教师，当我获知这些教师面对汹涌的洪水也丝毫不惧，随时准备听到一声令下就冲下去的时候，我不禁热泪盈眶！尤其是当地震这样的重大天灾出现的时候，最先到达现场的是党员干部和无数的武警和解放军，他们都是党培养的、人民养育的子弟。

尤其震撼人心的是，当不少人习惯了对天灾人祸麻木而旁观的时候，共产党人从不放弃为人民服务的宗旨，从不放弃一切为了人民的初心，他们绝大多数会在人民生命财产受到威胁的关键时刻，出现在人民最需要的地方。我深深地相信，中共不仅可以重拳反腐，重塑党的形象、重建党的威信，还可以用坚定的理想信念教育好党员干部。

伟大的传统必有深远的智慧，孔子儒家是中国化马克思主义思想的重要源泉，中国共产党人身上表现出来的上述优秀品质，显然有儒家倡导的"勤劳俭朴，大公无私"的传统基因。无论是政治的、伦理的，还是情感的优秀传统，都要传承、发扬、创新，民族才能走向辉煌。动不动就糟蹋和作践自己的民族文化，尤其是糟蹋和作践优秀传统文化，民族将没有希望，更不要奢谈民族复兴！

有学者很诚恳地劝我：注《论语》可以，但是不要涉及政治，否则学术生命不长久！我也很诚恳地回答朋友：人是政治的动物，每一个人有意无意、主动被动地扮演着社会和政治的角色，《论语》论及的人很多是那个时代的政治人物，孔子就是以褒贬时政和人伦的方式，传递其政治主张和伦理思想及价值体系！如果今天我撰写《论语心读》却要逃避政治，放弃批评，放弃责任，岂不是背叛了儒家积极入世的传统？岂不是放弃了中共党员的职责？况且，《论语》是伦理哲学，人情伦理、政治伦理、生态伦理等都是伦理哲学的重要维度，如何绕得过去？一本倾注心血的著作，若不能给社会以能量，不如付之一炬！

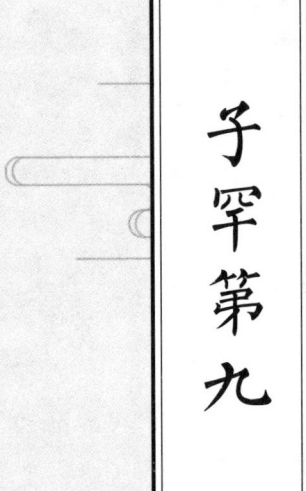

子罕第九

9.1 仁也是利

> 子罕言利，与①命与仁。

孔子很少谈到利益，却赞成天命和仁德。

孔子很少谈到利益，是因为天下人都在争利；但"子罕言利"不能证明孔子不重视利。但不可否认，孔子认为"仁"比"利"重要。纵观《论语》全篇，孔子很少直接谈利益，很少讲利害关系，也正因为孔子没有对周游列国时见过的君王讲清楚利害关系，所以，在眼前利益高于一切的春秋时代，孔子很难得到诸侯的重用，即便得到重用也往往遭到追名逐利者的排斥，不得不选择离开。"仁道"就是以民为本之道，就是善待民众之道，也是国家长治久安之道，当民众与君王及其政府互信的时候，这个政权就是稳定的。孔子很少谈眼前的利益，但是对国家、民众的长远利益却十分执着。

中国正处在重要的转型时期，受自由主义、无政府主义、资本主义、市场经济等思潮冲击，泥沙俱下地冲毁了原有的价值体系，信仰缺失，道德迷失，权力崇拜、金钱崇拜等正在吞噬着人们的良知，信仰的重建、价值的重建、伦理的重建，任重道远，需要无数见利思义的有识之士为之奋斗终身。

---

①与：赞成。

9.2 大哉孔子

> 达巷党人①曰:"大哉孔子。博学而无所成名。"子闻之,谓门弟子曰:"吾何执?执御乎?执射乎?吾执御矣。"

达巷党有人说:"孔子真伟大啊。他学问渊博,却并没有哪项专长名扬天下。"孔子听说了,对他的学生说:"我的专长是什么?驾车吗?还是射箭呢?我觉得是驾车吧。"

孔子是巨人,不是巨匠。孔子谋划的是人的发展,是社会的进步,解决的是人类生存的精神问题而非物质问题。孔子所处的时代,社会分工远没有今天这么精细,农业技术、生活技艺口耳相传就已经足够维持人类的生存,所以,劳动课程不够丰富,无可厚非。

孔子是儒家文化的奠基人和集大成者,是中国文化的托梦人,以孔子儒学的建立为中华文明原点,原点之左侧为蒙昧时代,原点之右侧是中华文明时代,所以,孔子是通才而不是专才。如果孔子执着于驾车,或者执着于射箭,他可能成为驾车高手或者射箭高手,而不会成为儒家学说的创始人和集大成者。

孔子自信精通驾车,已经很了不起了。驾车是什么?是高级劳动技术,大约相当于现在的开飞机。孔子的回答,没有鄙夷专才,倒有几分谦逊和幽默。

---

① 达巷党人:达巷党这个地方的人。

9.3　礼贤下士

> 子曰："麻冕①，礼也；今也纯②，俭③，吾从众。拜下④，礼也；今拜乎上，泰⑤也。虽违众，吾从下。"

孔子说："用麻制成帽，符合礼；现在用黑丝绸制作帽子，比过去俭省了，我认同众人的做法。古时君王礼遇贤士，这符合礼；今天君王只接受臣下的礼拜，君王对处于下位的贤士颇为傲慢。虽然大家习以为常，但我还是坚持认为君王应该礼贤下士。"

恐怕只有我做如此意译，但我坚持。孔子仰慕的是西周文化精彩，是上古文化精彩，西周文化抑或上古文化精彩之处在于以人为本，在于礼贤下士。孔子最为称道的周文王，渭水之滨礼遇姜尚，且因为姜尚的襄助而获得天下，在中国历史上传为美谈。孔子高度评价周公姬旦制礼作乐的历史性贡献，周公如此高的成就归功于礼贤下士的"拜下"作风。周公求贤若渴，"一沐三握发"，即便在沐浴过程中，只要听说有贤才（肯定都在下位）到来，立即中止沐浴，手握头发出来与贤者相见，如是者三。也因为求贤若渴而"一饭三吐哺"，即一顿饭没有吃完，听说有贤者到，立即吐掉没有咽下的食物，以礼待贤者，如是者三。中华人民共和国成立前夕，周恩来等人正是传承了周公吐哺的传统，逐一拜访各民主党派和各学

---

①麻冕：麻制成的帽。②纯：丝绸，黑色的丝。③俭：俭省。麻冕费工，用丝则俭省。④拜下：礼遇下位者。与下文"拜乎上"正好相反。⑤泰：骄纵、傲慢。

科大师级的科学家，才使他们参加到新中国的建设中来。周恩来应该深得孔子真传！

"拜下"的传统在汉代有传承：刘邦登台拜将、刘备三顾茅庐。可惜"犹恐失天下贤"的"拜下"传统后来被很多很多的人遗忘了。如果上位者普遍如周公一样礼贤下士，放弃权力和金钱对于知识和知识分子的傲慢，尊重知识，尊重人才，那么，事业必将兴旺，民族必将复兴！

感悟

01

02

03

9.4 似易实难

> 子绝四——毋意①，毋必②，毋固③，毋我④。

孔子杜绝了四种弊病：不猜测臆断，不主观武断，不执着固执，不自以为是。

不猜疑，不武断，不固执，不自负。果能如此，境界已高。现代人如果能做到这四点，不成功也潇洒。不猜疑，所以自己心不累；不武断，所以不会出现要命的判断失误或决策失误；不固执，所以条条大道通罗马；不自负，所以从善如流，驾驭局面于无形，诚如老子所言"太上，不知有之"，最高的管理境界，就是被管理者并不觉得有管理者的存在。

遗憾，耳闻目睹，很多人却反其道而行之。怀疑一切，对谁也不相信，工作不累才怪呢！决策武断，自以为是，自我感觉良好，不调查研究，什么板都敢拍，工作不出问题才怪呢！固执己见，一条道走到黑，不能因地制宜，不能因时制宜，不能与时俱进，工作不干坏才怪呢！过于自负，自以为天下第一聪明，从来都听不见不同意见，无法调动下属和众人的主动性和积极性，没有群体智慧，没有集体力量，工作能够出类拔萃才怪呢！

---

①意：同"臆"。②必：必定，主观武断。③固：固执，过分执着。④我：自以为是。

9.5　文化自信

> 子畏于匡①。曰:"文王②既没,文不在兹③乎?天之将丧斯文也,后死者④不得与⑤于斯文也;天之未丧斯文也,匡人其如予何⑥?"

孔子被匡人围困。他说:"周文王死了以后,文化不在我这里吗?上天如果想要消灭这种文化,那我就不可能掌握这种文化了;如果上天不消灭这种文化,匡人又能把我怎么样呢?"

这一则应当与"天生德于予,桓魋其如予何"联系起来品读。孔子是中国文化起承转合最重要的人物,富有强烈的历史使命感和文化使命感,因此也诞生了强烈的文化自信。这种自信,是中国文人宝贵的传统。类似武术高手对武道的自信,围棋高手对棋道的自信,甚至有过之而无不及。

这种传统也是中国文化,尤其是儒家文化传承的精神动力。儒家文化经历了洋务运动、五四运动、资产阶级民主运动、新民主主义运动,尤其是"文化大革命",出现了严重的倒退,但凭着马一浮、熊十力、梁漱溟、钱穆、唐君毅、牟宗三等一班儒者的文化自信,经历了花果飘零到返本开新的涅槃。除了文化自信外,我认同孔子的天命感,所以,我读《论语》,重注《论语》,撰写《论语心读》,传播原儒精神,志在重建中华民族文化精神。

---

①匡:地名。②文王:姬昌,古代圣贤,周文王。③兹:这里指孔子自己。④后死者:相对于周文王来说,指孔子自己。⑤与:同"举",掌握。⑥如予何:奈我何,能把我怎么样。

9.6　君子多能

> 太宰①问于子贡曰："夫子圣者与？何其多能也？"子贡曰："固天纵②之将圣，又多能也。"
>
> 子闻之，曰："太宰知我乎？吾少也贱，故多能鄙事③。君子多乎哉？不多也。"

太宰问子贡说："孔夫子是圣人吧？为何如此多才多艺呢？"子贡说："这本是上天让他成为圣人，而且使他多才多艺。"

孔子听到后说："太宰了解我吗？我少年时地位低贱，所以会许多技艺。这些技艺对君子来说是多余的吗？不是。"

孔子并不认为自己天生聪明，孔子并不认为自己是圣人，孔子也不认为圣人是天造就的，恰恰相反，是实践造就的，是积累而成的，是磨难铸造的。这里其实蕴含的是人生哲学：磨炼出天才！

孔子3岁丧父，17岁丧母，独立生活，学会了很多谋生的技能，自学成才，懂得了学习是改变命运的唯一通道。孔子用一生证明了自己的人生哲学结论！

在上古"三代"尧、舜、禹三位帝王当中，孔子最推崇的是舜，而舜的命运最像孔子：舜命途多舛，逆境成长，挫折磨炼了舜的伟大人格。舜

---

①太宰：官名，掌握国君宫廷事务。②纵：不加限量。③鄙事：卑贱的事情。

的成功也证明了孔子的人生哲学结论!

如今,随着社会经济的加速发展,各种矛盾和冲突逐步凸显。其中阶层固化、寒门难出贵子是很多普通人面临的无奈和无助。改变这种格局,或者需要一场深度改革,或者需要个人付出艰苦努力!

感悟

01

02

03

9.7 资历财富

> 牢曰:"子云:'吾不试①,故艺。'"

牢说:"孔子说:'我年轻时没有做官,所以会许多技艺。'"

年轻时没有做官,所以才多艺。孔子的资历决定了孔子选择官僚时,宁愿选择平民而不是贵族。因为平民出身者,要进入官僚阶层,需要经过礼乐的学习,还会很多谋生的技能,更重要的是平民知道底层生活,知道平民的困苦,有先天的慈悲之心和同情心。

读这一章,我想得更多的是中国当代公务员制度的固化与僵化。由于传统思维惯性,群众认为公务员才是"官",而现有的公务员补充机制,恰恰堵塞了公务员参与实际工作的机会,造就了许许多多从大学到机关、从机关到机关的公务员,如果这些公务员没有终身学习的追求,没有群众路线的作风,没有调查研究的习惯,很可能就成了除了"当官"什么都不会的"官僚",于是"官僚主义"自然就成为防不胜防的流弊!痛心哉!痛心哉!

---

①试:用,任用。

9.8　叩其两端

> 子曰："吾有知乎哉？无知也。有鄙夫①问于我，空空如也②。我叩③其两端④而竭⑤焉。"

孔子说："我有足够的知识储备吗？没有。有鄙陋浅薄的人来问我，我对他的问题茫然无知。我于是询问事情的来龙去脉，根据事情的本末，正反探讨，才搞清楚这个问题。"

孔子虽然被称为博学之士，虽然被赞誉"何其多能也"，但并非生而知之。可贵的是孔子虽然没有足够的知识储备，但是却有诚恳谦逊的态度，有分析问题、解决问题的思路和方法，这是智慧。

孔子时代要穷尽一切知识显然不可能，现代社会信息爆炸、知识爆炸，要穷尽某一学科的知识尚且不可能，更不用说全部。生也有涯，知也无涯。人贵在有思想，有思路，有方法，尤其是要有态度。无论在何种体制，处于上位者最忌讳不懂装懂，最忌讳自以为是，最忌讳不尊重下属。从管理的角度讲，什么都管，其实是什么都管不好，上位者贵在用思想去教育人，用思路去引导人，用方法去指导人，而不是强不知以为知，甚至越俎代庖，结果是管理体系弄得一团糟。就算有孔明之才，事无巨细，可以求得一时的稳定，但最终的命运如蜀汉政权一样，还是失败！态度决定成败，谦虚创造奇迹！

---

①鄙夫：鄙陋浅薄的人。②空空如也：指孔子心中茫然无知。③叩：询问。④两端：两头，正反、始终、上下两方面。⑤竭：穷尽、尽力追究。

9.9 无力回天

> 子曰:"凤鸟①不至,河不出图②,吾已矣夫。"

孔子说:"凤鸟不来了,黄河中也不出现八卦图了。我也无能为力了啊。"

我无法论证孔子是有神论者还是无神论者,但是我分明能感觉到孔子内心深处存在着天命感。孔子逆势而上,拼了一生,却生不逢时,未能再造盛世。他不得不承认天命,感叹:凤鸟不至河无图,圣君不出无奈何。虽然"知其不可而为之",但只因圣君未出现——遇到的诸侯不明白儒家为民之学也是为王之学、为天下之学,所以理想无法实现。眼看无力回天,不免有沧桑之叹。纵观孔子一生,虽然复兴使命没有完成,但是传承文化的成就却彪炳千秋,孔子所开创的人本思想、民本政治、生本教育、人道主义、仁道理念、王道理想,引导后来的中国逐步从蒙昧走向光明。

为教,福泽子孙,何必计较眼前的事呢?为政,如果利在国家民族,又何必强求成功是否在我,成功是否在任期呢?把人的生命放在宇宙长河中衡量,孔子的自然生命不过72岁,可是其学术生命却实现了永恒!可惜,扭曲的教育价值观,毁掉了中国教育,也牺牲掉了无数的教育家!扭曲的政绩观,损毁的不仅仅是人民的现实生活,也牺牲了国家民族的长远利益!

---

①凤鸟:古代传说的神鸟。传说在舜和周文王时代都出现过,象征着"圣王"将要出世。②河不出图:传说上古伏羲氏时代,黄河中有龙马背负八卦图而出,象征着"圣王"将要出世。

9.10 敬畏生命

> 子见齐衰①者,冕衣裳者②与瞽③者,见之,虽少必作④,过之必趋⑤。

孔子遇见穿丧服的人、穿祭祀服装的人和盲人时,即使这些人比自己年轻他也一定要站起来,从他们面前经过时一定要快步走过以表示敬意。

古人认为生死是大事。生命对每个人来说只有一次,生命的消失殊为可惜,所以遇到穿丧服的人,孔子悲从中来。出于对天、对神、对逝者的尊敬,遇到穿祭祀服装的人,肃然起敬。源于对弱者的同情,遇到盲人,油然而生怜悯之心。孔子敬天、敬神、敬生命,孔子对天命和神的敬畏,最终落实到对生命的尊重。对生命的敬畏,对生命的尊重,体现在教育上,就是教师对学生人格的尊重,对后生的敬畏;体现在政治上,就是以民为本,爱民如子。这是原始儒家精神的精髓,也是中国人文精神的要义,值得传承,也必须传承,否则我们拿什么去实现中华民族的伟大复兴?

---

①齐衰(zī cuī):丧服,用麻布制成。②冕衣裳者:祭祀用的礼服。③瞽(gǔ):盲。④作:站起,表示敬意。⑤趋:快走,表示敬意。

9.11 人格教育

> 颜渊喟①然叹曰:"仰之弥②高,钻③之弥坚,瞻④之在前,忽焉在后。夫子循循然⑤善诱⑥人,博我以文,约我以礼,欲罢不能。既竭吾才,如有所立卓尔⑦。虽欲从之,末由⑧也已。"

颜渊感叹地说:"老师的道德学问,我抬头越仰望越觉得高,我努力钻研,越钻研越觉得深不可测,看见在前面,忽然又到后面去了。老师善于环环相扣引导我,用各种典籍来丰富我的知识,用各种礼节来约束我的言行,使我想停止学习都不可能。充分发掘我的聪明才智,使我建树超群。虽然我想要追随上去,却找不到路径啊。"

孔子对颜渊的道德、学问的影响至广至深,这种近距离的人格影响和学养熏陶,现在通过虚拟手段绝无可能达到如此效果。人与人之相处,首先,存在着生命磁场的相互影响。这种生命磁场或许看不到,甚至说不清,但是确实存在。比如心地善良、内心慈爱的老师,他的生命能量场是慈爱的和包容的,学生与之近距离相处,就有一种如沐春风的温暖和安全感。其次,人与人的相处存在着思想磁场的激荡。当学生高度认可教师的学术思想的时候,这种能量场是非常强烈的,能够对学生产生一种理性的

---

①喟(kuì):叹息声。②弥:更加。③钻:钻研。④瞻(zhān):看。⑤循循然:环环相扣。⑥诱:引导。⑦卓尔:超群。⑧末由:没有办法。末,无。由,路径。

征服力和影响力。最后，人与人的相处存在着人格磁场的感化。这种磁场包含了生命磁场、思想磁场、情感磁场、伦理磁场等，是一个融合生命、情感、态度、学养、道德、价值观、性格特征、行为风格等因素的整体能量场，人格磁场对学生的影响是多维度的、深度的、长远的，人格磁场强大的向心力、牵引力、塑造力，往往体现为人格魅力，对学生产生一辈子的影响。

读这一章，启发我们必须关注教育存在的质量问题：

一是重视信息化而忽视生命、思想、人格磁场的力量。虚拟的网络的确改变了我们的生活，甚至某些领域改变了人类的学习方式，但是网络中没有情感、没有伦理、没有态度，也没有生命场、人格场，甚至思想场也因为缺少了情感、伦理、态度的因素而影响力大减。因为信息技术的泛化，我们输掉的不仅是学生思维的连续性、深刻性、创造性，更是人之为人的伦理、态度、价值观等人格教育追求。

二是重视规模速度而忽视了人文精神的建设。我参观过波士顿大学城，参观过剑桥大学城，参观过爱丁堡大学城，这些欧美的大学城基本上都是历史沉淀的产物，大学原本就没有围墙，经过数十年或数百年的发展，大学与社区融为一体，大学与城市相融，因此而形成了每一寸土地都能育人的文化场域。这与人为堆叠的大学城是两个完全不同的概念，有些人造大学城模式，配套设施跟不上、文化跟不上、管理跟不上，师生分处，除了上课，无法谋面，师生之间无法实现生命场、思想场、人格场的互动和影响，教育的效果因此大打折扣。

三是重视了教师量的增加而忽视了教师质的提升。现有的师范教育体系和结构，无法培养出民国时期如鲁迅、叶圣陶、朱自清、夏丏尊、李叔同等这样的优秀教师，也无法培养出梁启超、赵元任、王国维、陈寅恪、陈独秀、胡适等这样灿若星辰的大师，更无法成长出蔡元培、梅贻琦、张伯苓、马相伯、陈桓、陈序经、蒋梦麟、唐文治、吴怡芳、竺可桢、黄炎培、陶行知、梁漱溟、陈鹤琴等这样具有家国情怀和教育理想的如恒星一般的大中小学校长和幼儿园园长群体。

如果校长、教师缺少了思想、缺少了信仰、缺少了理想、缺少了情怀、缺少了仁心、缺少了慈悲、缺少了包容，甚至缺少了梦想，如果校长、教师缺少了生命场、缺少了思想场、缺少了人格场，我们会有成功的教育吗？这样的教育能够承担民族复兴的使命吗？

感悟

01

02

03

9.12　性情中人

> 子疾病，子路使门人为臣①。病间②，曰："久矣哉，由之行诈也。无臣而为有臣，吾谁欺？欺天乎？且予与其死于臣之手也，无宁③死于二三子之手乎！且予纵不得大葬，予死于道路乎？"

孔子患了重病，子路派了门徒去做孔子的家臣。病情有所好转，孔子说："很久啦，仲由干这种弄虚作假的事情。我没有家臣却装作有，我骗谁呢？我骗上天吧？与其在家臣身边死去，毋宁在学生身边死去！况且即使我不能以大夫之礼安葬，难道就会死于道路吗？"

儒家重生死，重的是情义，而不是排场。孔子反对子路以大夫的规格葬自己，应该是本性使然，绝对不是出于对于礼制的维护。有学者攻击说，孔子至死也要维护礼教，显然属于望文生义。在孔子的伦理世界里，师生之情远远胜过主仆之情，孔子之于学生如师如父如兄如友，师生之情深如大海，彼此成为对方深厚的眷恋。试想，2500多年来，哪一个做教师的能够在颠沛流离之中，有那么多的学生愿意生死追随？这种追随还不同于抗战时期国家组织的高等教育人才大撤退，孔子纯粹以自己的人格场、思

---

①臣：家臣。孔子当时没有家臣，但子路叫门人充当孔子的家臣，准备安葬孔子之事。
②病间：病情减轻。③无宁：宁可。

想场、生命场凝聚了一帮以天下为己任的优秀弟子！

在此，我读出了一个率真的孔子，一个诚实的孔子，一个节俭的孔子，一个热爱学生的孔子，也是一个深受学生尊敬的孔子。正因为如此，2500多年过去了，他依然活在中国人心中！

感悟

01

02

03

9.13 待贾而沽

> 子贡曰:"有美玉于斯,韫椟①而藏诸?求善贾②而沽③诸?"子曰:"沽之哉,沽之哉。我待贾者也。"

子贡说:"这里有块美玉,是收藏在柜子里呢?还是我识货的商人卖掉呢?"孔子说:"卖掉吧,卖掉吧。我正在等着识货的人来买呢。"

孔子的学校是当时中国境内的最高学府,孔子是校长兼教师,孔门师生之间的对话,非常含蓄且幽默。子贡以美玉比恩师,老师哪里听不出来呢?孔子是真诚之人,是性情中人,当子贡问老师:这么好的美玉,是自家独自收藏起来呢,还是找个识货的人卖掉。孔子立即回答:卖掉吧,卖掉吧,我正等着识货的人!有人说从这里可以判断孔子一心想做官,其实这正是儒家积极入世的精神。"君子藏器于身,待时而动"讲的是对机遇的把握,有道则仕,无道则隐。

"待贾而沽"体现了儒家在入世过程中的价值判断,要做官就做个能做事的官,做个能发挥自己长处的官,做个能够造福民众的官。如果在其位,无法谋其政,无法造福于民,纯粹被豢养,这样的官,孔子不屑去做;如果不能实现自己的理想,不能够实践自己的主张,或者人格不能获得当局的尊重,孔子无一例外地选择挂冠而去!当所有的诸侯都不选择仁道和王道,孔子选择以教为政,以教育改变社会。

---

①韫椟(yùn dú):藏在柜子里。②善贾:识货的商人。③沽(gū):卖出去。

9.14　何陋之有

> 子欲居九夷①。或曰："陋，如之何？"子曰："君子居之，何陋之有？"

孔子想到九夷居住。有人说："那里闭塞落后，怎能居住呢？"孔子说："君子住在那儿，就不再闭塞落后了。"

此章要与"道不行，乘桴浮于海"结合起来理解，这是孔子对自己的主张久不被采纳的沉重感叹，也有可能是孔子在中原地区推行不了自己的主张，想去"九夷"尝试一下，毕竟孔子还是相信教化的力量。后世韩愈被贬潮州、苏轼被贬海南、王阳明被贬贵州，都积极教化百姓，开风气之先，彻底改变了当地的文化环境，由此可见，孔子"何陋之有"的自信有道理、有把握。自立的学者，应当有用学术影响当世的自信！自信的儒者，应当有用学术和教育改变后生和社会的追求！

我常常对视为知己的校长朋友讲，大师坐下的地方就有文化。办学、办名校，最关键的是校长有情怀、有思想、有理想、有信仰、有学养，其次是带出一支把学习当作生活方式、工作方法、生命状态的教师队伍，其余的硬件则是退而居其次的要素。过分强调硬件或政策支持，往往是因为校长或教师缺乏教育和学术自信。此章宜与刘禹锡的《陋室铭》联系起来研习，"山不在高，有仙则名；水不在深，有龙则灵"就是"君子居之，何陋之有"的唐代注释。

---

①九夷：古代对东方少数民族的通称。

9.15　各得其所

> 子曰："吾自卫反鲁①，然后乐正，《雅》《颂》各得其所。"

孔子说："我从卫国返回鲁国以后，整理乐曲，《雅》乐和《颂》乐各有所用。"

孔子周游列国14年，对各地的音乐艺术进行了实地考证，回到鲁国有能力整理《诗经》的配乐，使《雅》乐、《颂》乐各有其用处。孔子因为周游列国，四处碰壁，才知道"凤鸟不至，河不出图"，英雄终无用武之地。所以回国之后，潜心文化，致力教育，最终完成了中国文化起承转合的重要使命，也成就了自己作为教育大家的地位。

周游列国于政治无所建树，于文化则大有裨益。假如没有周游列国的经历，孔子成不了儒家学说的创始人，也成不了大师和文化巨人；正如梁启超、王国维不到日本，赵元任不到美国，陈寅恪不到欧洲，蔡元培不游学德国，他们就成不了大师一样。所以，教师有条件，要经常出境游学，拓展视界。条件次一等，可以在国内游学，与同道交流切磋，开阔眼界。所以，学生有条件，要争取出国留学，接触、接受多元文化，吸纳西方文明的精华，发挥文化融合优势，形成强大的创造力。眼界决定境界，古今中外皆然！

---

① 自卫反鲁：鲁哀公十一年（前484年）冬，孔子从卫国返回鲁国。

9.16　平常功夫

> 子曰："出则事公卿，入则事父兄，丧事不敢不勉，不为酒困，何有于我哉？"

孔子说："在外尽忠，在家孝悌，治丧尽力，喝酒自控，我做到了哪些呢？"

　　细微之处见修养，平淡之中见功夫。儒家讲究积善成德，日常工作、平常生活，能够把持，危难之时，不失本色。君子不欺暗室，君子慎独，反求诸己，这就是儒家的修身路径。读到"不为酒困"，联系《论语·乡党第十》中"惟酒无量，不及乱"，可以判断孔子酒量很大，但是自控能力很强，不为酒困，不为酒乱。

　　我不胜酒力，如果自己宴请师长，或者酒逢知己，免不了小酌，但小酌至少浪费一个晚上，无法读书，无法思考，无法写作，只有虚度光阴，或者自虐式地看几集电视连续剧。深知生命的唯一性，时间的不可逆性，第二天自然免不了深深自责，免不了在日记中痛骂自己。人或许可以战胜很多困难，但是最难战胜的是自己。谁能不断战胜自己，谁就能够超凡脱俗，谁就能实现从平凡向伟大的蝶变！

9.17 不舍昼夜

> 子在川上曰:"逝者如斯夫,不舍昼夜。"

孔子在河边说:"消逝的时光就像这河水一样,昼夜永不停息。"

一千个读者一千个哈姆雷特,一千个读者自然就有一千部《论语》。不同的人读这一章,自然有不同的感悟。消极理解:青春易逝,一如河水,一去不回!中性理解:时光易逝,一如河水,永不停息!积极理解:人生精彩,一如河水,永远向前!哪一种对呢?都对,不同的时候可能有不同的理解,心情使然,境况使然,境界使然。所以,读这句无须注释的话,或怅然若失,或若有所思,或精神振奋。

我读到这句话,多数时候却是有些伤感和忧郁。少年时候,家境贫寒,读书勤奋,夜以继日,有一种恐惧,怕时间用不好,我无法走出那个仅有12户人家的小村落,我无法了解外面的世界,我无法知道我的梦想是否能够变成现实!青年时候,边工作边学习,手不释卷,疲倦至极,不肯睡去,也是恐惧,怕时间不够用。所以,读书治学十分勤奋,我的房间一定是学校最后熄灯的地方。从华灯初上,到万家灯火,到万籁俱静,我床前的灯依然亮着。我深深地知道,如不如此,我无法超越自我,我无法超越那些高学历教育者!中年之后,工作繁忙,负担沉重,学习时间越来越少,千方百计挤时间学习,更深一层恐惧,怕挤出时间也无法高效利用——视力、体力、精力都不如青年时期,非常痛心:以前在汽车上可以看书，现在不行了；以前在飞机上可以全程看书，现在只能看书休息交替进行，甚至在轮船和高铁上都不能全程看书，只能断续阅读。一种莫名的"老之将至"的恐惧感越来越强烈！

盛年难再，只争朝夕！生命既然只有一次，怎么敢轻言放弃！

感悟

01

02

03

9.18 好德之难

> 子曰:"已矣乎!吾未见好德如好色者也。"

子说:"完了吧!我从未见到如好美色那样好美德的人。"

君子当好德如好色。好色是天性,好德是后天伦理要求。好色是感性,好德是理性。好色是本性的反映,好德是人性的修炼。

在某种情况下,好德好色是可以统一的。司马相如喜欢卓文君,应当属于好色,当司马相如有移情别恋倾向的时候,卓文君写了一封饱含深情的信给司马相如,回忆彼此相知、相恋、相爱的无限缠绵与美好,司马相如幡然醒悟,再次钟情于卓文君,这是文学史上的美谈。有一个超然于物外、超脱于功利的爱人,道德、文章会攀上新的境界。诚如是,则是人生之大幸。孔子讲这句话的时候,应当没有想到这种情况吧?

9.19　成败由己

> 子曰："譬如为山，未成一篑①，止，吾止也。譬如平地，虽覆一篑，进，吾往也。"

孔子说："譬如用土堆山，只差一筐未完成，这时停下来，那是我自己要放弃啊。譬如用土填地，虽然只倒下一筐土，也决定继续下去，那是我自己要坚持啊。"

孔子以堆土成山、填平凹地设喻，说明功亏一篑还是持之以恒往往在一念之间，选择权在自己而不在别人。其实我在写作《思想政治教育的文化传承与创新研究》的过程中，经历过治学过程中"生不如死"的体验，最终选择了坚持，结果《思想政治教育的文化传承与创新研究》成为2008年社科基金资助项目中排名第一的畅销书。在研究《论语》的10余年中，虽然精心研读了数十个版本，但是要正确解读2000多年前的伟大成果，也实在不容易，多少次处于"生不如死"、很想放弃的边缘状态，最终选择了坚持，结果《论语心读》成了读者口耳相传的畅销书。

成败由己，不由人，也不由天。荀子更加晓畅地阐述了这种思想："骐骥一跃，不能十步；驽马十驾，功在不舍。锲而舍之，朽木不折；锲而不舍，金石可镂。"儒家学说是为己之学，是修身之学，修养心性，率性修道，不断成长，不断成熟，直至成功。坚持而鲜有失败者！

---

① 篑（kuì）：盛土的竹筐。

9.20 知行合一

> 子曰:"语之而不惰者,其回也与。"

孔子说:"我讲完之后,能毫不懈怠付诸实践的弟子,只有颜回吧。"

学习,然后努力见诸行动,这就是孔子所谓"好学"。孔子强调知行合一,理论与实践的统一,德与行的统一,良知与行为的统一,所以孔子评价颜回是好学者。对于上天赋予人的天性之知(智慧),做到知行合一,需要的是这种天性之知的恢复和守护,比如慈爱者自然有与之相匹配的道德行为,无须提醒。对于人类族群经过社会实践沉淀下来的理性之知(智慧),要做到知行合一,则必须首先植根于心,其次见之于行,最后成为道德自觉、行为自觉。比如自强不息,不属于人类天性的智慧,属于族群社会实践提炼出来的理性智慧,要做到知行合一,必须植根于心,实现内心认同,然后反复见之于行并在成功中强化,最后当自强不息成为自觉、成为常态、成为生命状态和人格特征,就达到了"知行合一"的境界。理性智慧的"知行合一"已经是对中国传统儒家"知行合一"的哲学思想的一种超越。

当代道德教育最大的问题有两个。其一是背离知行合一的哲学思想。道德不仅仅是精神范畴,而且是思想和行为的统一,是伦理精神与伦理规范的统一,是精神境界和社会实践的统一。道德认知,或者某种价值理念,如果不能植根于心,不能见之于行,不能成为行为自觉,不能成为生命常态和人格特征,就没有达到"知行合一"的状态,就无法内化为人的道德品质。其二是道和器的分离。儒家所推崇的是道和器的统一。以教师为例,勤奋是德的品质,但是仅仅勤奋不是道,如果没有先进的理念和方法,越勤奋越误人子弟。仁爱是德的品质,但是如果爱之失当,则变成溺爱,爱得越深,误人子弟也越深。正因为如此,孔子提倡道德认知与行为的统一、道和器的统一。按照这样的路径修养,人才会走向成熟和成功。

感悟

01

02

03

9.21 坚持不懈

> 子谓颜渊曰:"惜乎!吾见其进也,未见其止也。"

孔子谈到颜渊时说:"多么值得珍惜啊!我只见他不断前进,从来没有看见他停止过。"

人生苦短,当如颜子,好学不止。我曾经不止一次说过,孔子是终身学习思想的首创者和自觉实践者。孔子命运的改变,就在于"入太庙,每事问",就在于问道于老子,就在于学乐于襄子,于是完成了从孤儿到理想青年、从理想青年到成功人士、从成功人士到士大夫的人生蝶变,并最终完成了从士大夫到哲学家、思想家、教育家的涅槃,孔子描绘的"吾十有五而志于学,三十而立,四十而不惑,五十而知天命,六十而耳顺,七十而从心所欲,不逾矩"就是终身学习的人生轨迹。终身学习,让孔子实现了生命的超越,实现了生命价值的永恒,成为人类教育史上最耀眼的恒星!

人皆可以为尧舜,师皆可以为孔子。但是,我不赞成教师把孔子当作偶像来崇拜,更不能接受那种繁文缛节式的顶礼膜拜,孔子是榜样,孔子是楷模,孔子更应该是标杆,是当代教育者孜孜以求超越的标杆!如果中国当代教师皆以孔子为参照,皆以孔子为榜样,皆以孔子为标杆,则中国教育一定是人类史上最好的教育!

9.22　不言放弃

> 子曰:"苗而不秀①者有矣夫。秀而不实者有矣夫。"

<u>孔子说:"庄稼出苗而不能结穗,这种情况有。结穗而没有形成饱满的果实的情况也是有的。"</u>

孔子在设喻,告诉学生:孜孜不倦地坚持才会有成果,毕生努力才能成就高尚人格。有些人少儿时期表现出聪慧天资,但是自身不努力,最终青年阶段开始走向平庸,这就是苗而不秀;有些人,青年时代出类拔萃,但是心性不定,秉性变化,最终没有成就高尚道德,没有做成大学问,这就是秀而不实。孔子时代不乏其人,当代社会不胜枚举!

孔子的人生轨迹最终却是"苗而秀,秀而实",随着岁月的流逝,孔子虽然年龄越来越大,但是学养越来越厚,道德水平越来越高,视野越来越广,能力越来越强,这归功于他一辈子孜孜不倦的学习和坚持。假如孔子离开鲁国后放弃了自己的政治主张和伦理哲学,而选择迎合诸侯,则孔子不会成为中国历史乃至世界历史上伟大的哲学家、思想家;假如孔子晚年回到鲁国,放弃了自己的教育事业,则孔子不会成为中国历史乃至世界历史上最杰出的教育家!——做人做事做学问,需要一辈子的坚持和坚守!

---

①秀:稻、麦等庄稼吐穗扬花。

9.23 后生可畏

> 子曰:"后生可畏,焉知来者之不如今也?四十、五十而无闻焉,斯亦不足畏也已。"

孔子说:"年轻人值得敬畏,怎么就知道后生不如前辈呢?如果到四五十岁时还没有成名,那就不值得敬畏了。"

后生可畏,是孔子儒家开创的重要的教育价值观。从师生角度看,"后生可畏",强调的是老师敬畏生命,敬畏学生,因为学生里或许就有毛泽东、有华盛顿、有爱迪生、有钱学森。从教师的角度看,年长者要敬畏年轻教师,因为年轻者虽然经验不如年长者,但是他们有青春、有激情、有闯劲、有冲劲、有后发优势。"江山代有才人出,各领风骚数百年"是消极的表述,"后浪推前浪,新人胜旧人"是积极的表述。

从我办学的经验看,我更喜欢中青年教师,尤其是30岁左右的教师,年富力强,不乏经验,可塑性强,好学不倦,只要用正确的理念、思想、思路去引导,其爆发力非常强大且十分持久,很快成为教师队伍中的顶梁柱;加上与学生亲近,充满青春活力,且多才多艺,只要不猜疑、不武断、不固执、不自负,成熟的速度非常快,一般老年教师比之往往逊色很多。零起点创办名校,大胆起用中青年教师,是一个重要的成功秘诀!在"人生七十古来稀"的古代社会,大器晚成者值得敬畏。今天,四五十岁了,如果有求道之心,有求道之志,有求道之行,也值得敬畏!因为现代人均寿命很长,四五十岁不过是中青年而已!

9.24 贵在自知

子曰:"法语之言①,能无从乎?改之为贵。巽与之言②,能无说乎?绎③之为贵。说④而不绎,从而不改,吾末⑤如之何也已矣。"

孔子说:"符合礼法的规劝,能不听从吗?改正才可贵。恭顺赞许的话,能不令人高兴吗?能鉴别才可贵。高兴而不加鉴别,听从而不改正,我不知道能把这类人怎么办啊。"

《论语》能够流传至今,绝不是像我这样的研究者所能决定的,关键是《论语》源于生活,高于生活,所讲的都是平常的道、平常的理、平常的礼,设喻平常,说理平常,对话生动,分析深刻,所以2500多年过去了,哪怕不用注释,即使小学文化程度的人也可以多读几遍,其义自见。

这一章讲的道理也十分浅显,但是容易被忽视:符合礼法的规劝,自然使人无法拒绝;但是接受批评是次要的,重要的是改正错误。谦虚而委婉的规劝,谁听了不高兴呢?重要的不是高兴地接受,而是必须鉴别对方这番规劝的苦心,并改正错误。如果只是高兴地听谦和而委婉的批评,表面接受批评的意见,却不能在行为中加以改正,这样的人孔子觉得最难办!现实中又何尝不是如此呢?

---

①法语之言:以礼法规则正言规劝。法,礼法规则。②巽(xùn)与之言:以恭顺赞许的话规劝。巽,恭顺,谦逊。与,称许,赞许。③绎:原意为"抽丝",引申为分析,鉴别。④说:同"悦"。⑤末:没有。

9.25　过勿惮改

> 子曰:"主忠信,毋友不如己者,过则勿惮改。"

（此章重出,见1.8。）

9.26 志不可夺

> 子曰:"三军可夺帅也,匹夫不可夺志也。"

孔子说:"军队,可以夺去主帅;百姓,不可以强迫其改变志向。"

学者尤其要有自己的独立人格和独立的学术品质。不唯上,只唯实;不畏权势,只唯真理。如是,民族复兴指日可待!讲到百姓不可以强迫其改变志向,很多人或许不认可。但是,历史的事实就是如此,任何时候如果强迫老百姓接受违背人本或天理的思想观念,统治者可以威风一时,却不可威风一世。比如暴秦之焚书坑儒,以法家之思想为统摄,以法家之法律为准绳,弄得社会没有人情、没有仁义、没有人性,结果可想而知。太平天国诸王可以结婚,可以三宫六院,士兵则即使是夫妻同住都不被允许,这样的王朝能够维持多久?结局已经成为历史。此章可以从两个方面去理解:即使是百姓,其志向坚定,也不容易改变;作为统治者,不应当,也不可以逆民意而动。

9.27 向道而生

> 子曰:"衣①敝缊袍②与衣狐貉者立而不耻者③,其由也与!'不忮不求,何用不臧④?'"子路终身诵之。子曰:"是道也,何足以臧?"

孔子说:"穿着破旧的丝绵袍子与穿着狐貉皮袍的人站在一起而不自卑,大概只有仲由才可以吧!'不嫉妒,不贪求,哪能说不好呢?'"子路终身诵读这诗句。孔子又说:"仅仅如此,怎么能够好起来呢?"

表扬子路的进步,又鞭策其继续前进,自强不息。儒家教育立足于生活,前面对子路的肯定,选择了一个非常具体的形象:子路破衣烂衫,站在衣着华丽的人群中,也不觉得自卑。这不是阿Q精神,而是一种人格独立、精神独立、信仰独立的生命状态。

因为独立,所以自信;因为自信,所以就算是穿着粗布衣服,伫立在那些穿名贵衣服的人群中,也不觉得自卑。当然,要做到这一点非常不容易。我刚刚参加工作的时候,家境十分贫寒,有限的工资都交给母亲贴补家用。每年也只有春节才能勉强添置新衣服,基本上都是母亲亲手缝制的中山装。现在想来,当年我穿一身中山装,出入在西装革履的男教师群体

---

①衣:穿。②敝缊(yùn)袍:破旧的丝绵袍。敝,坏。缊,旧的丝绵絮。③狐貉(hé):裘皮衣服。貉,拔去硬毛的貉子皮,质地轻柔,可以制作高档皮衣。④不忮(zhì)不求,何用不臧:见《诗经·邶风·雄雉》。忮,嫉妒。求,贪求。臧,善,好。

和花枝招展的女教师群体中，真有子路的自信，因为那个时候，我早已养成了手不释卷的习惯，阅读和学习让我灵魂深处充满了追求真理的能量，并不介意自己的衣着和饮食。我期待，如我当年一样贫寒的子弟，无须为眼前的困顿而自卑，数十年如一日坚持读书治学，命运就掌握在自己手中。

儒家教育是终身教育，既有他教，也有自觉。在没有离开学校的时候，当然是以他教为主，子路有了进步孔子及时肯定，发现问题及时矫正或鞭策；而子路终身诵读《诗经》中的"不忮不求，何用不臧"，则是一种自我教育，是子路的道德自觉。

感悟

01

02

03

9.28 松柏后凋

> 子曰:"岁寒,然后知松柏之后凋也。"

孔子说:"天气寒冷了,才知道松柏是最后凋谢的啊。"

君子如松柏,岁寒依然绿。这是哲学智慧,可依此类推:疾风知劲草,患难见真情,国难思良将……这已经成为中国文化传统。我读这一章,却有独特的生命感悟。

面对有人"骨质疏松",有人"钙质流失",有人人格扭曲,悲凉油然而生。悲凉,源于对知识分子群体的再认识,一个民族、一个地区、一所学校,如果知识分子"缺钙",如果知识分子"没有骨头",如果知识分子人格不能独立,希望在哪儿呢?

孔子说:"岁寒,然后知松柏之后凋也。"人生何其荣幸,在生命的冬天里,让我深深认识到中国当代知识分子最需要传承的是中国传统士人的骨气和独立精神,让我深深懂得中国教育深度改革的关键点在于重建教师的理想信仰,重建教师的士人风骨,重建教师以天下为己任的高尚情怀,重建教师给予宇宙以道德终极关怀的博大智慧!

为此,虽九死而不悔!

9.29　儒家道德

> 子曰:"知者不惑,仁者不忧,勇者不惧。"

孔子说:"智慧者不迷惑,仁德者不忧虑,勇敢者不恐惧。"

"智、仁、勇"是儒家道德传统范畴,可见儒家道德内涵十分丰富,其中包含"智",这恐怕是很多现代人没想到的。儒家传统中的"道德"二字是"道"与"德"的整体境界。以教师而论,所谓"道"就是教师在教育理想、教育思想、教育理念,以及教学思想、方法、技能等方面的修养境界;所谓"德"就是教师在教育教学行为中表现出的相对稳定的心理惯性、品质和人格特征。"道"和"德"二者相互依存,互为整体,须臾不可分。

怎样理解"道"和"德"二者的不可分离性呢?比如教师的道德,如果仅仅理解为师德那就失之偏颇,甚至会误导教师;如果教师"道"的修炼不够,没有理想、没有信仰、没有思想、没有理念、没有学识,仅有热爱不成其为德——可能会成为溺爱,仅有勤奋不成其为德——可能做得越多错得越多,仅有严谨不成其为德——可能是窒息与压抑、压制。对本章的正确理解是:道德高尚者不会迷惑,因为他充满智慧;不会忧虑,因为他仁厚包容一切;不会恐惧,因为他坚定勇敢!

9.30 儒学权变

> 子曰:"可与共学,未可与适道①;可与适道,未可与立②;可与立,未可与权③。"

孔子说:"一起学习的人,未必都能悟道;能够悟道的人,未必能够坚守道;能够坚守道的人,未必能够随机应变。"

儒家并非如宋代理学那样僵化,而是随机应变,甚至是与时俱进。孟子说"嫂溺,援之以手,权也",此之谓也。我认为,儒家以人为本,尊重人性,弘扬人道;只要没有违背儒家根本,儒家思想就应当随着时代发展而发展。

汉儒"君为臣纲、父为子纲、夫为妻纲"是儒学的异化。因为孔子主张"君使臣以礼,臣事君以忠",忠君有条件;主张"父慈子孝",孝顺有条件;至于男女夫妻之爱,其平等、其自由、其浪漫、其淳朴、其野性,充溢于《诗经·国风》。程颐、朱熹的"存天理,灭人欲"更是对儒学的反叛。因为孔子认为"饮食男女,人生之大欲",孟子认为"食色,性也",这些欲望属于人的本性,需要的是修炼引导,而不是灭绝。程颢、陆象山、王阳明心学一脉是对原始人本儒学的发展,因为心学的"知行合一"没有背离人本精神。

---

①适道:志于道,追求道。适,往。②立:坚持。③权:原意为"秤锤",引申为权衡,权变。

马一浮、熊十力、梁漱溟三位倡导"援西入儒"是儒学发展的标志，意味着真正进入新儒学时代。本着实用理性追求，"援西入儒"是儒家思想现代化的正确路径。因为原生态儒家治世路径中，有人道、有民本，但是没有民主路径，没有实际操作层面的经验，这正是现代文明所需要的，正是中华民族伟大复兴所需要的。

感悟

01

02

03

9.31 天涯比邻

> "唐棣①之华,偏其反而②。岂不尔思?室是远而③。"子曰:"未之思也,夫何远之有?"

"唐棣花啊,翩翩摇摆。岂能不想念呢?只因家住得太远了。"孔子说:"他没有真想念,如果真想念哪会有什么遥远呢?"

学界认为此则最为晦涩,其实不然,借民歌抒发感慨,只要真心真情,共振共鸣,就无所谓远近!孔子的感情审美:真的想念他,则近在咫尺!这种审美体验,用王勃的诗句表达就是:"海内存知己,天涯若比邻。"用王菲的歌词表达就是:"想你时你在天边,想你时你在眼前,想你时你在脑海,想你时你在心田。"

孔子被后世人誉为圣人,但孔子公开谦称"若圣与仁,则吾岂敢",孔子有普通人的情感,有真情、真心、真诚,所以置《关雎》于《诗经》卷首。无须知道这四句古诗的源头,孔子编撰《诗经》仅收录305篇,于散佚的诗篇中,摘取几句,由此起兴,有感而发,意味深长。人生只有两样永恒:一是思想,二是情感。思想以理性价值流传后世,情感以审美艺术百世流芳。孔子这两件事都做到了,《论语》中留下了他的思想理想,《诗经》中留下了他的情感取向。

---

①唐棣:一种植物。②偏其反而:花摇动的样子,形容捉摸不定的样子。③室是远而:住的地方太远。

感悟

01

02

03

04

05

06

07